U0695528

编辑委员会

主任

孙晓南

副主任

潘法强　　于　伟

成员

（按姓氏笔画排列）

刘业林　　杨　猛　　邵利明　　姜琴芳

唐明觉　　谢林祥　　薛玉刚

解放思想
推动镇江高质量发展

2018 年镇江发展研究报告

主编 潘法强

江苏大学出版社

JIANGSU UNIVERSITY PRESS

镇 江

图书在版编目（CIP）数据

解放思想，推动镇江高质量发展：2018 年镇江发展研究报告 / 潘法强主编. —镇江：江苏大学出版社，2018.12
ISBN 978-7-5684-1050-2

Ⅰ.①解… Ⅱ.①潘… Ⅲ.①区域经济发展 – 研究报告 – 镇江 – 2018 ②社会发展 – 研究报告 – 镇江 – 2018 Ⅳ.①F127.533

中国版本图书馆 CIP 数据核字（2018）第 299058 号

解放思想，推动镇江高质量发展

2018 年镇江发展研究报告

Jiefang Sixiang, Tuidong Zhenjiang Gaozhiliang Fazhan

主　　编/潘法强
责任编辑/柳　艳
出版发行/江苏大学出版社
地　　址/江苏省镇江市梦溪园巷 30 号（邮编：212003）
电　　话/0511-84446464（传真）
网　　址/http：//press.ujs.edu.cn
排　　版/镇江文苑制版印刷有限公司
印　　刷/扬州皓宇图文印刷有限公司
开　　本/710 mm×1 000 mm　1/16
印　　张/19
字　　数/300 千字
版　　次/2018 年 12 月第 1 版　2018 年 12 月第 1 次印刷
书　　号/ISBN 978-7-5684-1050-2
定　　价/56.00 元

如有印装质量问题请与本社营销部联系（电话：0511-84440882）

理论引领筑同心　守正创新聚动能

（代序）

2018 年，镇江市社科联（院）在省委宣传部、省社科联和省社科院的指导下，在市委、市政府的坚强领导下，以习近平新时代中国特色社会主义思想和党的十九大精神为指引，按照市委、市政府和市委宣传部的部署，组织动员全市广大社科理论工作者，统筹推进"五位一体"总体布局，协调推进"四个全面"战略布局，增强"四个意识"，坚持"四个自信"，做到"两个维护"，确立五大发展理念，树信心、融中心、聚民心、突重心、筑同心，充分发挥平台效应、品牌效应、团队效应，工作有创新、有亮点、有特色、有突破，努力在思想、能力、行动上跟上党中央要求，紧跟时代前进步伐，紧跟事业发展需要，为推动镇江高质量发展、繁荣镇江市哲学社会科学事业做出积极贡献。镇江市社科联（院）连续多年被评为全国先进社科组织、全国城市社科院先进单位；获省先进社科联奖、省决策咨询奖；市保险学会、市社科专家协会等 2 家学会（协会）被评为省模范学术社团、省先进学术社团。市社科理论研究和应用对策研究成果卓著。镇江社科工作继续走在全省前列。

一、高举旗帜，理论先行，思想引领走在前

习近平总书记指出，在坚持和发展中国特色社会主义的过程中，"哲学社会科学具有不可替代的重要地位，哲学社会科学工作者具有不可替代

的重要作用"。社科理论界责任重大，使命光荣，这就要求社科理论界必须带头加强政治理论学习，用马克思主义理论武装头脑、指导实践、推动工作。

一是坚持正确理论方向。镇江市社科理论界必须全面深入学习系统研究阐释习近平新时代中国特色社会主义思想和党的十九大精神，深刻认识当代强化政治理论学习的重要性和紧迫性，在常学常新中坚定理想信念、夯实理论根基，紧紧围绕举旗帜、聚民心、育新人、兴文化、展形象的使命任务，坚持高举中国特色社会主义伟大旗帜，全面贯彻党的基本理论、基本路线和基本方略，坚持理论先行、思想引领，明方向，正导向，在巩固马克思主义指导地位上体现责任，在正本清源上勇于担当，在守正创新上努力作为。全市社科理论界不忘初心，牢记使命，自加压力，砥砺奋进，举办全市"学习习近平新时代中国特色社会主义思想专题研讨会""学习贯彻习近平总书记全面深化改革开放重要思想研讨会""学习习近平总书记'5·17'重要讲话发表 2 周年专家座谈会"等多场层次较高的理论研讨和学术交流活动，引领社科理论研究方向，引导社科理论工作者在学思践悟中牢记初心使命，勇于担当，加强理论指导实践，更好地服务地方经济和社会发展。与此同时，创新管理举措，推进正面激励机制，努力调动社科理论界积极性，精心组织实施省、市两级政府社科优秀成果评奖工作。2018 年全市有 18 项获江苏省第十五届社科优秀成果奖，其中市级有 8 项、市社科联机关有 2 项，为镇江赢得了荣誉；有 100 项理论成果获市政府第十二届社科优秀成果奖，极大地调动了广大社科理论工作者加强理论研究、服务地方发展的积极性。

二是把握意识形态主动权。全面深入贯彻落实习近平在全国宣传思想工作会议的讲话精神，放眼全局，着眼大局，坚持把意识形态工作作为一项极端重要的工作来抓，摆上重要位置，采取切实举措，层层压实责任，务求取得实效。一方面牢牢把握意识形态主动权。按照省委统一部署和市委工作安排，自觉用习近平新时代中国特色社会主义思想武装头脑、指导实践，明确意识形态责任制主体，坚持谁主办谁负责、谁主管谁负责，引导社科理论界为建设具有强大凝聚力和引领力的社会主义意识形态做贡献。加强对社科联主管的社科类学术社团和社科普及基地意识形态领域的监督和管理，加强对高校社科联和社科院各研究中心的意识形态工作指导，严格落实意识形态责任制要求，实行重大事项报告制度，签订意识形态责任书，层层压实责任，筑牢意识形态重要阵地，对全市开展的各类研讨会、座谈会、论坛、期刊、网站等形式和载体，严把关口，坚决防止错误观点和言论进入，确保意识形态领域不发生任何问题。另一方面牢固确立正确学术导向。紧紧围绕中央、省、市的战略部署，紧扣镇江地方经济社会发展需求和重大现实问题，坚持以人民为中心的理念，谋划年度应用研究课题指南，坚持正确的应用研究学术方向，突出社科理论研究重点，对各项研究课题组织严格的评审，确保研究的政治性和理论先进性、引领性。2018 年组织开展解放思想大讨论活动，重点围绕推动镇江经济高质量发展主题，积极开展理论研究，组织全市解放思想大讨论专题研讨会，研究成果得到与会领导和专家的充分肯定，认为这是一场全市高质量的研讨会，一些研究成果已经得到转化。积极参加全省宣传系统大调研，形成高质量的调研报告《以习近平新时代中国特色新型智库思想为指引，构建地方智库体系，服务地方发展大局》。

二、围绕中心，聚焦民本，智库建设显成效

近年来，习近平总书记高度重视新型智库建设，多次强调要推动科学决策、民主决策，把中国特色新型智库建设，作为推进国家治理体系和治理能力现代化、增强国家软实力的一项重大而紧迫的战略任务切实抓好。加强应用研究，发挥地方智库作用，是社科理论界义不容辞的重要职责。

一是扎实推进重要理论课题研究。镇江市社科联以扎实推进重大理论研究为己任，勇于担当积极创新，克服各种困难，对上联合、对下联动、

横向联系，勇于借助外力、外智、外资，开展联合攻关，共同进行国家级和省级重点项目研究，实现共同发展。撰写的理论文章《聚力经济高质量，统筹推进寻突破——江苏经济实现高质量发展路径与对策研究》，作为全市唯——篇研究报告，入选由省委宣传部、省中国特色社会主义理论体系研究中心主办的"江苏经济发展高质量"论坛。承担完成省社科院省长圈定课题"大运河文化带建设的江苏路径研究"，得到省有关领导肯定。组织全市社科界精兵强将，承担省重大社科项目《江苏地方文化史·镇江卷》研究撰写工作，质量为本，序时推进。承担省哲规办两项省市协作重点课题"社会主义核心价值观培塑与生态文明建设统筹推进路径研究""社会主义核心价值观培育与区域法治建设协同发展机制研究"，并顺利通过结项评审，获得国家和省级评审专家的高度肯定，研究成果得到有效转化。

二是有效推进重点现实问题研究。为推动地方经济高质量发展，市社科联整合市内外研究力量，紧紧围绕镇江经济发展中的重点现实问题，全力开展深度研究，为党委政府科学决策、民主决策提供服务。以市主要领导圈题为主攻方向，加强对"强化基层党组织建设，推进镇江乡村振兴战略"等9个重大课题、"以品牌建设为突破口，推进镇江实体经济高质量对策研究"等14个重点课题的研究工作，分别与江苏省社科院和省内有关高校、研究机构、研究团队进行联合攻坚，研究成果质量有新提升。对市委、市政府主要领导圈定的5项重大课题，制定研究方案，明确研究路径，强化保障措施，出台《关于党组成员分工联系年度重点研究项目的意见》，要求领导干部明确分工，加强对接，全程跟进，指导课题组广泛收集资料，带队深入机关、基层、企业实地调研，共同讨论研究成果，确保研究成果的理论前瞻性和举措的针对性、实效性、可操作性。研究成果以专报形式报党委政府主要领导决策参考，多项研究报告得到省市领导的批示，成果转化取得新进展。"如何更有效推广'戴庄经验'"课题研究，是市社科院为落实省委主要领导批示精神确定的重点研究任务。研究团队全面深入开展调研，连续跟踪研究，多次拜会创立"戴庄经验"的灵魂人物赵亚夫，全面梳理"戴庄经验"形成的过程，精准总结出了"戴庄经验"核心要义和重点内容，为加快推广"戴庄经验"、助推"三农"问题的解决、乡村振兴战略的实施做出贡献。研究成果得到省有关领导的肯定和市委惠建林书记的重要批示。张叶飞市长对《创新驱动战略下镇江市科技型中小微企业高质量发展研究》作重要批示，市政府分管领导召开专题会议作部署，积极落实市长批示精神，研究成果得到有效转化。

三是精准打造"应用研究精品工程"品牌。广大中青年社科理论工作者是地方应用研究的主力军，他们有较为扎实的理论基础，有服务地方发展的热情和激情，为调动他们积极性，踊跃参与地方决策咨询研究，重点量身打造"应用研究精品工程"品牌，激励他们为地方经济和社会发展建言献策。近年市社科联多措并举，积极推动在镇各高校课题立项改革，鼓励在镇高校把市社科联应用研究精品工程课题作为市厅级课题，引导高校教师广泛参与到应用研究精品工程中来。全市社科应用研究精品工程课题申报连续五年快速增长，2018 年接近 750 项，比上年又增长了 13%，获市社科联立项约 300 项。其中法学专项申报 62 项，立项 48 项；教育专项申报 421 项，立项 83 项。教育专项 65% 以上的课题负责人来自全市中小学、幼儿园，充分体现了为基层社科工作者服务的宗旨。一批批优秀研究成果成功得到有效转化，有的重点研究成果得到市委、市政府主要领导的批示，并在实践中得到有效应用，为地方经济发展做出贡献。2018 年在应用研究精品工程专项设立方面进行创新和探索，充分发挥赛珍珠在中外文化交流方面的桥梁纽带作用，打造镇江赛珍珠文化研究高地，助推地方开放型经济发展，市社科联加强与市赛珍珠研究会合作，新增加"赛珍珠研究"专项，吸引了国内赛珍珠研究学者，首次专项申报 31 项，立项 20项，有效推动了国内赛珍珠文化研究。

三、科学引导，开拓创新，社团建设出实招

高等院校、党校（行政学院）、部队院校、科研院所（社团）、党政部门研究机构等哲学社会科学工作者，是我国理论研究阐释宣传的"五路大军"。地方社科类学术性社团组织是社科理论研究阐释不可或缺的重要力量，他们也是地方思想引领、理论先行的主力军之一。发挥他们的作用，对打造地方理论宣传阐释高地、凝聚地方发展信心、汇聚地方发展动能、推动地方高质量发展具有积极意义。

一是加强应用研究，创出社团特色。积极引导社科类社团组织围绕地方党委政府中心工作，强化应用对策研究，既是社科类学术性社团组织的使命担当和应尽的职责义务，也是社团组织发挥作用、提高影响力、实现自身良性发展的内在要求。在2018年全省开展的解放思想大讨论中，市社科联积极发动和推动全市社团组织参与全市解放思想大讨论活动，并与市国际税收研究会联合主办，和市经济类学会协作组共同联办，组织了"解放思想，服务大局，推进经济高质量发展"专场理论研讨会，研讨会组织到位、准备充分、发言踊跃、质量较高、效果较好。研讨会的目的是发挥社团组织的作用，助推地方经济高质量发展。会后，市社科联还联合市国际税收研究会、市委有关部门，加强研讨成果的转化，深入辖市区不同类型企业进行补充调研，形成调研报告《降低我市实体经济运行成本，营造企业高质量发展环境》，被市委办第23期《信息专报》和第34期《镇江发展研究报告》刊用，在全市社科理论界产生良好影响。市米芾文化研究会成功举办了2018首届"米芾杯"国际青少年书法大赛，吸引全国各地嘉宾、书法家、参赛选手和家长千余人出席了颁奖仪式。市保险学会成功举办了民生与保险苏南年会，来自全省及周边地区的200余人参加。市城市金融学会连续10年举办青年论坛，培养了一大批青年社科人才。市经济学会勇于担当，承办了高质量的宁镇扬智库联盟2018年年会。

有为才能有位，2018年全市社科类学术性社团组织地位得到提升、影响继续扩大，市保险学会、市社科专家协会分别被省社科联评选为江苏省模范学术社团、江苏省先进学术社团。市经济学会等5个社团组织的研究成果获省、市社科学术成果一等奖。

二是精心组织活动，扩大品牌影响。重大理论的宣传阐释、社科基础理论知识的普及，是各学术性社团和社科知识宣传普及基地的重要工作职责。2018年市社科联围绕市委、市政府中心工作，持续打造"启航工程"品牌，精心策划全年重点活动和特色项目，开展形式多样的活动，成效显著。启航工程站位高、方向明。全市社科普及优秀项目申报数、获省社科联资助数均创新高，其中市第15届社科普及宣传周启动仪式暨"相约金秋 情满社科"文艺表演获评省重点资助项目，"精准健康，敬佑生命"系列讲堂活动等12个项目获省一般项目资助。社科普及宣传周活动，走进机关、学校、街道、社区、乡村、各类文化场馆、窗口服务部门等，组织14000多人次参加省社科知识微信有奖竞答活动，被省社科联授予优秀组织奖。社科惠民定位准、接地气。"社科普及专家基层行"被评为省社科普及优秀项目，重心下移，辖市区专场陆续启动，菜单式服务深受欢迎。近百名社科普及专家活跃在城乡，全年开展各类讲座近百场。与报业集团联合开展了"红色文化之旅"，组织近50名中小学生和家长走进丹阳市总前委旧址纪念馆、冷遹纪念馆、贺甲战斗陈列馆。全市开展各类社科普及活动近500项，社科普及讲座200场，多层次满足群众对生活理念、生活方式科学化、多样化、个性化、品牌化的需求。基地共建协作多、成效显。4个社科基地共建组围绕各自特色，整合资源，全年开展共建规模型、特色型、展示型活动20多项，科普集群优势彰显。金山网与博物馆、米芾书法公园跨组共建，组织开展"学古技、赏古画、寻古迹——京江画派的故事青少年研学"活动；大港街道跨组联合醋文化博物馆、乐学园公益服务中心、急救中心、市博物馆开展"小候鸟走出大港看镇江"社科基地系列行活动；赛珍珠纪念馆牵头，名人部落共建组10个基地在大市口市民广场开展"社会科学让我们生活更美好"主题活动；急救中心联合大港街道、京口文化艺术中心、银山门社区等基地，开展"急救文化月"活动。在全省社科普及工作例会上，市社科联就"加强基地共建、推进社科普及"作大会经验交流。"启航工程"品牌在全省的知晓度和美誉度不断提高。

2019 年是新中国成立 70 周年，是决胜高水平全面建成小康社会的关键之年。新的一年，全市社科工作总的思路是：坚持以习近平新时代中国特色社会主义思想为指导，以举旗帜、聚民心、育新人、兴文化、展形象为使命任务，紧扣服务镇江高质量发展走在前列这一中心，全力推进定向领航做出新贡献、智库建设开拓新局面、学会管理取得新成效、社科普及实现新作为、队伍建设展示新形象，为镇江高水平全面建成小康社会提供思想支撑、贡献智慧力量，以优异成绩庆祝新中国成立 70 周年。

目 录

| 一、经济发展篇 |

聚力经济高质量　统筹推进寻突破
　　——江苏经济实现高质量发展路径与对策研究
　　/ 潘法强　吴　杨　姚永康等 / 003

精准发力强"三农"　乡村振兴谱新篇
　　——句容戴庄不断探索高质量发展新路径 / 潘法强　秦兴方等 / 015

新旧动能转换引领镇江工业经济高质量发展的路径选择
　　/ 戴　坚 / 025

用"五个突出"和"三个对接"推进镇江产业强市
　　/ 陆介平 / 033

降低实体经济运行成本　营造企业高质量发展环境
　　/ 李亚民　吴伟夫等 / 039

以品牌经济为突破口　推进镇江实体经济高质量发展对策研究
　　/ 梅　强　李文元　黄启发等 / 044

创新驱动战略下镇江市科技型中小微企业高质量发展研究
　　/ 朱　霞　温大勇　沈中奇等 / 055

关于镇江市以低碳建设推进绿色发展的路径与对策研究
　　/ 姚继承　张百和　徐超琼等 / 061

城市创新能力影响因素与提升路径研究
　　——以镇江市为例 / 沈　霞　薛玉刚　江志堃 / 068

大数据在提升镇江城市发展质量中的应用研究

　　／ 彭智勇　房利华　杨艳艳等 ／ 076

基于扬子江城市群发展战略框架下镇江产业高质量发展研究

　　／ 孙忠英　何玉健 ／ 083

镇江航空产业发展的对策建议

　　／ 浦黄忠 ／ 091

基于产业链视角下镇江航空航天产业发展路径探索

　　／ 陶　薇　张　浩　朱冬林等 ／ 097

生态文明背景下制造业转型升级的生态环境效应与引导策略研究

　　——基于江、浙、沪的比较分析 ／ 胡绪华 ／ 106

乡村振兴背景下镇江农村富民对策建议

　　／ 韩志明　高迎峰　吴友友等 ／ 115

镇江市大数据农业发展路径研究

　　／ 柏　林 ／ 122

新农村视域下镇江休闲观光农业旅游可持续发展方略

　　／ 鲍旦旦　李良武 ／ 129

对镇江经营性主题公园建设的冷思考

　　／ 于　萍　苏志平　张利华 ／ 137

镇江推进苏南自主创新示范区建设路径研究

　　／ 曹献飞 ／ 143

镇江市共享经济研究

　　／ 盛永祥　刁雅静　佟芳庭等 ／ 151

镇江市宣传文化部门政府采购现状及风险防控研究

　　／ 肖军荣　李娟芬　吴仕宏等 ／ 159

镇江市普惠金融发展现状、存在问题及对策建议

　　／ 张先忧　王崧青　潘志昂 ／ 167

如何强化平台公司的绩效管理平台建设

　　／ 董晨鹏　华　军　宗正刚等 ／ 175

| 二、社会发展篇 |

大运河文化带建设的江苏路径研究
　　／潘法强　钱　兴　丁　钢等／185
强化村党组织建设，推进镇江乡村振兴战略研究
　　／孙肖远　张春龙　费　钧／198
镇江大运河文化保护传承利用的对策建议
　　／速　成　潘法强　罗福春等／207
"一带一路"倡议和"大运河文化带"建设背景下镇江蚕桑文化的保护与发展
　　策略研究／张业顺　吴堂凤　张国政／214
地域文化视域下社会主义核心价值观培塑的镇江实践研究
　　／刘清生　李巍男　杨　琴／223
镇江市新农村文化建设研究
　　／沈　茹　蒋家尚　贾　茹／228
镇江市城中村文化视域下多元模式建设研究
　　——以槐荫村为例／韩　荣　王琳琇　刘天琦／236
新时期镇江美丽乡村生态文明建设自然修复策略研究
　　／李　晓／246
消极空间活化
　　——城市双修背景下镇江市中心城区微型公共空间规划实施研究
　　／徐　英　韩　荣　贾洪梅等／252
乡村振兴战略指引下推进生态宜居乡村建设的思考
　　／朱　毅／267
以医疗诚信服务体系建设为抓手重构新型和谐医患关系
　　／邓宏伟／276
空巢老人互助养老体系的困境及优化路径
　　——基于镇江市养老服务模式创新的调查与分析／潘　玥／281

后　记／289

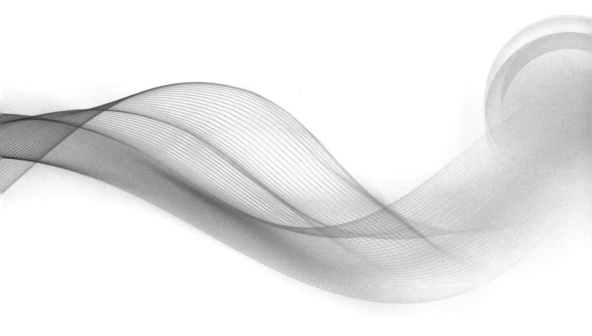

一、经济发展篇

聚力经济高质量　统筹推进寻突破①

——江苏经济实现高质量发展路径与对策研究

| 潘法强　吴　杨　姚永康　张友志　潘新亚　刘　念 |

推动经济高质量发展，是我国进入新时代经济发展的基本特征，是引领改革发展的根本性要求。江苏按照党的十九大的新部署，结合习近平总书记为江苏定位的"强富美高"发展总目标，提出"高质量"发展的鲜明导向，明确要求实现经济发展等"六个高质量"，目标明确，定位精准，要求很高。江苏经济高质量发展，必须立足实际，明确优势，找准短板，把握规律，丰富目标内涵，调高参照系数，找准前进方向，精准施策，实现发展理念转变、产业结构调整、发展动能转变、营商环境提升、生态环境优化等五大新突破。

一、高质量发展的核心内涵

经济发展有其客观规律性。经济高质量发展有其内在要求，其核心内涵涵盖供给、需求、配置、投入产出、收入分配、经济循环等多个层面。核心要义是通过转变发展方式、优化经济结构、转换增长动力实现经济质量的提升和经济效益的提高。基本特征是"我国经济已由高速增长阶段转向高质量发展阶段"。根本要求是实现从重视速度到重视质量的转变。江苏经济经过近40年的高速增长，很好地实现了从物质匮乏到物质丰富（从无到有）的飞跃，进入高质量发展的新时代，更强调的是实现物质从有到优的再次飞跃。

---

① 本文收录于《江苏省解放思想大讨论·经济发展高质量主题论坛》。

二、实现高质量发展的要素分析

改革开放 40 年以来,江苏以中国特色社会主义理论和习近平新时代中国特色社会主义思想为指导,牢牢把握国内外环境的深刻变化,通过改革开放的不断深化,体制机制不断改革完善,政府职能转变不断加快,行政效率不断提升,要素资源不断积聚,资源配置不断优化,以动力变革提高全要素生产率,促进并实现质量变革、效率变革,充分激发了市场机制的活力,各方面的积极性全面调动起来,一大批现代产业集群不断崛起。从 1979 年到 2016 年,江苏经济连续 30 多年保持 GDP 高速增长,经济总量迅速扩大,2017 年达到了 8.59 万亿元,居全国第二。拥有较为齐全的产业体系和配套网络,多种工业品产量居世界第一,取得了举世瞩目的成就。江苏科技创新能力不断提升,科技进步贡献率不断提高。江苏有 8000 万人口,是全国创新要素资源集聚的高地之一,科教资源丰富,区域创新能力连续多年保持全国前列。在苏高校有 141 所,高新技术企业达 1.1 万家,大中型工业企业和规上高新技术企业研发机构建有率超过 88%,全社会研发投入占比达到 2.7%,科技进步贡献率达到 62%,规上工业企业中有研发机构的企业占企业总数比例为 34.01%,居全国第一(如图 1 所示)①。

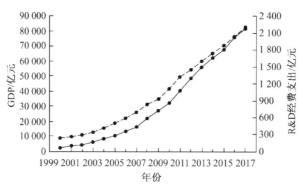

图 1   2000—2017 年江苏省 GDP 和 R&D 经费支出情况

① 实线—R&D 变化情况;虚线—GDP 增长情况。数据来源:《江苏统计年鉴 2017》。

江苏 40 年的发展成就举世瞩目，全面小康社会建设步伐坚强有力，但经济发展仍然存在一些矛盾和问题。

1. 发展理念还要与时俱进。江苏改革开放以来保持了近 40 年的高速增长，这种以拼资源、拼投入为主的粗放式发展模式，对江苏经济发展贡献度较大，人们熟悉并熟练运用这种方式，形成思维定式，延续这种发展方式，但这种发展方式是不可持续的，难以为继。人们对转变发展理念，转化思想方法、工作举措、领导能力，走以创新驱动为引领的内涵式增长之路的重要性、紧迫性认识不足，往往不能与时俱进，遇到较多困难时可能会延续惯性思维，走回头路。

2. 经济发展距离高质量存在差距。经济运行中的供给和需求的失衡、金融和实体经济失衡、房地产和实体经济失衡等三大失衡依然存在。高质量的有效供给不足，许多产品仍处在价值链的中低端，难以跟上居民消费升级的步伐，以至于出现中国游客到国外旅游抢购马桶盖等日用品的现象。居民高质量的需求难以得到满足，住房、养老、医疗、教育数重大山压在居民头上，有效需求因被抑制而难以释放。市场配置资源的决定性作用有待充分发挥，资源由低效部门向高效部门配置的障碍未能完全打破。资源要素制约凸显，资金瓶颈更趋严重，实体经济投资回报率呈逐年下降态势，推动经济从规模扩张向质量提升转变难度加大。

3. 构建现代产业体系任务繁重。江苏经济产业结构偏重，"三高一低"企业占比不低，"三去一降一补"任务繁重，多数企业处于价值链的低端，高附加值产品不多。类似广东华为这类超大规模企业、龙头型企业、独角兽企业数量较少，全国知名品牌少，掌握核心技术、具有自主知识产权的产品占比不高。战略性新兴产业对经济增长的贡献度有待快速提高，部分关键技术环节仍然受制于人，高端装备、精密仪器、电子芯片等方面较落后，科技创新得不到金融和人才的有力支持。亟须闯过转变发展方式、优化经济结构、转换增长动力这"三关"。

4. 创新要素活力释放不足。江苏科技创新激励机制不足，现有的一些制度设计、政策规定，难以吸引大批人才，不能充分调动他们创新和研发的积极性。科技资源分布不尽合理，人才供需结构性矛盾日益突出，专业人才队伍大而不强，人才流失情况值得关注，缺乏世界级科技大师和"高精尖"人才，科技创新与实体经济联系不够紧密，科技成果转化率低，实体经济提质增效升级面临人才瓶颈（如图2所示）。

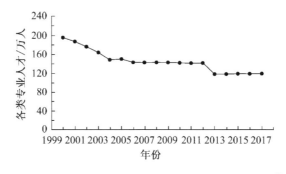

图2　2000—2017年江苏省各类专业技术人才总量变化情况①

5. 生态环境制约因素明显。江苏生态环境保护与群众的客观需求存在一定差距。一些地方对生态环境保护重要性的认识存在误区，在环保方面虽有要求但执行起来打折扣，对企业治污不到位现象管理不够有力。国内国际同行业间的竞争日趋激烈，企业无力负担高成本治污任务，污染治理动力不足。

三、对策建议

习总书记指出，我们要赢得优势、赢得主动、赢得未来，必须不断提高运用科学理论指导我们应对重大挑战、化解重大矛盾、解决重大问题的能力。推动江苏经济高质量发展，必须以习近平新时代中国特色社会主义思想为根本指引，按照党的十九大做出的战略部署，结合江苏经济发展的自身特点，扬长避短，探索新路径，寻找新对策，在发展方式、经济结构、增长动力等三个重点领域精准发力，广泛凝聚思想共识，集聚要素资

① 数据来源：《江苏统计年鉴》。

源,发力双强引擎,改善生态环境,完善产业体系,全力实现发展理念瓶颈、发展动能转化、营商环境升级、生态环境优化、经济提质增效等五个方面的突破。

(一) 以凝聚思想共识为先导点,实现发展理念瓶颈的突破

当前,江苏省正在强势推进的解放思想大讨论,对用习近平新时代中国特色社会主义思想和党的十九大精神,特别是习总书记对江苏工作的系列重要指示精神,来统一全省思想,凝聚各界共识,用新时代新思想指导新实践,更大力度推动江苏高质量发展继续走在全国前列,具有十分重要的意义。

1. 顶层设计高端引领。理论指导实践,理念引领发展。江苏要以解放思想大讨论为契机,用习近平新时代中国特色社会主义思想武装头脑,牢固树立全局意识和系统性思维理念,树立全省一盘棋思想,用创新发展、协同发展、绿色发展、开放发展、共享发展五大理念,凝聚思想共识,拓展视野,指导实践,推动高质量发展。切实转变发展理念,从全省战略层面做好顶层设计,为解放思想营造良好的整体环境,主动破除各种思想禁锢和清规戒律,抓住"一带一路"建设、长江经济带建设、苏南现代化示范区建设等多重国家战略密集叠加的重大机遇,在体制机制创新方面迈出实质性步伐,及时清理不合时宜的、对经济高质量发展有影响和有阻碍的文件和规定,及早出台鼓励和激励高质量发展的相关法规与政策,引领全省推进高质量发展。

2. 各级领导率先垂范。从某种意义上来说,领导干部思想解放的尺度,就是改革创新的深度,经济工作推进的力度。各级领导要确立新的发展观、大局观、政绩观,高质量发展新理念,以上率下,率先垂范,凝聚社会各界达成共识,为江苏高质量发展保驾护航。全省深入开展的解放思想大讨论,对于各层各级领导干部统一思想,凝聚共识,破解难题,化解矛盾,助推发展具有十分重要的作用。毛泽东曾指出:"正确的路线确定之后,干部是决定的因素。"(《毛泽东选集》第二卷中《中国共产党在民族战争中的地位》）党的十九大做出经济高质量发展的战略部署，关键在落实。领导干部要不忘初心、牢记使命、解放思想、胸怀大局，率先对标找差，带头革故鼎新，从自身做起，从分管领域工作做起，不因局部利益而影响大局，要勇于创新，敢于担当，充分发挥好示范带头作用，把坚持质量第一、效益优先、协同推进江苏"四位一体"产业体系建设作为己任，实现实体经济、科技创新、现代金融、人力资源协同发展，夯实经济高质量发展的基础。

3. 社会各界全面参与。破除发展理念瓶颈，需要社会各界广泛参与到解放思想大讨论活动中去，不当旁观者。解放思想没有局外人，社会各界既是新时代高质量发展的主力军，也是发展成果的共享者。社会各界要积极参与到解放思想大讨论中来，理论联系实际，剖析不利于高质量发展的思想观念，抛弃私心杂念，查找自身发展中的不足，从思想解放上找动力，从转变理念上寻动能，用新发展理念指导实践，主动适应高质量发展的新要求，依靠创新驱动提高生产效率，不为一时之利、一己之利而影响整体利益，为加快高质量发展做贡献。

（二）以构建产业体系为关键点，实现经济提质增效的突破

构建高新技术产业为主导、服务经济为主体、先进制造业为支撑、现代农业为基础，结构优化、技术先进、清洁安全、附加值高、吸纳就业能力强的现代产业体系，是实现经济高质量发展关键所在。

1. 加快发展以先进制造业为主体的实体经济。主动适应国际需求结构调整、国内消费升级新变化和科技进步新趋势，坚持走新型工业化道路，大力推进产业结构战略性调整。紧紧围绕建成国内领先、有国际影响力的制造强省目标，坚持发展高新技术产业与发展战略性新兴产业相结合，大力发展高端装备制造等优势产业，打造先进制造业基地，培育若干世界级先进制造业集群，促进江苏制造业迈向全球价值链中高端。加强规划引导，深入实施新兴产业倍增计划，重点发展新能源、新材料、生物技术和新医药等六大新兴产业，向价值链高端攀升，向研发设计和销售服务两端延伸，提高产品附加值，做大做强战略性新兴产业，形成江苏经济新的支柱产业和重要增长点。

2. 加快建设现代服务业高地。实施现代服务业提速计划，以市场化、产业化、社会化、国际化为方向，引导服务业投资方向，加快产业融合创新，扩大服务业市场有序开放，促进生产服务业集聚化、生活服务业便利化、基础服务业网络化、公共服务业均等化，加快形成以服务经济为主的产业结构。充分发挥江苏制造业基础雄厚的优势，重点发展金融、现代物流、科技服务、商务服务等生产性服务业，推动服务业与制造业互动发展，促进服务业结构优化。

3. 实现大力发展现代农业。坚持走中国特色、江苏特点农业现代化道路，按照优质、高产、高效、生态、安全的要求，积极推进农业规模化、产业化、标准化、信息化，大力发展现代农业，提高农业综合生产能力、抗风险能力和市场竞争能力。发展高效设施农业，大力发展特色水产业，建设一批现代农业产业园区和现代农业示范区，加快农业标准化步伐，大力发展无公害绿色有机农产品，加强农产品品牌建设，发展农业服务业和乡村旅游业。

4. 促进产业集聚发展。要按照主体功能清晰、发展导向明确、各类要素协调的要求，进一步优化产业空间布局，实施"1+3"战略，打破苏南、苏中、苏北三大板块的地理分界和行政壁垒，构建集聚集群集约发展的新模式，形成更为强大的经济增长核。加快培育特色产业基地，以优势产业和新兴产业为重点，依托开发区、高新园区和专业园区，引导产业资源集聚，形成一批市场影响力大、产业配套能力和创新活力强的特色产业基地，构建"带""群""网"状分布的产业基地格局。重点建设南京软件和服务外包、苏州电子信息和纳米技术、无锡太阳能和物联网等龙头带动型、创新驱动型和品牌推动型基地。

5. 提升信息化带动能力。顺应信息化发展新趋势，加快信息技术融入产品研发，积极开发信息技术及基于信息技术的新产品，推进工业设计和功能创新，大幅度提高产品的信息技术含量和附加值。加快信息技术改造生产过程，积极推进信息技术在各行业各领域的应用，提高产业发展层次和水平，提升装备信息化水平，促进企业生产过程的自动化、网络化和智能化，推进工业化和信息化深度融合发展。大力发展软件和信息服务、服务外包等新兴服务业。大力推进政务、经济、社会管理和公共服务领域"三网融合"业务的广泛应用，鼓励企业开展"三网融合"技术研发及产业化。

（三）以高端人才集聚为制高点，实现发展动能转化的突破

新经济增长理论认为知识和人力资本的外溢性能够产生规模收益递增效应，这为江苏在环境约束强化、资本投入效益减弱条件下，集聚高端人才，探索动能转换，走创新驱动的经济内生增长的新路径提供了理论依据。

1. 依托现代产业体系构建，集聚高端创新人才。一方面，要统筹谋划，强化创新体系，为事业聚才创造条件。创新是引领发展的第一动力，人才是技术创新体系中最核心的要素。江苏围绕大力发展的高端装备制造等优势产业，以及《江苏制造—2025》确定的战略性新兴产业和"四新"经济，进行顶层设计，构建整体完备、高端引领、布局合理、层级分明、定位清晰的创新格局。确定并推进一批具有前瞻性、引领性的重大科技工程项目，集中财力重点投入，集聚一批高端人才，进行集中攻关，促进创新裂变，实现一批重大科技项目的突破，为江苏产业高端化发展奠定基础。只有产业的集聚才能促进高端人才的集聚，促进科研顺利推进，实现科技成果的有效转化和产业化。另一方面，要以人为本，因人制宜，为事业引才夯实基础。高端人才对提升传统产能，提高中高端产品和服务的供给能力，解决中低端产能过剩和实体经济结构性失衡问题，实现加强产业链创新链无缝对接具有重要作用。江苏要不断深化科技体制机制创新，注重创新要素的集聚叠加和系统提升，积极搭建科技创新平台，统筹制定政策，协调推进落实，重视区域创新环境和创新生态优化，提高资源活力，促进要素互动，实现功能聚合，积极构建以市场为导向、企业为主体的技术创新体系，吸引集聚大批高端人才，用高新技术改造传统产业，为江苏创新发展赢得先机。

2. 形成多种政策激励强磁场，集聚高端创新人才。江苏研发投入力度和规模不断加大，2017 年江苏 R&D 投入占比达到 2.7%。社会创投和风投资金规模也很大，投入积极性较高，企业及个人都有一定的资金积累，具有一定的科技创新投资能力。但江苏在激励企业研发投入方面与先进地区相比存在差距，企业自主研发投入积极性总体受影响。据报载，广东企业创新的热情和激情高涨，其自主创新研发投入有 90% 来自企业，广东的省级重大和重点科技计划项目，有 70% 是由企业来牵头或是以企业为主来推进的。政府要出台相关政策规章制度，规范并促进有条件的企业用多种方法整合资源筹集资金，放手让企业主导一些核心技术的攻关，能够取得成效。例如，江苏恒神碳纤维有限公司董事长钱云宝十多年来个人投入 40 多亿元，集聚一批国内外的顶尖人才，开展碳纤维新材料技术的研发和攻关，克服重重困难并取得成功，打破了国外技术封锁，为我国碳纤维国产化做出了巨大贡献。

3. 以科研项目合同化管理为抓手，集聚高端创新人才。经济的竞争归根结底是人才的竞争。在集聚高端人才方面，上海、广东、浙江等省市的优惠政策更集中更灵活，投入规模更大，营造的人才自身发展环境更优。仅以科研经费的使用管理为例，这些省市更加注重把科研人员的内在动力激发起来，对科研人员争取的横向科研经费，按照科技合同进行管理，除了向本单位上缴一定的管理费，项目负责人有资金使用支配权，能够劳有所得，不需要为如何使用项目经费劳心费神、挖空心思，让他们有良好的潜心研究的氛围，科研人员争取科研项目的积极性十分高涨。江苏在科研经费使用管理方面，条条框框很多，各种限制政策和规定五花八门、层出不穷，科研人员的科研经费使用极为不便，影响了科研人员申报科研项目的积极性，宁愿围着牌桌、酒桌转，也不愿去围着项目干。这种状况如果得不到及时改变，江苏的创新要素优势会逐步消失，高端人才流失现象会越来越严重。江苏要借鉴外省市先进经验，创新科研项目管理规定，按照科技合同的形式依法进行管理，优化横向科研项目经费使用办法，解除对科研人员的种种束缚，激发科研人员的创新活力，营造江苏良好的科研和创新环境。

（四）以发力双强引擎为切入点，实现营商环境升级的突破

江苏省委要求在打造政府与市场"双强引擎"上解放思想，具有极强的现实指向性，为实现营商环境提升优化指明方向。

1. 厘清政府与市场作用边界，强化市场配置资源决定性作用。"强政府"与"强市场"是经济发展的"左膀右臂"，一只是有形之手，一只是无形之手，两者作用互补，相互支撑，缺一不可。打造"双强引擎"不能非此即彼、厚此薄彼、顾此失彼，必须厘清两者边界，让政府精准作为。江苏改革开放 40 年来走过的路，"强政府"给人的感觉和印象比较深，目前仍然存在惯性作用。在打造政府与市场"双强引擎"上解放思想，重点任务是要强化市场在资源配置中的决定性作用。市场决定资源配置必然是资源流向高效率地区、高效率部门、高效率企业。江苏与广东相比，经济总量相差不大，但是增长质量差距明显，主要原因在于广东的市场化程度高，市场对资源配置的效率高，经济活力强。下一步，江苏要向广东、上海学习，该放的权要放得更彻底、更到位，把经济管理权放到离市场最近的地方，把社会管理权放到离老百姓最近的地方；该管的要管得更科学、更到位、更高效，以事中事后监管为原则，事前审批为特例；服务要更精准、更贴心，政府公务员要强化服务意识，当好服务企业的"店小二"，做到有求必应、无事不扰。

2. 找准政府和市场共同发力结合点，市场配置资源发挥最佳效益。2018 年浙江在积极推行"标准地"改革试点，就是土地出让时把每块建设用地的规划建设标准、能耗标准、污染排放标准、产业导向标准、单位产出标准等给予明确，企业拿地前，就已经知道该地块使用要求和标准，经发改委"一窗受理"后，可直接开工建设，不再需要各类审批；建成投产后，相关部门按照既定标准与法定条件验收。这样不仅真正实现了项目审批"最多跑一次"，而且倒逼企业转型升级。浙江"标准地"改革，堪称找准"有为政府"和"有效市场"黄金结合点的有益探索。江苏出台

了不少支持经济发展尤其是实体经济发展的改革举措，但是企业办事全流程便利化程度、企业和群众的获得感还是令人不太满意。这主要还是没有找准政府和市场共同发力的结合点，导致市场配置资源的效益发挥欠佳。

3. 转变政府职能提升服务能力，加快塑造"强政府"新形象。我们不能将政府作用和市场作用对立起来，不能以为强市场就一定是弱政府，强政府一定是弱市场，政府作用和市场作用并非此消彼长的对立关系。改革开放40年来，江苏的经济发展取得了巨大成就，总体上既有政府的强力推动又有市场的强大作用。要看到自身优势，已有强项要更强更优。进入新时代，面对新的竞争，要切实增强紧迫感，掌握主动权，加快转变政府管理职能，优化政府管理方式，"强政府"的形象要加快转变到服务能力强上来。要推进政府层面的改革创新，提供有效制度供给，着眼于以办事全流程便利为目标的政府服务理念转变和系统性流程再造，努力做到审批更简、监管更强、服务更优，不断激发市场活力和社会创造力，把江苏打造成贸易投资最便利、行政效率最高、服务管理最规范、法治体系最完善的省份之一。

（五）以生态文明建设为着力点，实现生态环境优化的突破

江苏生态文明建设正处于"三期叠加"的关键期、攻坚期和窗口期，亟须聚焦问题，综合运用法律、行政和社会的力量，着力化解矛盾，突破制约生态文明建设的瓶颈。

1. 美化自然环境，持续增强生态竞争力。生态经济学观点认为，作为一种公共产品和生产生活环境，生态环境是一个国家或地区不可复制的生态竞争力，对于吸引投资、集聚人才，进而推动经济发展极其重要。以天蓝地绿水清为目标，采取经济、行政和法律多种手段铁腕治理突出的环境问题，持续提高生态环境质量。以清洁绿色发展为目标，构建以生态产业化和产业生态化为主体的生态经济体系，大力推动节能环保、清洁生产和清洁能源产业发展，以能源结构、产业结构、经济结构和空间结构调整大力推动绿色清洁生产。以完善生态环境质量管理制度为目标，在现有生态环境保护制度基础上，率先建立环境信息强制披露制度、环保信用评价制度、环境违法巨额赔偿惩戒制度、环保警察制度和长三角环境协同治理制度等环境质量管理制度。

2. 精致人文环境，持续提升文化吸引力。依托江苏悠久的历史文化资源和保护良好的名胜古迹，挖掘宗教文化、三国文化、楚汉文化、运河文化、饮食养生等文化资源，塑造文化江苏，加强文化认同与融合，用文化吸引人、感动人和留住人。既要突出固态文化资源保护，加强对历史街区、古民居、古村落、历史文化名城名镇名村等历史文化遗产的保护，加强以非物质文化遗产保护为重点的活态文化传承，又要加强企业文化和创新文化建设，企业文化是一个企业的魂魄，企业竞争本质上是企业文化竞争，构建反映企业特色需求的企业价值体系、行为文化和视觉识别系统，积极履行企业社会责任；在全社会尤其是在一个组织内部，构建"崇尚创新、宽容失败、支持冒险、管理冒尖"的创新文化，持续推进产品、技术、制度和组织创新，掌握关键技术和核心资产，形成核心竞争力。还要综合运用专利权、商标权、非物质文化遗产、地理标识、传统字号（商号）保护等手段，构建特色历史文化资源的多重保护机制，推进"生态—文化—产业—品牌经济"深度融合，提升城市和乡村的文化品质、知名度、美誉度和品牌影响力。

3. 精细发展环境，持续提升成功黏结力。马斯洛需求层次理论认为，发展需求是一个人的高级需求，而现代创新理论认为，创新绩效在很大程度上取决于根植于特定地区的创新环境。推进美丽江苏行动计划，完善城市功能，提升城市品质，降低城市生活成本，切实提高城市环境宜居性。要构建涵盖财政、税收、金融、住房、知识产权、产业政策、地区政策及人才专项扶持的创业创新激励政策体系，最大限度地推进创业创新便利化，切实提高创业创新的成功率。要努力拓宽人才服务渠道，提升人才服务质量，着力解决创新人才关心的生活、工作、创业、投资等实际问题，突出对创新人才的人文关怀，切实提高人才的满意度、幸福感、归属感和成就感。

精准发力强"三农" 乡村振兴谱新篇

——句容戴庄不断探索高质量发展新路径

| 潘法强　秦兴方等 |

江苏省句容市戴庄村原是茅山革命老区出了名的贫困村之一，2003 年人均收入不到 3000 元。在全国时代楷模、全国"三农"人物、原镇江市人大常委会副主任赵亚夫及其科技团队的带领下，充分发挥村党支部的带头作用，从制定农业农村发展战略规划入手，探索经济欠发达地区如何全面奔小康，跟上现代化步伐。2006 年戴庄成立了全省第一家综合性的社区农民合作社——戴庄合作社（以下简称合作社），经过十余年的努力，依靠发展有机农业，近几年农民人均年收入超过 20000 元，农户最高年收入超过 30 万元，村级集体经济年收入近 200 万元，一跃成为全省闻名的民富村强的先进村，引起社会各界的高度关注。2014 年 12 月，习近平总书记在镇江视察时，高度赞扬了赵亚夫的奉献精神和戴庄民富村强的经验，做出"要沿着这个路子走下去"的重要指示。

戴庄的成功经验有哪些？有没有典型意义？是否具有推广价值？推广过程中需要解决哪些问题？对此有关方面领导和专家十分关注。镇江市社科院联合多家高校和科研院所成立联合课题组，连续三年以"戴庄经验可推广性研究"为专题，开展系统深入的研究。结论是：戴庄经验具有典型意义和可复制、可推广价值。

一、持续发力"三农"短板，加强农业供给侧结构改革

戴庄村地处偏僻贫穷落后的句容市茅山老区，在赵亚夫的带领下，持续发力"三农"短板，久久为功，趟出了一条经济欠发达的农村地区高水

平建设小康社会的路径。在新形势下，研究、学习和推广戴庄的成功经验具有重大的理论意义和实践价值。

1. 戴庄是经济欠发达的农村实现全面小康的典型。全面建成更高水平小康社会的难点在"全面"，短腿、短板在农业、农村。习近平总书记强调："没有农村的小康，特别是没有贫困地区的小康，就没有全面建成小康社会"，"农村还是全面建成小康社会的短板"。戴庄通过成立合作社，并按《中华人民共和国农民专业合作社法》执行盈利分配，发展现代农业和生态农业，到2013年，又一次把分散的农民组织起来，全村95%的农户都加入合作社，合作社为社员提供产前、产中、产后一条龙服务，推进农业供给侧结构性改革，实现民富村强的经验，为解决全面建成小康社会中的短腿、短板提供了有益的借鉴，为解决"三农"问题提供了榜样。

2. 戴庄是经济欠发达农村解决"三农"问题的典范。在赵亚夫的带领下，戴庄村党支部全面贯彻五大发展理念，不断创新农民合作形式、生产方式和农业生产经营体系，广泛吸纳区域外部先进生产要素，积极主动变革传统生产方式，适时调整生产关系，大力发展有机农业和现代农业，促进三次产业交融，协调生产、生活和生态三者关系，促进农户尤其是弱小农户共同富裕等方面的成功实践，是农村地区推进创新发展、协调发展、绿色发展、开放发展和共享发展的典型。戴庄的贫困户、低保户、病残户加入合作社后，都实现脱贫跟上了小康步伐。戴庄为经济欠发达地区精准扶贫，实现小康路上"一个不落"提供了成功范例。

3. 戴庄是经济欠发达农村实现高质量发展的范例。在赵亚夫的指导下，戴庄村积极提升农民组织化程度、农业科技化含量、产业化层次和农村市场化水平，让农业成为有奔头的产业。大力发展生态有机农业，推进农业标准化生产，发展以"越光"品牌为代表的品牌农业；大力发展高效设施农业，建设高效农业基地，农产品走中高端路线；大力发展特色观光农业，打造一体化的农业精品旅游，让农村望得见山、看得见水、记得住乡愁，让农民看得到创造幸福生活的希望，从而成为推动现代农业建设迈上新台阶的典范。

二、不断激活创新基因，探索"三生"协调发展路径

"戴庄经验"最核心的内容是为丘陵山区农村找到一条由欠发达走向发达的成功之路。这条道路就是：在赵亚夫指导和带领下，配强建优基层党支部，领行协同，组织农民合作，引进先进生产要素，变革生产方式，调整生产关系，发展有机农业，促进生产、生活和生态三者协调发展，带动百姓共同富裕，推进集体经济快速发展。戴庄对于建设具有区域特色的农业生产经营体系，探索新型城乡关系，创建生产、生活和生态循环发展的新路子，以及探索以农富民的新路子，都有重要的参考价值。联合课题组在深入实践调研、运用马克思主义经济学基本原理深度研究的基础上得出结论，"戴庄经验"主要是：科学规划、精准定位，因地制宜、绿色发展；创新机制、村社协同，统分结合、利益共享；科技先行、典型示范，集聚要素、致富农民；质量为先、产品高端，"三生"协调、民富村强。（"三生"为生产发展、生活富裕、生态优美。）

戴庄成功经验主要体现在七个方面：

（1）亚夫精神是戴庄经验的核心要素，是戴庄经验的灵魂。戴庄村能够突破瓶颈，避免陷入贫困恶性循环，赵亚夫及其"亚夫精神"起到了关键性作用。亚夫精神是戴庄在经济欠发达条件下各种生产要素整合的黏合剂，是促成生产方式变革、生产关系调整和生产力发展的关键。亚夫精神主要体现在：牢记宗旨、坚定信念，不忘初心、情系农民，服务"三农"、矢志不渝，求真务实、勇于创新，坚持不懈、无私奉献。欠发达农村地区遭遇主要瓶颈是缺乏发展的引路人和带头人。基层党组织通过亚夫精神与村民紧密联系在一起，在赵亚夫的领导下，合作社经过严格的民主选举秩序，选举出以村支部书记为理事长的理事会，促进了戴庄农民由分散走向合作，先进生产要素由净流出变成净流入，基层党组织与合作社走向融合，也争取到了各级政府的支持，从而成为戴庄经济社会变革中不可或缺

的黏合剂。没有这一黏合剂作用，就不可能有戴庄生产力的大发展。

（2）开创"村社协同"农村基层合作组织民主管理新模式。推进农村基层党组织与专业合作社之间的深度融合，发挥村级党组织在强村富民中的战斗堡垒作用，改善干群关系，降低了生产方式变革中的摩擦成本，极大地促进了生产力发展。

戴庄成立合作社时，国家相关法律尚未出台，当时没有现成的模式，采用农村基层党组织与专业合作社之间的深度融合并选择"村社协同"模式带有试验的性质。所谓"村社协同"模式，"村"即农村的基层行政村（社区），发挥村级基层党组织对专业合作社的领导和引领作用，"社"即专业合作社，主要负责专业合作社的具体运行，"协同"即把两者有机统一起来。"村社协同"模式，即通过合作社成员民主选举，村党支部书记当选农业专业合作社的理事长，理事长组织和带领合作社成员发展农村经济，保障专业合作社的正常运行。（戴庄在村党支部领导下的村民委员会仅负责村级日常事务的管理，不介入合作社事务；合作社负责发展经济，这是农村民主管理的重大体制创新。）实践证明，在生产力欠发达的阶段，"村社协同"模式，既使农村基层党组织找到了更好地服务农户、组织农户、致富农户的新抓手，提高了村级基层党组织在群众中的凝聚力、向心力，同时又在很大程度上解决了落后地区农民专业合作社发展中所面临的人才匮乏、资源匮乏和利益矛盾尖锐等突出问题，提高了专业合作社生产经营的效率。"村社协同"这一基层民主管理体制的创新产生了互补、互促效应，村级基层党组织得到加强，村民委员会专司日常事务，专业合作社得到发展，一举多得，促进了戴庄农村基层和谐社会关系的建立，为农村各项改革措施的有效推进，也为全面小康和农村现代化建设奠定了良好的社会基础。

（3）摸索出一条"三生"协调的"三农"发展新路径。戴庄以市场为导向，以农业为基础，变后发优势（生态环境优势）为产业优势，因地制宜地发展符合市场需求的现代农业和生态农业，并逐步形成全产业链，走出了一条"三生"有机统一、协调推进的新路子。

2004 年戴庄处于起步阶段，可利用的资源很少，优美的自然环境是最大的资源。为将其转化为持续的现实生产力，赵亚夫根据市场对有机农产品需求不断扩大的实际，选择自己掌握的较为成熟的日本有机农产品种植技术，发展有机农业。十多年来，戴庄逐步实现了有机水稻种植与多种经济作物生产的结合、大田种植与林、牧、副、渔业的结合，大农业与第二、三产业的交融发展，促进了戴庄生态系统与经济系统的良性循环，实现了经济、生态、社会三大效益的有机统一。

（4）探索出带动农民富民强村的精准扶贫新模式。改造传统农业的关键是要改造传统农民。赵亚夫同志到戴庄之初，曾试图直接从科技入手帮助农民致富，但面对半数以上劳力在外地打工，留下务农的村民大多是老者或妇女，平均年龄 55.3 岁且受教育程度低的现实，他们意识到，如果不能把农民组织起来，最先进的生产要素也进不来，最好的技术也推广不下去。所以，他们最后选择从组织农民入手，让农民自愿加入合作社，将合作社 80% 的盈利分配给农民，农民入社得到实实在在好处，收入大幅度增加，集体脱贫致富。多年来，赵亚夫用精神和行动去感化、凝聚、引导留守农村、固化在土地上的农民；通过教育、培训、示范和搭建农业专业合作组织平台等途径，将农民发动组织起来学技术、促生产；通过引导、示范，培育新型农民尤其是职业农民，促进了科技、人才、信息等先进生产要素在戴庄的传播、生根和结果，加速了戴庄生产方式的变革。戴庄通过发展专业合作社，采取试点、示范、教育、培训等一系列途径，"做给农民看，带着农民干，帮助农民销，实现农民富"，将分散的农民联系、组织、发动、带动起来，将传统农民转型成为新型有组织的农民和职业农民。

（5）寻找到突破农业"短板"发展高效农业的新举措。现代农业发展既要有宽松的政策环境、优良的生态环境、良好的农业基础设施的配套，又要有现代农业科技等内生动力要素的支撑。发展现代农业需要四大内生动力：劳动力、技术、土地、资本，农户尽管发展意愿强烈，但自身缺乏太多的优势，仅有土地、劳动力有比较优势，技术和资本都缺乏，市场信息不对称，应变能力较弱。因此，特别需要加大对农村政策性投入、农民人力资本投入、农业科技投入等"三大投入"，这是我国典型的城乡二元结构所决定的，仅仅依靠市场的作用只会加剧城乡分化。戴庄多措并举，以有组织地培训农民为切入点，增加农民人力资本投入，在将传统农民培育成为新型职业农民的基础上，一方面加强与涉农科研单位高等院校的合作，筹集必要资金加大对农业科技的投入，积极引进、培育、改良或嫁接农业新品种，开发农业新产品；另一方面积极争取各级政府对农业基础设施建设、生态系统修复、农业补贴等方面的投入。政府的各项涉农政策的支持，对戴庄的发展具有积极作用，推进了农业供给侧结构性改革，助推了传统农业向现代农业转型，提升了现代农业的效率。戴庄的实践经验在我国绝大部分农村地区，尤其是经济欠发达地区具有普遍的推广意义。

（6）创立了"利益共享""统分结合"的农业专业合作社运行新机制。戴庄创立的合作社"利益共享""统分结合"两大运行机制，有效解决了小生产与规模经济、单个农户与大市场之间的矛盾，推动了戴庄村生产方式的变革。

1）建立"利益共享"的合作社机制。戴庄在成立合作社时，将保障入社农户尤其是中小农户、低收入户的利益共享作为出发点和落脚点，将其嵌入合作社制度体系设计之中，并通过二次分配形式加以实现。所谓"二次分配"，即在专业合作社按照代销农民农产品数量的多少的盈利，提留15%～20%公积金后，第一次将80%分配给农民，其余盈利作为社员购买有机生产资料或推广生态农业新技术的奖励，从而实现第二次分配。二次分配使合作社真正成为绝大多数农户的利益共同体，大大提高了合作社对农户的吸引力，这项制度设计具有前瞻性和引领性。

2）"统分结合"的现代农业经营体系的机制设计。长期以来，我国农村集体经济组织的双层经营体制，往往只能落实在农户分散经营层次上，而集体统一经营层次往往只是空壳。戴庄通过建立合作社的"统分结合"机制，即按照"生产在户、服务在社"的总要求，将合作社在规划、技术标准、销售等方面的"六个统一",与入社农户自身承包地的锄草、灌溉等日常管理相结合,既解决了分散农户干不了、干不好、干了不合算的问题,又调动了分散农户的个体积极性,构建了具有区域特点的新型农业经营体系。

(7)破解了依托农业核心技术进行"生态修复"新课题。戴庄结合当地农业生产实际,通过不断引进、消化、吸收、创新先进农业技术,优化组合成了一套适合丘陵山区生态修复的综合农业技术新体系,取得了产品优质安全、资源节约、环境友好的效果。

我国农业大面积、高剂量使用化肥和农药,传统农业类型农田生态平衡被破坏,影响到可持续发展。戴庄树立尊重自然、顺应自然、保护自然的理念,以农业生态建设为最高目标,科学规划、顶层设计,把发展和保护有机统一,把山水田林湖作为一个生命共同体打造。与一般有机农业着眼于怎样不用或少用化学农药和化肥不同,戴庄则把当地丘陵山区山水田林湖,全部的空间分布,由上到下设计为三个层次:低山岗地—森林生态系统,缓坡岗地—林、草、畜生态系统,塝、冲水田—稻(菜)、草、畜(渔)生态系统。依据每个层次的特点,依托创新的生态农业核心新技术,大力培育丰富的生物多样性,科学发展不同的产业业态和产品,各种产业形态相互支撑、协调发展,构建了新的产业链,修复了被严重破坏的农田生态系统,有效协调农产品品质、安全、产量、环境、效益之间的关系,丰富了丘陵山区生物多样性,改善了农民生活,发展了丘陵山区农村经济,大幅提高了丘陵山区自然生产力。

三、着力激发内生动力,因地制宜推广戴庄经验

2013年,习总书记在十二届全国人大一次会议上参加江苏团讨论,听取亚夫同志的发言后,指出:今后要着力解决农业比较效益低的问题,真正使务农不完全依靠国家补贴也能致富。亚夫同志按照习总书记的指示精神,不断推进农业供给侧结构性改革,不断探索"三农"同步推进、全

面发展之路，成功地解决了农业比较效益低的问题，成为解决"三农"问题的样本。戴庄通过农民合作形式，创造了新型农业生产形态，创新了新型集体经济壮大方式。合作社成立十多年来，戴庄集体经济收入由负债80万元逐步提高到现在年收入近200万元，积累的集体固定资产超1000万元。村级集体经济步入良性循环，收入随着社员收入的增加而增加。戴庄成功解决了经济欠发达地区解决农民增收难问题，尤其是促进纯农户和弱小农户的增收，真正做到了小康路上没有掉队者。

在推广戴庄经验的过程中，各地疑虑最多的是当地没有"亚夫式"的领头人，缺少发展项目和资金，难以打开销售市场，复制和推广戴庄经验很困难。我们认为，推广戴庄经验，必须解放思想，打消疑虑，克服困难，结合本地实际，因地制宜，重在推广戴庄成功经验，不能机械复制"戴庄模式"，高度重视并着力解决以下四方面问题，才能取得成功，更加有效地助推乡村振兴战略全面实施。

（1）配强书记，充分发挥基层党组织的核心作用。加快实施乡村振兴战略，基层党组织作用日益凸显，迫切需要基层党组织发挥核心作用，加强示范引领，提高合作社等农村合作组织运行质量和管理水平，引导农村向现代化迈进。首先，要配强基层党组织领头人（书记）。戴庄经验成功的关键是赵亚夫，推广戴庄经验的成功，关键在于选准用好基层党组织领头人（书记）。在推动经济高质量发展，加快实施乡村振兴战略的背景下，党委政府重点选准、培养、使用"亚夫式"的基层党组织领头人，配强基层党组织。其次，要为基层党组织领头人（书记）依纪依法履职创造条件，营造政策环境，能够劳有所得。按照客观经济发展规律办事，出台扶持政策、激励机制，规范农村带头人的职、权、利，以及基层各类合作组织的经营行为，明确科学合理的奖励机制，辛勤的付出应该有一定报酬，解决他们的后顾之忧，激励他们扎根农村，放心大胆带领农民发展农业和农村经济，在带动农民共同致富、壮大农村集体经济的同时，自身也能够从农村合作组织中获得收益，增加获得感、成就感。如果过分强调农村带头人的无私奉献和付出，自己出钱为合作组织办公事，工作中顾虑重重、缩手缩脚，他们的内生动力就难以全部激发出来，基层党组织的核心作用得不到全面发挥，长此以往，戴庄经验很难推广。

（2）因地制宜，集聚多方农村经济发展要素资源。近几年来，随着市场条件的变化，戴庄村也遇到了如何更好地建立适应市场发展需求的农业生产经营体系的新课题。戴庄不断完善合作社内部市场化管理机制，拓展营销渠道和创新营销手段，鼓励农户种植适应市场需求的有机农产品，推进全产业链提升工程，用三产带动一产发展；加大农业产业化力度，继续发展小型农产品加工，拉长有机农产品产业链，龙头农业企业嫁接，开展深度合作，进行农产品深加工提高附加值，提高农产品比较效益；戴庄积极支持通过土地流转开展适度规模化经营，重点发展 50～100 亩的中型专业户（仅种植有机水稻年收入在 10 万～20 万元，种植有机果蔬收益则成倍增加）；戴庄不断探索借力外来资本，把握镇江开展全域旅游试点的机遇，加大与周边城市旅行社合作力度，大力发展现代观光农业，带动农产品销售，拓宽农民增收渠道。学习推广戴庄经验，必须因地制宜，量力而行，尽力而为，做好顶层设计，明确总体定位，确定年度目标，有计划分步骤实施，有多少钱办多少事。在市场经济条件下，市场变化很快，也很无情，必须遵循经济发展规律，综合考虑不断变化的技术条件、自然条件和市场条件，主动适应市场，种养加、农工贸、一二三次产业有机结合，引导各类要素资源向农村基层合作组织集聚。

（3）与时俱进，不断增强市场适应性和灵活性。戴庄自身也在不断适应市场变化需要，与时俱进，优化和完善"统分结合"机制，在合作社"统"的层面上，坚持与合作社的经营管理水平和合作社自身适应市场的能力相适应，有关"统"的范围、内容和程度作及时调整，将"统"的原则性与市场的适应性、灵活性有机结合起来，该统的统起来，该分的分下去，把各方面的潜能都激发出来，合作社的发展之路会越走越宽广。戴庄不断探索农业现代化之路，继续增加适用大型农机，成立农机服务站，为中小有机水稻种植户提供种子处理、育秧、栽插、收获等农机服务，增加种粮比较效益。学习推广戴庄经验，一定要盯紧市场变化，不断优化农村产业结构和农业种植结构，增产适销对路的产品，增强市场的适应性和灵活性，提高经济效益。

（4）改革创新，不断提升农村合作组织开放程度。戴庄一直在不断探索、不断创新、不断改革、不断完善"领行协同"管理模式，防止模式运行的僵化和固化，更好推进合作社的发展。当生产力发展到较高水平，面对日益变化的内外部环境，要进一步提升合作社的市场适应性和内部管理机制的灵活性。戴庄以市场为导向；不断完善其运行机制，不断调整农业产业结构，利用缓坡岗地大力发展应时鲜果；不断拓宽销售渠道，加强与电商平台的合作，开展农产品电商销售；不断完善对外适应市场需求，对合作社内部权力明晰、责权对应、激励有力的运行机制。学习推广戴庄经验，必须要有双向开放机制作保障，农村基层合作组织接纳各类资本、技术、人才、项目下乡服务三农，推动乡村振兴战略的全面实施。

戴庄的发展是一个渐进的过程，具有阶段性的特征。戴庄模式不是一成不变，而是不断完善的。戴庄遵循客观规律，不断与时俱进，根据经济社会发展和时空条件变化，因时而异、因地制宜，以市场为导向，注重培植生产力发展新要素，特别是注重发挥市场在配置资源方面的主导作用，建立起面向市场的农业生产经营体系，走品牌发展之路，以质量和品牌拓展和占领高端市场，提高农产品市场竞争力，不断丰富和完善"戴庄经验"的内容，不断赋予新的内涵。学习推广戴庄经验，一定要根据当地实际情况，因时制宜，实事求是，具备条件的全面学习推广，不具备条件的可以学习部分经验，久久为功，积小胜为大胜。

新旧动能转换引领镇江工业经济
高质量发展的路径选择

| 戴　坚 |

工业是推动创新发展、转换增长动力、振兴实体经济的重要领域。近年来，镇江坚持稳中求进的工作总基调，贯彻落实新发展理念，以推进供给侧结构性改革为主线，坚定不移打好转型升级组合拳，新旧动能接续转换取得积极成效，工业经济呈现提质增效、稳中向好的态势。但在镇江市委高质量发展大会上提出的"质和量同步提升"的要求下，镇江人均资源少、环境容量小，粗放式发展难以为继的瓶颈依旧比较突出；存在板块间发展不平衡、部分企业经营困难、现有的产业优势与周边城市相比有逐步弱化势头等问题。本文拟从新旧动能转换实质内涵出发，全面理解加快新旧动能转换的原因，从中探寻对全市工业经济"高质量发展"的施力指向与实施路径。

一、关于新旧动能转换的实质

动能原本是一个物理学的概念，最早是 G. W. 莱布尼兹提出的，他称之为"法力"，定义为 mv^2。"新旧动能转换"，本质是经济动能的转换。经济动能的转换，就是主动借助各类调控方式引导、创造、组织和激活社会内在发展动力的过程，或者说，是推动社会内在发展动力系统"新旧交替"的过程。这个过程既要在产业管理方面实现，也要在社会治理之中实现，是适应现在和未来需要的，也为解决现在和未来的经济发展动力问题创造更多的可能性。

顾名思义，新旧动能转换就是要逐步减少旧动能、增加新动能，甚至用新动能替换旧动能。同时，旧动能还要发挥一定作用，在应用层面上更多发挥新动能的作用，提高新动能在整个动力结构体系中的比重，多地依靠新动能来实现经济的健康可持续发展。工业经济中新旧动能转换的主要表现如下：

1. 从供给侧看，经济增长动能由要素规模和投资驱动转换为要素质量和创新驱动。一是工业企业研发投入大幅增加，创新能力不断增强。二是"人口红利"转化为"人才红利"。

2. 从需求角度看，经济增长动能由单一的投资驱动转换为消费和出口与投资联合驱动。一是消费品制造业前景看好。"互联网＋"重塑产业链，催生新的消费需求；二是工业企业"走出去"步伐加快，企业将大规模高水平地走出去寻求国际产能合作。

3. 从产业角度看，经济增长动能由传统的高耗能行业支撑转换为由装备制造业和高技术制造业支撑。一是装备制造业和高技术制造业本身具有高增长性，二是装备制造业和高技术制造业对工业经济的支撑带动能力更强。

二、镇江工业经济动能转换的历史轨迹

回顾改革开放以来镇江市工业经济发展的历程，工业动能转换大体划分为以下几个阶段：

（一）稳定增长阶段（1979—1991 年）

1978 年改革开放刚刚起步，从 1979 年起，全省全面进入"调整、改革、整顿、提高"八字方针的三年调整时期，以企业改革为先导的经济体制改革逐步推开。借助上海经济技术的辐射和扩散，借着农村体制改革的机遇，所谓的"旧苏南模式"下乡镇企业在镇江快速发展，其本质是通过公社集体经济的积累，有足够资金后一步到位地把工业引进农村。这一时期，全市工业经济生产增长速度较为平稳，年均增长 15.1％，最高年份（1985 年）增长 32.4％。广大工业企业通过扩大经营自主权和全面整顿，

素质有所提高，活力有所增强，为此后的工业经济快速增长创造了条件。

（二）加速发展阶段（1992—1997 年）

1992 年邓小平同志"南方谈话"后，镇江市改革开放和经济建设的步伐明显加快，选择经济发展外生式道路，即采取产业和项目引进型发展模式，通过建立工业园区，以强势政府和有效政府为基础，以招商引资为手段，以土地换资金，以空间求发展，工业生产保持快速增长之势，形成了乡镇集体经济、当地国有经济和外资经济三分天下的格局。这一时期，镇江市工业经济生产增长飞速发展，年均增长 26.6%，最高年份（1993 年）增长 50.2%。1995 年，党的十四届五中全会提出"两个根本性转变"，工业经济增长方式从粗放型向集约型转变的步伐加快。镇江市全面启动建立现代企业制度试点工作，对工业结构进行全局性、战略性调整，非公有制经济比重明显上升，产业结构不断调整和优化，规模经济优势得到加强，这一阶段全市工业总产值由 1992 年的 221.3 亿元增至 1997 年的 745.28 亿元，工业经济占 GDP 的比重达到 50.5%。

（三）跨越发展阶段（1998—2010 年）

面对国际金融危机的严峻挑战，镇江市在发挥化工、建材、纺织等传统优势产业的同时，积极发展装备制造业、高新技术产业成为推进工业结构调整和增长方式转变的动力。1998—2010 年，工业总产值年均增长 14.4%。2010 年，在国家和江苏省委、省政府一系列政策措施作用下，镇江市工业经济先抑后扬，企稳回升，工业增加值增速由上年的 15.3% 回升至 16.1%。镇江市上下大力推进"千百亿"工程，镇江市"五大产业"产值占比达 83.6%，其中高新技术产业产值和装备制造业产值分别占规模以上工业的 39.6% 和 42.5%，占比比 2005 年分别提高 10.3 和 16.7 个百分点。

（四）改革攻坚阶段（2011 年至今）

面对经济发展新常态和国内外形势深刻复杂变化，镇江坚定不移实施产业强市战略，在工业经济发展中持续加力主打先进制造业，产业定位注重特色高端，围绕构建与高水平全面小康相适应的先进制造业体系，重点打造高端装备制造、新材料两大支柱产业，加快发展新能源、新一代信息技术、生物技术与新医药三大新兴产业，传承发展眼镜、香醋等历史经典产业。把存量升级与增量优化两手齐抓，坚决有力化解过剩产能，培育更多创新型增长点。2017 年，镇江市制造业增加值增长快于全部工业增速0.2 个百分点，制造业税收占全部税收比重提高 4 个百分点；战略性新兴产业产值占制造业产值比重47.3%，其中高端装备制造、新材料两大主导产业销售比重达 30.8%；制造业增加值率 22.6%，比 2011 年提高 3.2 个百分点。产业高端化、智能化、服务化、绿色化、融合化发展加快，企业两化融合水平指数92.2%。同时，加快传统产业改造升级，传统产业技改投资占全市技改投资的比重达 52.9%，创成全省唯一的国家消费品"三品"战略示范城市。

三、全面理解镇江加快新旧动能转换的原因

（一）工业经济资源禀赋优势的改变

20 世纪 90 年代之前，全市工业经济基本以乡镇工业为主，乡镇工业经济占工业经济的比重一度达到 60%，但乡镇工业的全员劳动生产率仅有全部工业的75%。随着技术水平的不断提高和社会资本的不断积累，资本要素对全市工业经济的增长贡献越来越大，表现在重工业的加速发展和资本形成总额对 GDP 贡献度越来越大等方面。1992—2017 年，镇江市工业经济中重工业比重由 41.3% 提高至 83%，工业投资占全部投资的比重由35.3% 提高至 2017 年的 55.4%，资本占 GDP 比重由 45.5% 提升至55.5%。新旧动能转换关键原因是资源要素禀赋的悄然改变，镇江工业经济若要实现高质量发展必须正视这些变化，并积极顺应这些变化，及时调整经济增长的动能结构，保持经济增长效率稳定提高。

（二）工业经济需求结构和水平的改变

镇江市工业经济进入发展新常态，表征特点是经济增长速度由高速转变为中高速，深层次问题是现有的供给结构和水平不能充分满足需求结构和水平的变化要求。从宏观上看，投入产出效率在下滑。一是资本的边际收益持续递减，镇江市 2011 年工业投资系数为 0.78，2017 年投资系数为0.43，投资收益呈现大幅降低的趋势。二是工业产品的供大于求的状况，2017 年镇江市工业产能利用率接近 75% 的临界点，36 个工业行业大类中有 19 个行业存在产能过剩情况。三是工业质量效益还有待大幅提升。2017 年镇江市工业劳动生产率为 33.72 万元/人，低于苏南平均 1.3 万元/人；规模工业增加值率为 22.6%，低于苏南平均水平且在近 3 年内呈整体下行趋势。投入产出的较低效率根源在于传统发展模式的路径依赖，增长模式粗放、发展动力不足、投资效率低下等深层次矛盾依然存在，调结构补短板、转型升级任重道远。从微观上看，企业有效供给能力不足。镇江市工业企业总资产贡献率为 13.0%，分别低于全省和苏南 0.6、0.9 个百分点；成本费用利润率 6.9%，分别低于全省和苏南平均 0.2、0.7 个百分点，且在近三年内呈整体下行趋势。企业盈利能力较弱根源在于大部分工业企业处于价值分配链条的附属地位。产品结构存在着结构性短缺，一般产品、中低档产品、初级产品多，优质产品、高技术含量、高附加值的产品少，供需仍不能有效匹配。

（三）工业经济要素供给动能约束的改变

从产业结构上看，镇江重工业占比全省最高，重工业中接近一半的企业属于依赖高投入和高能耗的六大高耗能行业，2017 年全市六大高耗能行业占全部规模工业的比重为 33.0%，占比高于全省平均水平 1.1 个百分点，对于镇江市规模工业的增长贡献率则由 2011 年的 35.3% 下降到28.8%。从资源消耗角度看，尽管镇江市的单位 GDP 能耗有所下降，但依然为高收入国家的 1.8 倍，中等收入国家的 1.1 倍，世界平均水平的1.5 倍，整体处于较高的水平，"高消耗"发展模式难持续。

四、镇江工业新旧动能转换的现状与成效

（一）新技术活力增强

2017年规模以上工业中，高技术、高新技术产业产值同比分别增长13.0%、11.2%，增速比规模以上工业分别高2.5和0.7个百分点，占规模以上工业的19.8%和49.3%，比重同比提高1.3和0.2个百分点，拉动规模以上工业增长2.5和4.3个百分点；高技术产业（制造业）投资同比增长11.5%，高于制造业投资增速6.2个百分点。科技活动和企业创新较为活跃。每万人拥有发明专利授权数（工业）由2011年的4.4件提高到9.8件。规模以上工业R&D经费投入比2011年增长83.6%，年均增长12.8%，占主营业务收入的比重由2011年的0.65%提高到1.23%；每百个规模以上工业企业拥有研发机构数由2011年的33.6个提高到47.8个。

（二）新产业支撑有力

大力推进技术含量高、资源消耗少、符合转型升级方向的新产业发展，产业结构调整取得显著成效。2017年，镇江市战略性新兴产业实现主营业务收入3041.2亿元，同比增长12.3%，占全市比重44.6%，其中高端装备制造、新材料两大"主导产业"占全市工业主营业务收入总量30.8%。大全集团参与的"中压直流综合电力系统项目"，获2017年度国家科技进步一等奖；图南合金、晶海新材料、天工工具等3家企业中标省重点领域共性技术攻关项目。新增省高端装备研制赶超项目1个，总量并列全省第4位；新增省首台（套）重大装备及关键部件项目11个，累计达到63个；新增省首台（套）重大装备及关键部件示范应用项目9个。

（三）新产品不断涌现

加快新产品研发力度，提高产品市场竞争力和占有率。2017年规模以上工业新产品产值同比增长19.7%，比工业总产值增速高9.2个百分

点；新产品产值增长对规模以上工业总产值的增长贡献率为29.4%，比上年提高6.9个百分点。2017年列入国家"三新"统计的新产品中，新能源汽车、光纤、碳纤维增强复合材料、工业机器人、石墨烯、太阳能电池等产品产量均实现两位数快速增长。

（四）新模式蓬勃发展

一是实施智能制造工程。分类别、分步骤推动离散型、流程型等智能制造新模式示范应用，产业链智能升级做法被列入全国区域智能制造十大路径之一。恒顺集团创成工信部智能制造示范企业，大全集团入选工部智能制造新模式专项，实现了镇江国家级智能制造项目零的突破。二是业态模式融合加快。生产性服务业与制造业加速融合，艾科半导体成为第一个国家技术先进型服务企业，汤辰机械等3家企业入围省服务型制造示范企业。三是数字经济加快布局。推动互联网、大数据、人工智能和制造业深度融合，加快"一带一谷"建设。

（五）传统动能改造提升

全面推进传统产业改造提升工作，全市冶金、建材、化工、轻工、纺织、机械、电力等七大传统行业质量效益明显提高，传统动能焕发生机活力。全市传统产业实现主营业务收入3773.3亿元，同比增长7.8%。完成传统产业技改投资436.5亿元，增长32.1%，占全市工业技改总量的52.9%。香醋、眼镜、木业等产业高端供给能力明显提升，镇江创成全省唯一的国家消费品"三品"战略示范城市。

五、推进镇江工业经济新旧动能转换引领高质量发展的路径选择

（一）强化融合发展，加快形塑新旧动能转换的现代产业支撑体系

一是在存量优化上，打好传统产业改造升级"主战场"。二是在增量扩容上，开辟新经济培植生长"新战场"。

（二）深化创新驱动，全力打造新旧动能转换的源动力系统

以创新驱动为抓手，积极推进国家信息经济示范区建设，深入实施"互联网＋"行动和大数据战略，培育发展信息经济新业态新模式。深化科技体制改革，建立以企业为主体、市场为导向、产学研深度融合的科技创新体系。培养造就一批具有国际水平的战略科技人才、科技领军人才、青年科技人才和高水平创新团队。

（三）优化内外拉力，加速培育新旧动能转换的需求新体系

一方面多措并举提升投资质效，释放经济运行动能活力；另一方面多管齐下激发消费新需求，挖掘新旧动能转换内需拉力。

用"五个突出"和"三个对接"推进镇江产业强市

| 陆介平 |

2017 年，镇江市委、市政府出台《关于推进产业强市的指导意见》（镇发〔2017〕16 号），将产业强市作为全市经济发展的重点，进一步确立了制造业在全市经济发展中的地位和作用，对镇江市大力发展先进制造业有着重大意义。中美之所以发生贸易争端，一是所谓贸易不平衡问题，二是《中国制造 2025》对美国制造业产生了潜在威胁，其焦点是制造业核心竞争力的问题，美国之所以将与《中国制造 2025》相关产业纳入征税重点，至少说明我国制造业大而不强，在重点领域缺少核心竞争力和核心知识产权，存在显而易见的软肋，中兴通讯离开了美国芯片和软件系统立刻进入休克状态一事足以表明，制造业高端发展刻不容缓，制造强国建设任重道远。在此背景下，镇江市委将发展路径作为解放思想大讨论的 4 个议题之一，围绕产业强市、大力发展先进制造业进行深入研讨，意义重大。

一、镇江市先进制造业现状及问题

2017 年，镇江市完成工业应税销售 3900 亿元，比上年增长 11%，创五年来新高。从结构分析，镇江制造业呈现出两个特点：一是主导产业持续增长。两大主导产业实现主营业务收入 2099.6 亿元，占全市工业主营业务收入总量 30.7%。其中，高端装备制造业实现主营业务收入 1091.7 亿元，同比增长 11.6%；新材料产业实现主营业务收入 1007.9 亿元，同比增长 13.8%。航空航天产业实现主营业务收入 258.9 亿元，同比增长 14.9%。二是新兴产业规模扩大。镇江市新兴产业实现主营业务收入 3041.2 亿元，同比增长 12.3%，占全市比重 44.6%。新能源产业实现主营业务收入

448.8 亿元，同比增长 10.4%；新一代信息技术产业实现主营业务收入 332.6 亿元，同比增长 12.6%；生物技术与新医药产业实现主营业务收入 160.1 亿元，同比增长 9.3%。这足以说明，制造业在镇江市经济发展中具有举足轻重的地位。从产业结构分析，镇江市产业涉及领域众多，新能源、战略性新材料、航空产业发展较快，已经成为镇江市制造业发展中的优势产业。

但从产业结构及经济运行质量的角度看，镇江市制造业短板明显、受环境影响波动大、发展后劲不足的问题依然突出，主要表现在 5 个方面：一是传统产业比重偏大，传统产业占制造业的比重为 50% 左右，新兴产业动能不足；二是主要产业大都处于产业链的中低端，无论是智能电器、现代装备制造、新材料，还是航空产业，从产品结构的角度来看属于产业高端的不多，技术含量偏低、产业质量不高的问题较为突出，产业引领作用不强；三是多数产业大而不强，核心竞争力不足，产业集聚度不高；四是重点发展产业中的创新型领军企业、行业优势企业、独角兽企业不多，难以在产业竞争中取得话语权、支配权，也无法获得产业发展的优势；五是产业创新能力不足，至今没有一个产业类国家级研发机构，也没有在行业内有影响的创新载体，缺核心技术、缺核心知识产权、缺创新研发能力等瓶颈问题将在未来很长一段时期制约全市先进制造业的发展。

二、推进产业强市的对策建议

尽管镇江市制造业发展过程中出现问题是大多数同类城市产业发展的共性问题，属于"成长中的烦恼"，产业发展的过程是由小到大、由弱渐强的积累过程。但这些产业发展中的瓶颈问题不解决，镇江市先进制造业就难以取得突破性进展。既然是共性问题，就说明难以用常规思路和方法去求解，需要解放思想、大胆创新，才能在产业转型升级中迎难而上，抢抓机遇，突出重围，创造镇江先进制造业发展的新辉煌。这就需要我们深度研究不同产业的发展历程、技术演化规律和产业发展的机理，找准产业发展的难点、重点，科学配置要素资源，突出产业发展中的亮点，导航产业创新发展，通过聚焦、聚力，形成关键点的突破，带动整个产业的发展和繁荣。

在对全市制造业发展现状分析的基础上，我们认为需要在质量提升和创新驱动上下功夫，重点体现在 5 个突出和 3 个对接上，其中 5 个突出体现城市推进产业强市的战略举措，3 个对接强调外部资源利用。具体阐述如下：

（一）五个突出

1. 突出产业布局。科学合理的产业布局是产业高端发展、健康发展的基础，2017 年市委、市政府出台了《镇江市重点产业链优化培育工作实施意见（2017—2019 年）》，确定了"3＋2＋X"的产业链体系，作为全市产业链培育的重点，其中高端装备制造产业 3 条产业链：智能电气、船舶海工、航空航天产业链；新材料产业 2 条产业链：高性能合金、先进高分子材料产业链；其他 7 条特色产业链：集成电路、光伏太阳能、医疗器械、汽车及零部件、眼镜、香醋、木业产业链。如何围绕"3＋2＋X"实施科学的产业布局，重点推进哪些项目尚不明确，建议对其中重点发展的产业领域系统实施专利导航产业发展，将镇江市"3＋2＋X"中的核心产业置于长三角地区、全国乃至全球范围内进行 SWOT 分析，从产业现状分析入手，梳理产业创新发展面临的问题；通过分析产业专利布局的宏观态势，找出产业发展中的产业发展的薄弱环节和重点发展方向，结合镇江市的技术、人才基础及产业配套能力，对产业发展进行科学规划，使产业结构更加合理。

2. 突出领军企业培育。与苏南其他市相比，镇江市上市企业数量、行业龙头企业、独角兽企业及在行业内处于技术领先水平的创新型领军企业数量偏少，迄今为止，镇江市尚无一家年发明专利申请超过 100 件的企业，甚至年发明专利超过 50 件的企业也没有。这说明，镇江市先进制造业发展缺少龙头企业，产业带动力较差，创新能力薄弱。《中国制造

2025》颁布实施后，工业和信息化部开展了"中国品牌示范企业""制造业单项冠军示范企业""专精特新""小巨人"和"智能制造示范企业"认定工作，镇江市应加强这方面的工作，并以此为契机，加强引导和资源配置，大力推进创新型领军企业、行业龙头企业的培育。

3. 突出产业链建设。产业链和产业集群既体现产业配套能力的高低，又体现一个地区的制造业发展是否成熟。镇江市在智能电气、船舶与海洋工程装备、眼镜、新能源中光伏产业已经形成了一定规模的产业集群，但从产业链、供应链的角度分析，产业的关联度、融合度并不高。突出产业链建设就是要科学分析产业的技术演化规律，对产业核心技术进行分解，在产业科学布局的基础上，通过资源配置，形成相互配套、相互促进的产业协同发展新格局。以碳纤维产业为例，作为国内最大的碳纤维产业基地，应围绕下游制品和应用进行布局，在消化产能的基础上形成碳纤维制品企业的集聚。

4. 突出人才布局与引进。创新人才是产业发展中最重要的资源，但在有限财力下，需要科学规划和合理配置。镇江市在人才招引方面投入并不少，但成效不明显，对产业创新发展的支撑作用不突出却是不争的事实。现行人才项目存在离散度高、重点不突出、项目亮点不多的状况，与其四面八方出击，不如聚其一点，突出重点以求突破，以行业龙头企业、创新型领军企业培育为重点，有计划地推进人才项目。

5. 突出政策导向。在市场经济条件下，政策始终是发挥引导和调节作用的无形的手，因此发展先进制造业要突出政策导向，建议在以下4个方面发力：一是专利导航产业创新发展政策导向，以产业科学布局、合理布局为目标，明确重点产业的发展方向；二是细化重点发展产业的支持项目，聚合创新资金、产业发展资金、人才项目等要素资源，使重点产业领域的重点项目有计划、有落实、有成效；三是明确配套奖励政策，对"中国品牌示范企业""制造业单项冠军示范企业""专精特新""小巨人""智能制造示范企业""国家质量标杆企业"和"国家知识产权示范企业"给予必要的奖励，鼓励企业积极参与；四是制定产业发展的负面清单，坚决淘汰落后产能，对产业链中的以加工为主的低端项目限制发展。

（二）三个对接

1. 对接国家产业政策。围绕《中国制造2025》，国家出台了一系列政策，中央财政以前所未有的力度全力推进，可以说《中国制造2025》的每一个专栏都对应1～2个重点项目指南，2016年启动实施的国家制造业创新中心建设，到2025年将建设40家国家制造业创新中心，中央财政给每个中心的建设经费高达9亿元；工业和信息化部的智能制造模式应用项目总经费为20亿元，每年支持100个项目；工信部发布了《2018年工业转型升级资金（部门预算）工作指南》，围绕工业强基工程、绿色制造系统集成、工业互联网创新发展工程、智能制造综合标准化与新模式应用及首台（套）重大技术装备保险补偿进行项目申报，国家知识产权局也会同财政部以城市知识产权运营体系建设为目标，每个城市支持强度为2亿元。对接国家部委的产业政策和资金扶持政策，不仅能够争取到宝贵的发展资金，更重要的是能够树立在国内或行业内有影响的工业品牌。梳理镇江市企业情况后，发现具备申报条件的企业并不少，但由于信息不对称，很多企业因不了解政策而痛失机会。

2. 对接重大项目。重大项目是指国家层面布局重大创新载体建设、以龙头企业为核心的国家制造业创新中心建设项目、重大科技项目和重大产学研合作项目。通过重大项目对接，实施先进制造业的创新驱动，取得关键共性技术和工艺的突破，解决镇江市制造业核心技术缺乏的问题，奠定产业高端发展的技术基础。特别是国家层面布局的产业类重大创新载体建设犹如一个城市产业发展的"芯"，多年来都未能有所突破，没有创新研发的"芯"，难以确立镇江市在长三角城市群的地位，应下大力气推进和建设。

3. 对接产业发展需求。关注国际国内市场走向，及时协调解决产业发展中的问题。国际市场的波动、国家产业政策的调整都会直接影响产业发展的走势，需要建立早期预警、科学应对有机制，将负面影响降至最低。如镇江市有一定产能规模和特色太阳能光伏产业，近年来由国家政策扶持发展较快，但 2018 年国家出台新政，暂停了财政补贴，导致全行业经济效益急剧下滑，整个产业面临新一轮洗牌。从宏观层面分析，清洁能源是我国重点发展的产业之一，光伏产业长期向好发展的趋势并未改变，但眼前难关如何渡过，需要政府引导、扶持企业，与企业共同应对，确保产业的健康稳定发展。

降低实体经济运行成本 营造企业高质量发展环境

| 李亚民 吴伟夫等 |

当前，镇江市实体经济运行困难，成本压力大，利润空间下滑，多数企业利润率在6%以下，企业的投资创业热情明显下降。课题组对镇江市实体经济的税费负担、融资成本、公共服务环境等方面进行了实地调研和问卷调查，认为有效降低实体经济的运行成本，充分激发投资创业热情，是推动镇江市经济高质量发展的迫切需要。

一、镇江市当前实体经济运行成本高的主要问题

1. 税费负担较重。企业除了要承担16%的增值税之外，还要承担25%（高新技术企业15%）的企业所得税，还有房产税、印花税、城建税，以及土地使用费、残保金、垃圾费、路灯费等。如某制造企业年销售收入5亿元，净利润1500万元，税费2500万至3000万元，利润率约为3%。实地走访的企业利润率普遍在6%以下，部分企业表示税费重、压力大、利润薄；有的企业因环保等原因已关闭，还要交纳房产税和土地税；有的企业将部分生产投向外地。

2. 技改成本较高。企业转型升级，尤其是环保、研发的投入成本要求高、难度大。某钢铁企业利润7000万元，购进了2台世界比较先进的意大利钢炉，每台钢炉及配套设施建设约2亿元（其中配套环保成本3000余万元），即使2台钢炉全部投产，回收成本也至少要6年。有的企业综合考虑引进人才的购房资格、城市配套、小孩上学、企业高管人员的所得税减免等因素，只能把研发中心搬到周边城市。

3. 融资成本较高。有的企业表示，银行一旦发现企业经营出现困难，就会急忙收贷，釜底抽薪，导致资金链出现问题，企业对此十分担忧。有

的企业表示，银行对抵押贷款要求非常严格，有的土地、厂房只能按评估价 50% 到 60% 的额度放款，设备抵押为 30%，即使是新建厂房和新购设备也是如此，抵押率偏低。尤其是中小企业缺少有效的抵押物，有的只能到小贷公司贷款，成本更高。

4. 运行成本较高。有的企业用电用气成本居高不下，尤其是煤改气后，成本明显上升，且对冬季能否保证供气有疑虑。开发园区不能为企业职工提供集中住宿，增加了企业管理的难度。润扬大桥过桥费比较高（客车：7 座以下单程 25 元；8 至 19 座 35 元；20 座以上 60 元；货车：小于等于 2 吨单程 35 元，2～10 吨约为 60～85 元，10 至 15 吨及 20 英尺集装箱车 95 元，大于 15 吨及 40 英尺集装箱车 100 元；超重超高超载的另外加收），影响了宁镇扬之间的互动。党委、政府及相关部门亲商惠商前后不一致，离"有求必应、无事勿扰"差距较大。有的企业对社保费用由税务部门征收有顾虑，由人社部门的"软约束"转向税务部门"硬约束"，如有在征收基数计算上的差异，可能导致社保费交纳的大幅提升，从而增加企业的负担。

二、存在上述问题的原因

1. 税费设计与调节还有待进一步完善。营改增后，物流企业由 3% 营业税税率变为 11% 的增值税税率；物流辅助企业税率由之前 5% 变为 6%，建筑业税率由 3% 提高到 11%，且由于行业特殊性，可抵扣税额较少，实际税负总体上升。原先一些小微企业不交税，现在必须缴纳增值税，否则不能给需求方开具增值税抵扣凭证，业务会受到影响。上级下达的税收收入指标年年增长，容易引发对政策进行过度解释或预征税款。

2. 金融服务实体经济还有待进一步改进。有的中小企业厂房、设备很难被银行认定为有效抵押物，股东不得不拿出自己的房产做抵押，产生 1% 左右的评估费用；如果找担保公司进行担保，则要支付 4% 左右的担保费、银行理财顾问费，如银行再强制要求企业购买理财产品；这样加上利息，实际融资成本高于10%，高于多数企业能承受的借贷利率4%～8%。银行贷款审批要求高，让一些中小企业融资望而却步，只能选择利率更高的民间借贷机构。

3. 营商环境还有待进一步优化。有的企业反映，镇江市营商环境有"口惠而实不至"的情况。有的企业办证时间依然过长。有的中介机构给企业搞评估监测认证等服务的收费较高，特别是审批部门关联度较高的中介机构。有的企业尚有大量的审批件要在相关部门后台办理，少数部门以安全保密等理由，拒绝进驻政务中心和充分授权，不愿放弃审批签字和自由裁量。有的企业感到镇江不如其他地区政策条件好、资源更有利、投资见效快，加上有的部门画地为牢、合力不强，外地客商前来投资的愿望不强。有的企业的环保成本上升比较快，生存压力比较大，应当防止"一刀切"。

三、降低镇江市实体经济运行成本的对策建议

按照宏观要稳、紧紧与上级对标，微观要活、逐项目逐行业逐企业研究制定具体措施的要求，降低镇江市实体经济的运行成本，以抢占经济高质量发展的先机。

1. 全面梳理规范税费。将市级涉企税费项目以目录清单方式向社会公布，未列入清单的税费项目一律不得征收。对与工业项目行政审批相关的规划层面、环境影响评价、消防设施检测、职业卫生评价、安全评价等涉企中介经营服务性收费，由市领导牵头或市政务中心协同相关部门加强监管，引导其按照公平、合法、诚实、守信的原则实行服务承诺制，大幅降低收费标准。

2. 依法合理减税。坚决落实税收优惠政策。放宽增值税一般纳税人区分标准，增加增值税一般纳税人的比例。凡是符合规定的贷款利息，包括中小企业向金融机构融资或符合规定的民间借贷，税务机关计算增值税时，应该进行税前扣除。加大对企业所得税的税前扣除力度，减低企业所得税。规定时间、范围、行业，对园区实行企业所得税超低税率的普税

制，吸引投资创业。

3. 降低用电用气用水用地成本。政府应协调企业用电大户与电力公司直接交易，加快实现园区企业"打捆"进行电力直接交易。对企业内部职工食堂、倒班用房用电单独装表，执行居民生活用电价格。鼓励园区对符合能耗标准的重点先进制造业企业给予电费补贴。支持企业进行节能改造，对企业消费电水气热和通信网络等垄断或准垄断要素资源的，不得违规收取各种押金、保证金、担保金、预付款等费用。督促燃气公司加大计划调节力度，保证升级改造的企业冬季能够足量用气。对因企业名称变更，办理土地证、房产证的两证合一，在符合规划、不改变现有工业土地用途的前提下，减免土地增值的税费缴纳。大力推进工业用地采取长期租赁、先租后让、租让结合和分期缴纳土地出让价款等差别化供地方式，降低企业初始用地成本。租赁期满达到租赁合同约定的投资、建设、税收、就业等条件的，可以申请续租或同等条件下优先受让。

4. 降低融资成本。依法充分吸纳社会资本投入建立市本级转贷周转应急资金，各辖市区适当安排，有效平抑社会短期融资利率。鼓励全市和各辖区市的开发区设立国有独资的政府性小额贷款公司，参照银行同期基准利率，为园区小微企业提供"过桥"转贷和小额贷款服务。鼓励各辖市区政府及省级以上开发区管委会依法依规出资，新设、参股或控股融资担保机构，建立健全覆盖各区市及各园区的市场化运作的政府性融资担保机构体系。探索由市财政、各辖市区政府、各园区管委会、民间资本共同出资设立市级政府性融资担保公司，坚持政府性融资担保机构准公益性属性，按照保本微利原则，为中小微企业提供高效、优质且低费率的融资担保服务。进一步规范企业融资过程中担保、评估、登记、审计、保险等中介机构服务，切实降低企业成本，清理不必要的资金"通道"和"过桥"环节收费，清理规范后的收费项目应及时向社会公布。

5. 鼓励创新创造。重视高管人才，对进入全市税收额前 30 位的企业，如当年工业增加值与税收增长均高于全市 GDP 增速，对少量高级管理人员（由每家企业推荐），按照个人当年缴纳所得税的 50% 予以奖励。用足优惠政策，依据《财政部 国家税务总局关于完善股权激励和技术入股有关所得税政策的通知》（财税〔2016〕101号）等精神，进一步明确股权奖励递延纳税政策，对技术成果投资入股实施选择性税收优惠政策，适当扩大免税科技奖金范围。

6. 支持企业上市和新三板挂牌。为鼓励企业 A 股上市，分担上市风险，减轻上市资金压力，从股份制改造开始到上市，分阶段兑现不少于500 万元补助；支持中小企业新三板挂牌，对成功挂牌的企业给予不低于100 万元的补贴，市级与县级（园区）财政各负担50％。相关部门要采用政府购买服务的方式，积极为企业开展上市辅导。

7. 鼓励在同等情况下优先采购本市产品。发布《在同等情况下优先购买本市产品目录》，通过政府采购政策优惠支持本市产品在政府性投资和采购项目中得到广泛应用和发展。在制定投标文件、拟定招标（采购）需求时，应该将优先、鼓励使用本市产品的承诺，作为实质性内容加以明确；相关主管部门要加强对政府投资项目鼓励本市产品政策功能的实施监管，定期对主要单位采购本市产品的情况进行督查。

以品牌经济为突破口
推进镇江实体经济高质量发展对策研究

| 梅　强　李文远　黄启发　李明星　孔兰兰　蔡晓朦　李　慧 |

近年来，镇江市各级领导高度重视品牌建设工作，取得了一定成效。截至 2017 年底，全市共计国内有效注册商标 28304 件，驰名商标 47 件，地理标志商标 10 件，中国名牌产品 9 个，国家免检产品 22 个，有效马德里注册商标 100 件，自主品牌增加值占 GDP 比重 17.5%，排名全省第二。然而与发达地区相比，镇江市品牌经济发展落差较大。在《江苏省区域商标品牌发展指数报告（2018）》中，镇江市"品牌发展指数排名"居第 10位，"品牌保护力度排名"居第 10 位，"品牌社会协同排名"居第 5 位，"品牌发展潜力排名"居第 13 位。无论是品牌数量还是品牌效益，与实体经济高质量发展的要求相比，镇江市都任重而道远。

一、镇江市品牌经济存在的问题及原因分析

1. 品牌经济发展的企业主体不厚实

（1）企业品牌战略缺意识。① 企业缺乏建设品牌的紧迫感：全市平均每 100 家企业中仅有 10 家企业拥有自己的注册商标，部分企业出现商标被抢注现象，部分企业缺乏对政府品牌政策相关信息的主动关注而错失品牌建设的良机，部分企业已具备著名商标参评条件但申报参评的积极性不高。② 企业缺乏建设品牌的战略性：有些企业仅仅关注品牌的外在塑造，而忽视品牌的内在建设，没有充分利用品牌资源进行有效运作；有些企业认为工业品有没有名牌无所谓，缺乏长远的发展目标和创牌意识；多数企业没有专门负责品牌运营的部门，甚至没有专人负责。

（2）企业品牌建设缺创新。① 品牌技术含量不高：大多数企业呈小、

散、低特点，企业自主创新能力低，在国际分工中处于价值链和产业的中低端，企业的产品和服务的附加值普遍不高。② 品牌专业知识不强：部分企业缺乏品牌运营、商标申请保护的知识。一些企业在商标使用方面存在着模糊认识和误区，从而导致严重后果。部分企业品牌建设知识陈旧，不懂得利用"互联网＋"进行品牌推广和品牌建设。

（3）企业品牌质量缺先锋。① 品牌质量不尽如人意：名牌数是质量水平的一个表征，镇江市总名牌数约占全省名牌总数的9%，略高于全省平均水平，与走在全省前列的高质量发展要求有差距。② 产品质量还有瑕疵：2017 年镇江市级产品监督抽查合格率为 95.24%，尚难做到"品质零缺陷"。

2. 品牌经济发展的产业支撑不厚重

（1）引领产业品牌提升的大型企业（集团）偏少。根据江苏省经信委公布的《2016 年度江苏省营业收入超百亿元工业企业（集团）名单》，镇江市仅有 7 家营业收入超百亿元的企业，而苏南地区的苏州市有 32 家，无锡市有 23 家，南京市有 22 家，常州市有 14 家，镇江与兄弟城市差距悬殊。大型企业（集团）是创建名牌、振兴品牌经济的中流砥柱，大型企业（集团）数量太少，制约了镇江市品牌经济的整合发展能力。

（2）簇拥产业品牌发展的单项冠军企业及产品偏弱。截至 2018 年，工信部共发布三批全国制造业单项冠军企业及产品名录，全国总计 193 家企业入选单项冠军示范企业（其中江苏 29 家），镇江市仅有 2 家企业上榜；101 个产品入选单项冠军产品（其中江苏 17 个），镇江市仅有 1 个产品入选；96 家企业入选单项冠军培育企业（其中江苏 2 家），镇江市无企业上榜。单项冠军企业及产品是实现地方产业升级、品牌经济由大变强的重要新生力量，单项冠军企业及产品太少，表明镇江市品牌经济的创新发展能力不强。

（3）黏合产业品牌联结的产业链不紧。根据产业强市的战略目标，镇江市需要重点培育"3 + 2 + X"产业链。但是，镇江市产业链企业之间大多是一种松散的配套和联合，缺少严格意义上的利益联结，且产业链横向不粗、纵向不长，上下游产品有待拓展，产业关联度需要增强。

3. 品牌经济发展的政府引导需提升

（1）品牌经济推进机制不协调。目前，镇江市品牌战略推进委员会负责组织领导全市品牌建设工作，经信委、工商局、质监局、农委、旅游局分类管理，财政局、住建局、发改委、知识产权局、统计局各负其责，分头推进品牌建设。由于分类管理，政策资源相对分散，镇江市品牌战略推进委员会协调推进机制有待进一步加强，无论信息沟通还是工作举措的合力，仍需进一步提升。

（2）品牌经济推动政策不全面。镇江品牌建设发展专项资金只注重对新获得、新评定的企业的奖励，挫伤了原有获奖、获评企业品牌建设的积极性；只注重获奖、获评环节的投入，而忽略对商标培育、运用、维权及人才培养等关键环节的投入，商标品牌战略后劲不足；奖励的大多数是大中企业，对小企业激励不足。此外，各辖市政府配套资金不足不到位，政府承诺无法兑现，政策资源在推进品牌建设及产业品牌建设中难以发挥最大效应。

（3）品牌经济工作力度不够。地理标志工作和区域品牌推广是政府层面直接推动的工作。① 地理标志工作急需提升：镇江市有地理标志集体商标 3 件，地理标志证明商标 7 件，与淮安的 116 件相去甚远，相关行业协会作用不明显，品牌宣传工作不到位，产品品质标准化需要加强。② 区域品牌宣传有待系统化：全国其他区域对镇江区域品牌的认知仅停留在传统的锅盖面、香醋、眼镜等产品上，对当前新确定的"3＋2＋X"产业认知度不高。镇江的区域品牌建设缺乏系统和统一的筹划，对传播的范围、媒体的选择、受众的特点等没有进行科学系统的分析，传播的效果不明显，影响了区域的整体形象，无法为企业品牌建设提供个性和文化内涵支持，也无法为企业、产业发展提供背书和区域认知支持。

二、镇江市品牌经济发展的对策与建议

习近平总书记高度重视品牌建设，强调要"推动中国制造向中国创造

转变、中国速度向中国质量转变、中国产品向中国品牌转变"。这"三个转变",为推动我国产业结构转型升级、打造中国品牌指明了方向、目标、任务和路径。镇江市的实体经济正处于新旧动能的转化期和高质量发展的蓄能期,要想及早进入实体经济高质量发展的迸发期,大力推进品牌经济是突破口。

要围绕建设"强富美高"新镇江的战略定位,以"质量强市、品牌兴市"作为镇江市高质量发展新战略,坚持"有效市场,有为政府"的原则,加强政府的引导作用,突出企业在产业品牌建设中的主体地位,打造一批具有知识产权、附加值高并居于产业链核心环节和价值链中、高端的国内外著名品牌及隐形冠军类品牌企业,实现产业品牌与城市品牌良性互动,不断提高产业品牌对经济增长的贡献率。

1. 以政府有为开创品牌经济新局面

(1)完善品牌经济推进体制机制。① 有效改进品牌推进委员会的运行机制:优化各参与部门的分工,让牵头单位更贴近市场,更亲近企业。由品牌推进委员会牵头举办"镇江品牌节",对镇江本土品牌进行集中统一推广,提升镇江区域品牌形象。品牌推进委员会牵头对镇江品牌进行认证保护,推广镇江品牌在全国乃至全球的影响力,带动镇江由资源型经济向品牌型经济转型。② 切实发挥政府性资金的杠杆效应。创新科技类专项资金使用方式,加强对新兴产业、先进制造业等领域的支持力度,撬动更多社会资本参与品牌经济建设。扩大品牌建设发展专项资金的用途,除对新获省级以上品牌、市长质量奖的企业进行奖励外,也要加大对商标培育、运用、维权及人才培养等关键环节的投入,对获得国际权威机构认证的产品进行事后补贴,对延续认定的商标、名牌同样予以奖励。保证市级、督促县级品牌建设发展专项资金及时足额发放到位。政府采购在同等条件下优先采购本地品牌企业的商品和服务,允许省级以上品牌、市长质量奖的企业在投标价格适当上浮。③ 不断强化对政府部门品牌建设工作的考核。针对政府相关部门品牌意识淡薄的问题,需要强化绩效考核,增强政府品牌意识。科学合理设计考核指标,将商标品牌发展工作纳入全市领导干部绩效管理考核体系；每年对各市辖区及市相关部门商标品牌发展工作任务的落实情况进行考核通报；根据各部门和单位的绩效考核情况，建立奖罚机制。

（2）优化品牌经济生态环境。① 加大知识产权保护：加强知识产权保护力度，为镇江科技型中小企业营造公平公正的生态环境，以保护和促进引领创新的制造业企业发展。要加大商标和地理标志的注册力度，为镇江制造业产品的品牌化经营提供基础性的保障。引导企业合法使用驰名商标，借助驰名商标实施跨类保护，从而强化镇江名牌的保护力度。加大对商标和地理标志品牌的市场监督。在商标和地理标志品牌的应用过程中，镇江市相关部门要加大对其实施市场监督，确保商标和地理标志在法律允许的范围内正确地使用和推广。加大打击侵犯商标品牌等违法行为的处罚力度，让违法者付出更大的违法成本，从而为实现"镇江制造向镇江创造转变、镇江速度向镇江质量转变、镇江产品向镇江品牌转变"，营造一个良好的法治环境。② 培育品牌服务机构：引进国内外一流品牌培育机构，对企业品牌顶层设计、市场细分、目标市场选择、市场定位、口碑设计和传播等环节进行精准培训。培育研发设计、信息、物流、商务、金融、会展、广告等服务机构，支持和鼓励商标品牌服务机构提升服务水平，在商标品牌设计、价值评估、注册代理、法律服务等环节有力支撑品牌发展。完善商标交易服务功能，规范商标交易市场秩序，提升商标交易规模，促进商标交易市场健康发展，有效盘活商标闲置资源。③ 加快品牌人才队伍建设。创新人才培养、引进和使用机制，加快建立一支素质优良、结构合理、数量充足的人才队伍。加强有关部门、地方政府和镇江高校方合作，依托职业院校、职业培训机构、大中型企业，加快高技能人才实训基地建设，培训具有全球战略眼光、市场开拓精神、管理创新能力和社会责任感的企业家。鼓励高校、科研院所、社会中介组织等联合创建品牌研究机构，引进和培养各类品牌管理人才。完善技能人才培养政策，开展岗位技能培训，培养一批爱岗敬业、潜心钻研、技术精湛、勇于创新的镇江品牌建设工匠。

（3）打造和宣传镇江区域品牌形象。① 凝练区域形象。以增强镇江区域综合实力和竞争能力为目标，遵循市场经济规律，整合镇江区域经济、环境、历史、文化、人文等优势和资源，着力塑造"国际醋都""中国低碳城""中国高端装备制造高地""中国新材料聚集区"等形象。② 创新传播内容。研究制定富有镇江本土文化特色的区域品牌打造实施方案，并通过专业策划和提炼提升，形成区域形象品牌定位、识别系统、传播创意和营销机制一条龙系统。在内容上充分体现系统性，综合运用广播、电视、报纸、网络等多种传播途径，分媒体宣传系列、活动助推系列、广告投放系列、外宣精品系列和网络互动系列等进行区域品牌形象营销。③ 革新传播形式。在传播形式上突出综合性，围绕打响区域形象品牌，有计划、分步骤连续开展，从局部到整体把区域品牌落实到发展实践和工作服务中，体现在区域标识、物产文化、行为规范、政府服务、市民素养等各方面，全方位打造品牌形象，并在一定时间内保持连续性。

（4）整合推进地理标志工作。① 加强工作力度：提升地理标志和集体商标在品牌促进委员会工作中的地位，提高对新获地理标志的奖励力度，对各县（区）年度商标工作目标、地标培育现状及奖补政策兑现情况在媒体上进行公示。② 加快申请速度：通过开展县区交叉学习交流，对进入申报环节的地标资料进行集中辅导，强化对领导干部、企业家、企业商标管理人员、商标中介服务人员的培训等，深入协会组织和农户，帮助、指导其完善标识设计、创建策划、资料收集和材料撰写等申报准备工作。③ 加大宣传强度。对地理标志产品，做到全方位、深层次、多渠道的宣传推介。通过国家、省级报刊及网站，深度报道地理商标的培育过程。举办征文活动，强化社会公众对地理标志商标的认识。运用高炮广告、拍摄专题片等宣传，扩大品牌知名度。组织地标企业产品参加相关博览会，引导企业运用自主品牌开拓市场，提升竞争力，并举办"地标产品"的节庆活动增强影响力。

（5）创建镇江品牌运营平台。① 围绕镇江"3＋2＋X"产业企业，构建科学高效的品牌运营体系、严谨细致的品牌标准体系、严格周密的品牌监管体系、特色鲜明的品牌产业体系、形式多样的品牌传播体系、渠道广泛的品牌营销体系、保障有力的品牌政策体系等七大体系，夯实镇江品牌运营的体系保障基础。② 建立具有国资背景的"镇江品牌运营平台"。镇江市品牌战略推进委员会办公室是镇江品牌的运营主体，负责镇江品牌的市场化运作。品牌运营公司是"平台型"公司，为镇江品牌建设提供公共服务，不以盈利为核心目标，主要任务是通过综合服务推动全区域授权产品的覆盖面和销售总额的不断扩大。③ 创建"镇江商标品牌展示馆"，以此为依托，打造集商标品牌展示交流平台、商标品牌评估平台、商标品牌交易质押平台、商标品牌大数据平台、商标品牌咨询代理服务平台和商标品牌保护平台等六大功能平台于一体的"镇江商标品牌云基地"，为镇江"3+2+X"产业企业全方位提供商标品牌公共服务。④ 搭建"镇江商标品牌企业与小微企业帮扶平台"，为镇江小微企业注册、培育自主商标品牌提供服务，指导镇江小微企业实施商标品牌战略。⑤ 举办"镇江品牌节"，借鉴中国品牌节的运作模式，将"镇江品牌节"打造成展示镇江品牌的最佳综合平台，成为照亮镇江品牌前行的一只火把。

2. 以企业担当打开品牌经济新格局

（1）各司其职，强化企业品牌意识。① 不断加强宣传引导：通过媒体宣传、上门指导等方式，向企业宣传品牌建设对企业长久发展的重要性。② 积极开展品牌知识培训：经信委、质监局、工商局等相关部门定期举办由企业法人代表及品牌建设负责人参加的品牌培育建设培训班，切实提高企业品牌建设人员业务素质。③ 全面推进品牌推展：大力开展品牌推展活动，通过新闻报道、发布会、博览会、研讨会等方式，运用多种手段推广镇江市品牌产品，扩大知名度、美誉度和影响力。④ 切实鼓励企业商标品牌资本化运作。充分发挥注册商标质权登记申请受理点功能，鼓励企业以商标专用权质押融资，解决融资难题。引导企业开展商标品牌资本化运作，在企业并购、股权流转、对外投资等活动中，加强商标品牌资产评估管理。

（2）突出重点，分类推进企业品牌建设。按照"地方性品牌—国内领先品牌—国际一流品牌"的思路建立完善品牌建设推进机制。对已具备较高国内知名度、相当生产规模、市场覆盖面和国际化潜力的企业推进国际知名品牌建设，引导其开展国际化经营，逐步建立国际化的研发、生产、销售和服务体系，争创国际品牌。对于在国内知名度一般，但在国内同行中有一定影响和市场占有率的企业，推动其加大科技投入，增加品种档次，争创国内品牌。对于知名度不高，但市场前景广阔，发展后劲比较强的企业，督促其加快技术改造，扩大生产规模，提高产品的质量和可靠性，争创地方性品牌。

（3）着眼长远，鼓励企业品牌创新。① 鼓励技术创新。引导企业加快技术创新，不断开发掌握核心技术和自主知识产权的新产品，增强品牌自主创新能力。鼓励具备条件的企业建设产品设计创新中心，提高创意设计水平，不断开发新产品。② 鼓励营销创新。鼓励和支持中小企业专注细分市场，推出一批"小而精""小而优""小而特"的产品品牌。支持企业利用互联网技术建立大数据平台，及时、精准掌握消费需求，增强品牌创建能力。鼓励用"互联网＋外贸"的方式拓宽企业海外营销渠道。鼓励企业利用互联网打响品牌知名度，通过网站商城、微信平台、APP 软件等微平台进行整合，实现优势互补；引导企业做好品牌顶层设计，锁定精准客户，设计好企业和领袖口碑，选好口碑载体和营销通路，做好事件营销，重塑公众形象，通过品牌招商获得强大现金流。

（4）注重规范，提升企业品牌质量。① 实施质量管理提优行动。广泛推行 ISO 9000、ISO 14000、ISO 18000、HACCP 等管理体系认证，提高企业产品质量保证能力。推广全面质量管理，引导有条件的企业使用卓越绩效管理模式、精益生产、零缺陷管理、六西格玛管理等先进的质量管理方法和工具。② 推动产品质量技术创新：加快建立创新突破与国际同步、产品质量与国际接轨的先进产业体系，鼓励企业采用高端数控机床、工业机器人、智能化控制系统、自动化成套生产线等高端智能装备，实现关键工序核心装备升级换代。③ 发挥标准引领作用：积极引导企业采用国际标准和国外先进标准，推动内外销产品"同线同标同质"。鼓励企业制定高于国家标准甚至国外先进标准的企业内控标准，制定严于现行标准的质量性能指标。

3. 以产业基础夯实品牌经济新航程

（1）积极发挥大型企业（集团）的溢出效应和引领作用。① 成立产业研究院。依托大型企业（集团），成立高端装备制造研究院和新材料研究院，集中攻关制约镇江市高端装备和新材料产业发展的共性技术和关键技术。整合中航工业北京航空材料研究院镇江分院、江苏科技大学镇江海洋装备研究院、江苏大学北汽新能源汽车产业研究院、华大（镇江）水产科技有限公司等产业创新平台，建立知识、技术、品牌共享中心或行业交流平台。② 推动大型企业（集团）本土化采购。发挥大型企业（集团）的行业引领作用，促进本土企业的抱团发展，增强镇江市品牌经济发展的内生性。③ 鼓励大型企业（集团）并购重组。根据重组类型和交易额，对并购重组成功后实际发生的法律、财务、资产评估等服务费进行补贴，快速壮大企业实力，培育一批总部植根镇江的"国际企业品牌"和"跨国公司品牌"。

（2）切实加大单项冠军示范企业和产品的培育扶持力度。① 完善镇江市单项冠军企业单项冠军产品培育库。推动入库企业在品质、质量、效应、规模方面实现跃升和倍增。② 组织入库企业负责人到国内外著名企业参观学习：借鉴国际先进管理经验，培养一批具有全球战略眼光、市场开拓精神、管理创新能力的优秀企业家。③ 加大人才培养力度。支持入库企业引进国家级、世界级高级人才，培育本土高级技师并给予人才补贴，鼓励入库企业与本地大院大所增强合作，汇集全球智力资源，提升企业研发创新能力。

4. 以政策保障拓展品牌经济新境界

（1）出台《关于进一步加强质量品牌建设的意见》（以下简称《新意见》）。由于时效性已过，2012 年出台的《镇江市人民政府关于进一步推进品牌建设的意见》（苏镇发〔2012〕79 号）应废除，应出台新的指导品牌经济发展的意见。《新意见》要避免"就品牌谈品牌"，要是在深入掌握品牌、标准、技术、安全、质量等要素关系的基础上，统筹考量，协同推进。《新意见》应明确"强富美高"新镇江定位，"质量强市、品牌兴市"战略，"有效市场，有为政府"原则；战略部署到2020年镇江市质量发展水平、品牌建设能力、质量发展基础应该达到的目标，就质量提升工程、质量技术基础、品牌经济发展、质量品牌环境等任务做出统筹安排；《新意见》要重新构建品牌促进委员会运行机制；《新意见》要明确镇江市品牌建设专项资金的使用范围和支持重点：① 对国际名牌产品、驰名商标、著名商标、地理标志商标、农产品商标、市长质量奖获得者、国际级及省级隐形冠军以及推进品牌建设有功单位和个人等分别给予3万元至50万元等不同额度的奖励，三年内扩展至对所有已注册商标给予800元奖励，确保"3＋2＋X"产业企业的商标注册率达到85％以上。② 将商标境外注册纳入专项资金资助范围，引导"3＋2＋X"产业企业创立和壮大自主品牌，提高镇江企业的境外商标注册率，帮助企业"走出去"。③ 在品牌建设发展专项资金中列支"商标维权专项资金"。

（2）着手制定《镇江市"十四五"品牌经济发展规划》。在总结"十三五"成就的基础上，分析镇江市品牌经济发展面临的机遇和挑战，提出镇江市"十四五"品牌经济指导原则，从品牌发展空间、"3＋2＋X"产业集群品牌建设、金融产业品牌集聚度、文化创意产业品牌能级、具有知识产权的自主品牌建设等方面对镇江市"十四五"品牌经济建设任务作出总体部署。

（3）制定与实施《"镇江农品"品牌使用管理办法》。确保农产品生产经营主体自愿申请获取"镇江农品"品牌使用授权；经"镇江农品"品牌管理主体评分、审核合格者，由运营主体与申请单位签订《品牌授权使用合同》，颁发授权证书，并统一向社会公布，接受广大群众的监督。

（4）制定与实施《关于加强镇江市区域公共品牌及重要商标资源保护工作的意见》。① 动员权利人、协会和企业进行自主保护注册和政府、社会防御性商标注册申请，以名山、大江、特产等资源为重点发展区域公用品牌。② 依托镇江的"三山"、句容的茅山等，挖掘名山文化的内涵与理念，注册、打造"金山""焦山""北固山"等"山"字号品牌，支撑镇江山文化公用品牌的发展。③ 依托镇江地处"长江拐弯处"江源优势，促进山水文化协同开发，注册、打造"三江""三江源"等"江"字号品牌，将镇江打造成为山水文化的品牌城市。④ 依托"镇江香醋"等传统的"名优特"产品，配合消费品工业增品种、提品质、创品牌的"三品"专项行动，在日用消费品行业培育发展 3～5 个与国内外知名品牌同标准同质量的日用消费品品牌，将镇江打造成为中国醋文化的品牌城市。⑤ 通过扶持镇江区域公用品牌发展，做大做强"3＋2＋X"产业，在海内外市场树立镇江产业和镇江质量的区域公用品牌形象，力争镇江品牌在目标市场核心人群中的品牌知名度达到 90% 以上、产品美誉度达到 70% 以上、品牌忠诚度达到消费人群的 50% 以上，创建 3～5 个全国知名品牌示范区和江苏省区域名牌，镇江区域公用品牌对各子品牌背书溢价能力显著提高。

创新驱动战略下镇江市
科技型中小微企业高质量发展研究

| 朱　霞　温大勇　沈中奇　许洪声　李　娟　陈　莹　陈晓文　施　然 |

科技型中小微企业是中小微企业的主体，是经济高质量发展的主力。支持科技型中小微企业发展，对于镇江市增加就业、改善民生、扩展税源、促进企业家创业成长、加快经济转型、激发创新活力、实现区域经济高质量发展具有重要意义。

一、镇江市科技型中小微企业存在的问题

据不完全统计，2017 年末，镇江市正式与非正式的中小微企业占企业总数的 90%，提供的就业岗位占所就业岗位数的 60%～70%，其中科技型中小微企业数占全市工业企业的 90.32%，累计实现工业总产值占总体的 76.38%，累计实现工业增加值占 68.29%。

受到复杂多变的国际形势与异常严峻的实体经济下行压力的影响，镇江市科技型中小微企业发展中面临诸多困难，主要集中表现为以下四个方面：

1. 政策落实难。镇江市各职能部门出台了一批相关扶持政策，鼓励企业开展技术创新、设备改造、人才引进。但调研发现，相关扶持政策制定时，基本上将企业当作一个同质的目标群体，对象范围过于笼统，忽略企业各成长阶段的特征与需求，政策措施往往缺乏针对性。再者有些扶持政策未能做到"与时俱进"，例如调研中有企业反映固定资产补贴政策有些脱离了实际发展需求，如企业从国外引进的智能化生产设备是自带工业软件的，但由于固定资产设备与配套软件分开开票，这导致固定资产部分可享受政策而配套软件部分不在补贴政策范围内。

另一方面，一些政策执行过程中也存在问题，有些政策繁多且宣传不够，政策信息获取、传递不到位；有的政策扶持门槛较高，企业只能放弃；有的扶持申请手续过于繁杂；有些职能部门缺乏服务意识，不愿积极履行其职责；有些部门本位主义严重，缺乏全局观。这些都影响到政策的实际帮扶效果。

再者，政策的制定与实施需要想企业所想、急企业所急。例如随着"严征收""严处罚"的社保征收时代的来临，广大企业尤其是小微企业纷纷担忧"一刀切"地执行政策，很多企业将无力承担骤增的社保成本，将不得不面临"死亡"的威胁。因此相关部门可以考虑因地制宜，因情施策，做到分对象、分类型、分阶段的实施。

2. 创新难创新贵。一方面创新资源无法集聚、难以形成"双创"氛围。全市仅有 1 家国家级工程技术中心，60 多家省级以上科技企业孵化器和众创空间，且布局分散、孵化能力弱。另一方面，本地科技中介服务机构规模小、数量少，专业服务水平有待提高。此外，江苏大学、江苏科技大学等高校资源是镇江的创新优势之一，但镇江对驻镇高校的产学研合作平台及创新孵化载体、公共服务平台的利用率不高。目前两所工科类大学与镇江市企业共建的省级科技公共服务平台仅 3 个、市级平台仅 8 个。"十二五"期间江苏科技大学的科研成果在镇江的转化率为 19%，江苏大学的科研成果在镇江的转化率为 10%。

3. 招人难招人贵。与大中型企业相比，镇江市科技型中小微企业引进人才、留住人才无论在薪酬待遇、工作环境还是职业发展、创新条件等方面都处于劣势，造成高层次、国际化的科技专业技术人才、高级管理人才极其稀缺而且极易流失。另一方面，许多城市为争夺人才出台了一系列优惠政策，纷纷开展"人才争夺战"，镇江市也针对大学生就业创业出台了十二条补贴政策，但与沪宁线上其他城市相比，城市虹吸效应明显，在人才招引方面仍处于劣势。

4. 企业自主创新能力不足、经营难。镇江市产业总体处于中低端或高端产业的中低端环节，缺乏核心技术，企业自主创新能力不足，"小而不专"的情况比较普遍。2018 年 1 月份至 10 月份平均全国工业生产者出厂价格（PPI）同比上涨 6.5%，预计全年 PPI 指数上涨幅度将超过 5%，结束了连续数年的下降局面。PPI 指数反映出了下游企业运营成本上涨的现象，而下游企业大多是中小微企业，这意味着科技型中小微企业的生产成本提高。同时，前期调研也发现镇江市科技型中小微企业经济发展不景气，增速明显放缓，市场预期不理想，产品同质化严重，产品价格竞争激烈，从而造成了我市目前大部分科技型中小微企业"增产不增收、增收不增利"，导致企业经营者投资意愿普遍不强，企业整体运营压力较大。

二、以创新驱动镇江市科技型中小微企业高质量发展

占了半壁江山的科技型中小微企业是国民经济和社会发展的生力军，是推动经济实现高质量发展的重要基础。要坚持基本经济制度，对国有和民营经济一视同仁，对大中小企业平等对待，像重视大项目、规上企业一样重视中小微企业，加强组织保障，确实抓好政策落实，满腔热忱地支持中小企业健康发展。

1. 尊重企业成长规律，制定扶持政策体系。为促进镇江市科技型中小微企业结构优化、产业升级、动能转换和提质增效，可以结合企业的"创业孵化、成长、扩张、上市"等四个发展阶段，在全市遴选 500 家左右有市场、有效益、有信誉，且成长性高的科技型中小微企业，聚焦要素和服务资源进行重点培育。同时制定《镇江市科技型中小微企业成长计划》（见表 1），联动推进"个转企、小升规、规改股、股上市"。遵循科技型中小微企业成长规律，建立动态培育梯队，综合运用行政、市场、中介机构等力量，分别实施苗圃工程，提高创业孵化成功率；实施雏鹰工程，促进企业快速成长；实施小巨人工程，助推企业做大做强；实施上市工程，打造行业旗舰企业。

表1 科技型中小微企业成长计划四大工程

工程	培育对象	培育目标	培育措施
苗圃工程	新注册的种子期或初创期科技型企业、创客项目	提高创客项目和种子期企业创意转化率、初期企业成果率	创业无偿资助、创业投资支持、创业孵化服务、创业人才激励
雏鹰工程	产品有一定市场和创新性、年销售收入5000万元以下的成长期科技型企业	提升企业科技成果转化、新产品扩产和新工艺应用能力、培育小巨人企业后备力量	项目带动、信贷融资支持、对口帮扶、提升中介服务水平、加大政府采购力度
小巨人工程	年销售收入5000万元以上，前3年主营业务收入或净利润的平均增长率达到20%以上的科技型企业	打造一批自主创新能力强、国内外行业竞争优势明显的行业优势企业	专项资金支持、提升创新能力、债券市场融资、加强知识产权创造
上市工程	在行业内占据优势且有明确股改意向或拟上市的科技型企业	建立上市后备企业资源库、建立推动企业上市中介机构备选库、加大企业上市资金扶持	支持利用境内外资本市场实现上市和挂牌，迅速扩大融资规模

2. 充分发挥政府作用，完善服务支撑体系。做到小微企业缺什么服务，政府就提供什么服务。

（1）进一步完善创新服务平台。服务平台围绕重点，注重实效，全方位服务中小企业转型升级。围绕企业政策法规提供政务信息服务，推动中小企业规范发展；围绕企业融资难、融资贵问题提供融资担保服务，推动中小企业加快发展，增强投资自信心；围绕企业转型升级提供技术创新服务，推动中小企业产品制造向中高端发展，增强产品核心竞争力；围绕提升企业信息化管理水平提供创业辅导服务，推动中小企业管理创新，做实发展战略定位；围绕企业产品市场化占有水平提供交流合作服务，推动中小企业参与国内外交流与合作，提升产品品牌形象。

可在镇江市企业网络服务平台上增加"科技型中小微企业成长工程"，分别提供政策培训、技术研发、人才引进、科技金融等方面的精准服务。一方面科技型中小微企业可以在平台上更为快速便捷地获取相关服务，避免企业在经营和发展过程中走弯路；另一方面各级政府的惠企政策能够更为精准及时地传递到企业，真正实现打通政策落实"最后一公里"的愿景。

（2）加强创新载体建设。镇江市各辖区结合各自的产业特征大力发展产业园并取得一定成效，但是针对小微型企业发展载体建设有待加强，各辖市区需创新载体建设，打造多层次、广覆盖的科技型中小微企业创业创新发展载体。一方面着力建设科技创业孵化链条——"苗圃—孵化器—加速器"，全力支持高科技、高附加值、有市场前景的新创科技型企业。另一方面积极培育市级中小企业创业示范基地，并择优推荐申报省级或国家级创业基地；积极申报省级特色产业集群、省级中小企业产业集聚示范区等。以申报促建设，以建设促发展，同时政府予以重点指导和资金支持。

3. 深化制度改革，营商良好发展环境。服务做加法，权力做减法。一方面，镇江市不断推进"放管服"改革工作，优化营商环境。围绕"简政放权、放管结合、优化服务"主题，加强行政审批改革和企业扶持措施，力求"放的稳、服的准"。具体表现在以"聚焦服务"为宗旨，以"互联网＋政务服务"为核心、以"提速增效"为目标，不断加强改革创新，提高整体工作水平；另一方面各部门要结合党中央、国务院"降成本""为小微企业减负"等决策部署，进一步落实税收、行政事业性收费等减免优惠政策，切实减轻企业负担；再者要健全多层次资本市场体系，鼓励和引导金融机构加大对科技型中小微企业的信贷支持，进一步改善科技型中小微企业融资环境；最后结合实施创新驱动战略，鼓励科技型中小微企业按照市场需求，推进技术、产品、管理模式、商业模式等创新，支持企业在研发设计、生产制造、运营管理等环节应用互联网、云计算、大数据、人工智能等现代技术手段，创新生产方式，提高生产经营效率，并给予一定的资金扶持或一次性奖励。

4. 推进智能化发展，着力培育专业化小巨人企业。为了引导科技型中小微企业创新生产方式、产业形式、商业模式、以适应新的产业发展分工趋势，应充分调动企业自身的主观能动性，能有"壮士断腕""釜底抽薪"的雄心与魄力，全面实施数字化、智能化。例如大全集团通过实施两化融合整体提升，企业的智能制造水平大幅提升，销售稳步进入百亿大关，先后被工信部认定为国家智能制造示范企业、国家级两化融合贯标示范企业，进一步向高端化、智能化方向发展。

5. 重视发展人才战略，注重培养企业家精神。为进一步鼓励创新创业人才成长为科技型企业家，建议相关职能部门对优秀创业人才、创业导师初次创办的科技型企业，优先纳入镇江市"百千万人才工程""金山英才"计划等；对带成果和项目实施科技成果转化的国内外高层次领军人才及其创业团队，优先申报"国家外专千人计划"等，同时视情况直接给予资金支持。加大科技型企业家的培育，努力提升科技型企业家的素质，培育企业家精神，打造一支走在产业发展前沿、富有创新创业精神、具有国际视野、勇于参与国际竞争的企业家队伍，为更好地带领镇江市企业做大做强，实现高质量发展打下坚实的基础。

关于镇江市以低碳建设推进绿色发展的路径与对策研究

| 姚继承 张百和 徐超琼 顾谦 |

全球气候变化是 21 世纪人类发展最大的挑战之一。随着工业化和城市化的高速发展，我国已成为世界二氧化碳排放量大国，面临经济发展转型和节能减排等内外压力，绿色发展成为突破环境资源瓶颈制约，保持经济可持续发展的现实选择。

从内涵上看，绿色发展是建立在生态环境容量和资源承载力的约束条件下，将环境保护作为实现可持续发展重要支柱的一种新型发展模式，主要包括节能减排、污染物治理、科技创新等内容。可以说，绿色发展理念以人与自然和谐共生为价值取向，以低碳建设为基本抓手。

近年来，镇江市在低碳建设中进行了一系列积极的探索和实践，低碳发展的镇江模式在国内有影响，在国际上也获得了广泛的赞誉。为了进一步巩固和扩大低碳发展优势，建立可持续发展低碳产业体系，实现绿色发展，笔者对以低碳建设推进绿色发展的路径与对策开展了专题调研。

一、国内外低碳建设的先进经验

（一）国外发达地区低碳建设经验

1. 日本低碳建设的基本经验。2004 年，日本环境省就发起了"面向2050 年的日本低碳社会情景"研究项目，这是为 2050 年实现低碳社会目标而提出的具体对策。2007 年 6 月，日本内阁会议制定的《21 世纪环境立国战略》中指出：为了克服地球变暖等环境危机，实现建设可持续社会的目标，需要综合推进低碳社会、循环型社会和与自然和谐共生的社会建设。2008 年 5 月，日本环境省全球环境研究基金项目组发布了《面向低碳社会的 12 大行动》，其中对住宅、工业、交通、能源转换等提出了预期减排目标，并提出了相应的技术和制度支持。同年 6 月，时任日本首相福田康夫以日本政府的名义提出了新的防止全球气候变暖的政策，即著名的"福田蓝图"，这是日本低碳战略正式形成的标志。

2. 欧盟低碳建设的基本经验。在发展低碳经济的问题上，欧盟走在了世界其他国家和地区之前。从排放指标的制定，到科研经费的投入、碳排放机制的提出、节能与环保标准的制定，再到低碳项目的推广等，欧盟均率先出击，推出了全方位的政策和措施，统领欧盟内各成员国大力发展低碳产业。近年来，欧盟将低碳经济看作"新的工业革命"，采取了一系列有力的措施，期望能够带动欧洲整体经济向高能效、低排放的目标转型，并试图在全球应对气候变化行动中，充分发挥领导者角色。

与欧盟低碳发展的总体目标与政策措施相对应，欧盟主要城市也制定了自身低碳发展目标与规划。如伦敦市设定了 2025 年相对 1990 年减排60% 的目标，并启动一系列气候变化减缓政策和能源政策，包括《伦敦规划》《今天行动，守候未来——伦敦市长能源战略和应对气候变化行动方案》。德国柏林市在 1994 年即推出了"能源理念"来引领城市走向能源的清洁化和高效化，并根据电力和交通系统能源使用数据编制柏林排放清单，制定了 2010 年减排 25%、2020 年减排 40% 的低碳发展目标，将住宅、公共建筑、交通和能源供应确立为重点减排部门。

（二）国内先进城市低碳建设经验

1. 中新天津生态城低碳建设的基本经验。中新天津生态城是中国、新加坡两国政府战略性合作项目。生态城坐落于天津滨海新区（距离天津市中心 40 公里处）。生态城占地约 30 平方公里，以新加坡等发达国家的新城镇为样板，力求建设成为一座可持续发展的城市型和谐社区。中新天津生态城的主要特点包括：第一个国家间合作开发建设的生态城市；选择在资源约束条件下建设生态城市；以生态修复和保护为目标，建设自然环境与人工环境共融共生的生态系统，实现人与自然的和谐共存；以绿色低碳交通为支撑的紧凑型城市布局；以指标体系作为城市规划的依据，指导城市开发和建设；以生态谷（生态廊道）、生态细胞（生态社区）构成城市基本构架；以城市直接饮用水为标志，在水质性缺水地区建立中水回用、雨水收集、水体修复为重点的生态循环水系统；以可再生能源利用为标志，加强节能减排，发展循环经济，构建资源节约型、环境友好型社会。

2. 鄂尔多斯市低碳建设的基本经验。鄂尔多斯市是内蒙古自治区碳排放权交易试点地区、首批国家生态文明先行示范区、国家森林城市、全国生态园林城市、全国首批资源综合利用"双百工程"示范基地、国家首批战略环评示范城市。鄂尔多斯市过去生态环境恶劣，生存资本被不断侵蚀，面对发展中的"溃疡"，鄂尔多斯人自省、自觉、自立、自救采取了如下主要措施：一是加强沙漠治理。面对浩瀚的沙海，鄂尔多斯人探索创造出荒漠化治理六大技术体系100余套核心技术，针对不同区域使用不同技术，从而取得最好效果。依托创建工作，构建高水平、全方位、立体式的创建体系。严格落实顶层设计，建立起资源开发与环境保护最严门槛监管机制，并严格推进节能减排和环境综合整治。二是倡导全民动员。在20世纪80年代初，鄂尔多斯就成立了绿化委员会，把造林绿化工作当作最大的基础设施建设。全民义务植树做到了规范化、基地化、科学化和制度化，目前，鄂尔多斯全民义务植树碳汇林地381个，面积达75.8万亩，全民义务植树尽责率达100%。三是推进产业转型。积极推动传统产业新型化、新兴产业规模化、支柱产业多元化，走绿色低碳增长可持续发展道路，打造出具有区域特色的全面化的"绿色＋"产业升级版，形成差异化的区域发展竞争力。鄂尔多斯被国家五部委确定为首批12个产业转型升级示范区之一。

3. 呼和浩特市低碳建设的基本经验。呼和浩特市作为国家历史文化名城，是国家森林城市、国家级生态建设示范区，也是首批国家气候适应型城市建设试点城市，在低碳资源环境领域和生态文明建设方面成效显著。在城市生态建设方面，呼和浩特启动实施了大青山前坡生态保护综合治理、六大出城口及京藏高速两侧绿化整治、"引黄入呼"二期、"气化呼和浩特"等一批重点生态工程，成功创建了国家园林城市，入选了国家新能源示范城市，获得了全国文明城市提名，被评为全国节水型社会建设示范区。在发展绿色产业方面，大力发展太阳能光伏产业，积极建设生物质发电、风电、光伏发电等清洁能源，加大新能源汽车推广普及力度。在实施节能减排方面，全面推动重点领域节能减排，开展重点用能单位节能低碳行动，严格执行建筑节能标准，发挥节能与减排的协同促进作用，持续削减主要污染物排放总量。发展循环经济方面，积极推行清洁生产，推进循环经济示范园区建设，其中托县在 2013 年被评为自治区循环经济示范县后，又被评为 2015 年国家循环经济示范县。

二、主要做法和成效

镇江是一个有山有水有故事的历史文化名城，自然资源丰富，生态优势明显，但地域面积小、环境承载力低、产业布局和能源结构不合理，环境污染严重。针对发展中出现的这些突出问题，以习总书记视察镇江，寄语"镇江很有前途"的鼓励为强大动力，镇江市委六届九次全会确立了"生态领先、特色发展"的战略路径，深入开展生态文明建设综合改革，创新推进低碳建设。2018 年以来，主要做了以下三个方面的工作：

（一）强化组织领导，体制机制进一步健全

调整镇江市生态文明（低碳城市）建设领导小组，设立低碳发展办公室，落实生态环境保护工作主体责任，组织领导监督架构逐步完善。制定实施生态文明（低碳城市）建设行动计划，编制建设目标任务书，完善定期调度督查考核制度，有效促进低碳年度建设目标任务的完成。成功举办了 2018 年国际低碳大会，会同省质量技术监督局研究制定江苏省地方标准《低碳城市评价指标体系》，并在低碳大会上发布，为其他地区开展低碳城市建设提供可借鉴、可复制、可推广的"镇江标准"。倡导绿色生活方式，积极营造"人人参与·共享低碳"的良好氛围。

（二）加快转型升级，发展质量进一步提高

通过发展高端产业、推动园区循环化改造、开展绿色技改、打造"绿色工厂"等绿色生产活动，产业体系不断升级，经济发展质量不断提高。截至 2018 年 10 月底，镇江市已提前完成年初制定的 40 个去产能年度目标；单位 GDP 能耗较 2017 年同期下降 4.1%，超计划目标 0.2 个百分点；新增分布式光伏装机容量 103.9 兆瓦；新增新能源汽车 290 辆，建设充电桩 179 个；新增绿色建筑评价标识 54 项，总建筑面积 256 万平方米。积极推动先进绿色低碳项目转化落地，集中签约的 13 个低碳产业项目推进顺利。在低碳技术、低碳城镇、低碳金融等领域，与联合国开发计划署、中国计量科学研究院、中信银行等开展广泛的合作交流。

（三）加强协同处理，生态环境进一步改善

依托"一湖九河"水环境治理、"三大片区"环境综合整治、"263"行动等专项治理工作，突出打好大气、水、土壤等污染防治攻坚战，年初的环境质量恶化苗头得到遏制。下半年以来，镇江市空气质量明显改善，其中 7、8、9 三个月份，大气 PM2.5 平均浓度分别同比去年下降 8.8%、26.5% 和 30.4%；1—10 月，全市国考断面和省考断面水质优Ⅲ比例分别好于年度目标 12.5 个百分点和 15 个百分点；积极开展土壤污染治理与修复试点；全面推进重点管控单元划定和各管控单元负面清单的收集整理工作。

三、存在的主要问题

（一）产业转型升级压力较大

镇江市长期存在的重化产业占比较高、产业结构偏重、能源结构中燃煤占比过高、工业布局相对分散等深层次结构性矛盾依然突出，减煤减化工作压力巨大，要实现产业的低碳化转型任重道远。

（二）低碳建设成效尚未得到充分彰显

2018 年来，镇江市在低碳建设方面做了很多基础性工作，实施了一批低碳示范项目，但总体规模偏小，集聚效应还不够。生态云平台还未能完全实现统筹全市生态信息资源的功能，并且没有真正形成管理应用能力。低碳小镇、近零碳岛等低碳载体建设推进缓慢。社会资本参与低碳建设的筹资渠道也有待拓宽。

（三）低碳建设工作统筹力度还有待加强

2018 年年初确定的 2018 年生态文明（低碳城市）建设行动计划，总计九大类 90 项目标任务，涉及众多单位、部门和平台，市低碳办统一协调、合力推进的力度还需加大。

四、对策与建议

（一）顶层设计与突出重点相结合，强化科学统筹能力

要用系统的思维，全局的眼界，进一步完善顶层设计，并结合地方实际，突出重点，分步实施。近期应围绕 2020 年碳排放达峰这一目标，综合考虑产业发展、结构调整、节能减排等，进一步科学优化达峰路径，稳步加以推进。对已建立的有关制度措施和"低碳九大行动"等计划方案，要根据新的形势和变化进行动态调整和优化，对低碳小镇等重大规划建设项目进行再论证、再研究，尽快作出决策。

（二）政府引导与市场参与相结合，加快低碳产业发展

政府要加强主体功能区规划执行刚度，不断完善低碳发展在产业、财税、土地、消费、金融等方面的政策扶持和引导，建立良好的公共参与机制，为企业创造良好的发展环境，调动企业参与低碳发展的积极性。要充分发挥市场的调节作用，使低碳产品、低碳技术、低碳服务充分市场化。以市场力量为依托，着力培育一批低碳产业的龙头骨干企业，搞好产业上

下游的衔接配套，延伸拉长产业链条，形成低碳产业发展集群共生的规模效应。结合扬中近零碳岛等载体建设，实施一批有实质带动性的低碳试点项目。

（三）产业转型与环境治理相结合，改善环境综合质量

持续推进低碳建设，加快绿色发展，努力实现经济与环境同步高质量发展。重点加快镇江市传统产业转型升级步伐，按照"集中集聚集约"原则，推进化工企业进园区，推动企业由"散"变"聚"；加快产业绿色转型，大力发展高技术、高效益、低耗能、低污染产业，推动产业由"低"变"高"；积极发展清洁能源，加快推进资源综合利用，推动资源变"废"为"宝"。进一步完善环保管理体制机制，全面落实生态环保工作责任，积极实施"蓝天行动""碧水行动""净土行动"，坚决打好污染防治攻坚战，有效解决突出环境问题。

（四）自主创新与技术引进相结合，夯实成果转化基础

积极培育低碳产业技术研究机构，全力推动低碳领域产学研合作和成果落地。引导和鼓励金融机构加强对低碳企业技术创新的支持力度，多渠道增加对低碳技术的研发投入。推进生态云建设深化工程，提升低碳城市管理能力。支持和鼓励低碳高新企业联合高校、科研院所，采取多种形式，搭建各类创新平台和载体，为镇江市绿色低碳发展提供智力保障与技术支持。

城市创新能力影响因素与提升路径研究

——以镇江市为例

| 沈　霞　薛玉刚　江志堃 |

建设创新型城市是共筑"中国梦"、贯彻落实科学发展观和推动我国经济发展的重要途径。近年来,镇江市委、市政府大力发展创新型经济、建设创新型城市,在"创新镇江"建设上成效显著。2011 年镇江市获批国家创新型试点城市,2017 年镇江市京口区又入围第六批江苏省创新型试点县（市、区）,同年,镇江市委、市政府召开经济发展大会,出台"1 + 6"政策文件,确保到 2020 年,镇江进入国家创新型城市行列,基本建成以战略性新兴产业为先导、先进制造业为主体、生产性服务业相配套、与高水平全面小康相适应的新型制造业体系。

一、镇江城市创新能力评价

城市创新能力是一个城市将知识、技术等各种要素转化为新产品、新工艺、新服务的能力,它关系到城市持续发展的动力与长期竞争力,主要由城市知识创新能力、技术创新能力、服务创新能力、产业创新能力等构成。

1. 知识创新能力

知识创新能力是城市创新评价的基础。知识创新能力的高低从知识创新投入、知识创新产出、知识流动能力三个方面来分析。

知识创新投入相关指标显示:全社会科技活动人员数（每万劳动力中研发人员数 140 人年）、全市财政科技拨款（16.4374 亿元）、科技支出（13.25 亿元,比上年减少 2.6%）教育经费支出（65.85 亿元,比上年增加 3.2%）；知识创新产出相关指标显示：发明专利申请数（34260 件，其中新增发明专利授权量 2942 件）、市级科技成果数（96 项，其中国家科技进步奖 4 项）、科技活动机构数（大中型工业企业和规模高新技术企业省级以上研发机构占比达 43.3%）；知识流动能力相关指标显示：技术市场交易成交金额（技术合同金额 2.904 亿元）、实际利用外资金额（13.51 亿美元）。

2. 技术创新能力

技术创新能力是城市创新评价的核心。考虑到数据的可获取性，我们主要考察规模以上工业企业的技术创新能力。技术创新能力包含投入、产出、运行效率三大类。

技术创新投入相关指标显示：规模以上工业企业科技活动人员数（39691 人）、规模以上工业企业科技活动经费内部支出总额（9.01853 亿元）；技术创新产出相关指标显示：规模以上工业企业办科技机构数（1157 个）、规模以上工业企业新产品产值（全年高新技术产品实现产值 4451.5 亿元）；技术创新效率相关指标显示：规模以上工业企业单位科技活动经费支出产生的新产品产值［全年研究与试验发展（R&D）经费支出占 GDP 比重 2.59%］。

3. 创新经济绩效

创新经济绩效是城市创新评价的关键，城市创新能力的提升能够较好地促进经济发展，提高人民生活水平。同时，城市经济的发展也有助于再次创新，为创新提供良好的经济基础。关于城市创新经济成绩与效率评价包含宏观经济水平、产业优化、产业成绩、就业水平、经济增长方式转型程度五大类。

宏观经济水平相关指标显示：城镇居民平均可支配收入（34064 元）、人均地区生产总值（120603 元）。产业结构优化的指标有：第三产业增加值（1825.66 亿元，增长 10.7%）；三次产业增加值（比例由 2015 年的 3.8∶49.3∶46.9 调整为 2016 年的 3.6∶48.8∶47.6）。产业创新绩效相关指标显示：高新技术产业产值占工业总产值的比重（49.1%）、单位

GDP 能耗下降率全面超额完成省下达任务、六大高耗能行业单位产值能耗（下降 6.4%）。就业水平相关指标显示：城镇化水平（城镇化率 69.2%）、城镇登记失业率（1.8%）。经济增长方式转型程度的相关指标显示：第三产业人数占社会就业人员比重（43.2%）。

4. 创新环境

创新环境是城市创新评价的支撑体系，是城市创新活动成功的基础，良好的创新环境可以激发创新思想的产生，且有利于开展创新活动。创新环境包含创新基础设施、社会对创新的重视程度、劳动者素质三大类。

创新基础设施相关指标显示：国际互联网普及率（39.59%）、每百人公共图书馆藏书（市区达 187.08 册）、邮电业务总量（109.87 亿元）、客运量（公路 44.39 万人，铁路 1054.5 万人）、货运量（公路 7447 万吨，水路 1430 万吨，铁路 224 万吨）；全社会对创新的重视程度指标显示：全社会科技经费投入占 GDP 的比例（0.35%）、全社会教育经费支出占 GDP 的比例（1.7%）、规模以上工业企业新产品开发经费支出与新产品销售收入比例（4.7%）；劳动者素质的相关指标显示：高等教育在校学生占总人口比例（2.75%）。

另据镇江科技局网站《2017 年全市科技创新（知识产权）工作总结》显示：2017 年全市实现高新技术产业产值 4900 亿元，同比增长 12.8%，占规模以上工业总产值比重 49.3%，较上年增长 0.2 个百分点，占比继续保持全省第一。专利申请总量预计 27880 件，授权总量预计 15270 件，万人发明专利拥有量 29.2 件，居全省第四位。全社会研发经费支出占 GDP 比例 2.65%，较上年提升 0.3 个百分点；每万劳动力中研发人员数达 150 人年，较上年提升 10 人年；科技进步贡献率达 61.9%，较上年提升 0.3 个百分点。

综上所述，知识创新能力系统中，全社会科技经费支出、科技活动人员数、科研项目数的技术市场成交额等指标因子得分较低，因此，知识创新能力系统应进一步加大科教投入，努力培养与吸引科技人才，同时注重知识创新的成绩。技术创新能力系统中，规模以上工业企业单位科技活动经费支出产生的新产品产值等技术产出效率因子指标，随时间上下波动较大且近年来缓慢下降，因此，今后镇江市技术创新能力更应注重效率的提升。创新经济绩效系统中，高新技术产业产值占 GDP 比重、第三产业产值占 GDP 比重、第三产业人数占社会就业人员比重、万元 GDP 能耗等经济科学发展指标因子的不稳定且近些年的下降，这些已成为镇江市创新经济绩效发展能力提升的阻碍因素，因此，今后镇江市创新经济在实力上升的同时更需要科学、集约式的发展，完善协调性经济发展体系的建设。创新环境系统中，科技经费投入占 GDP 的比例、规模以上工业企业科技活动经费支出占利润总额比例等因子得分相对较低，因此，镇江市应加强保障城市创新环境法规与制度的建设，营造城市创新文化氛围，改善城市创新环境。

二、省内城市创新能力建设对镇江的启示

全省切实把创新型城市建设摆在重要位置，高起点谋划，高标准启动，高要求推进，采取了一系列强有力的政策措施。

例如南京市率先部署《南京市推进科技创新，推动产业转型，发展创新型经济的行动计划》，计划在三年内，努力打造具有南京科教城市特色的全新模式。苏州出台了《关于加快建设国家创新型城市的若干意见》，全面部署国家创新型城市推进任务，推进创新驱动顶层设计、加快技术突破、创新主体培育、区域体系构建，着力打造"引得进、留得住、用得好"的人才高地，积极打造自主创新广场，同时布局了相关配套服务设施。泰州市出台了《关于推进科技创新工程，加快建设创新型城市的实施意见》，并计划部署实施"八大科技创新计划"，涵盖了现代产业、企业、载体、人才等创新要素建设。连云港提出围绕"加快沿海崛起、实现新的跨越"总要求，坚持"港城融合、产业先行、开放合作、创新惠民"原则，实施"全球化、通信化、集群化、品牌化"战略。

当前是镇江加快实施创新驱动战略、努力提升城市创新能级的战略机

遇期，同时也是不断优化创新氛围、夯实科技创新基础、以创新驱动引领经济社会可持续发展的攻坚期。我们迫切需要不断提高创新能力、深化协同创新能力、加快创新载体建设、推动产业转型升级，既要借鉴先进地方经验、把握创新发展共性规律，又要突出自身特色优势、打造创新城市品牌。

三、提升镇江市创新能力的路径探究

1. 镇江市知识创新能力的提升途径

（1）加大科研资金投入力度。要进一步加大财政科技投入总量、科研资金总量与所占比值，严格执行国家创新型试点城市的财政科技支出标准。积极探索财政科研资金筹集的多种方式，抓住国家"十三五"加强创新型科技基础平台建设的重大机遇，重点强化跨部门、行业、地区的重大战略平台的建设。

（2）加强对创新型人才的培养与引进。在高校与创新型城市建设之间形成耦合关系，互利共赢。要加大对高等教育的投入力度，加强在高校专业、学科设置方面的引导作用，使人才培养和层次分布、专业布局上形成一定的动态协调机制，以便于各类人才的培养和教育。

结合镇江市目前创新型建设的实际情况，从区位优势、历史基础、显存人才类别、吸引人才的政策等方面，使镇江市在人才培养、引进方面走出一条符合自身的特色自主创新道路。如：正确利用镇江市创新型城市建设专项资金，扩大镇江对高科技、创新型人才、海内外高级人才的吸引力。以创新型事业的大发展，凝聚、吸引和培养创新团队和学科带头人，积极改善创新型科技人员的工作和生活环境。设置"旋转口"机制，促进高等学校、科研院所、企业、创投机构之间人员的有序流动等。

2. 镇江市技术创新能力的提升途径

（1）大力提倡学习型企业的建设，加强企业对新技术、新的生产方式的引进与吸收，建立与科学技术管理相适应的企业文化制度，完善技术信息网路建设，提升企业技术创新效率。强化企业知识产权创造，加强对企业自主品牌建设的支持。

（2）政府主动为企业的自主创新工作提供服务。例如：支持企业间组建产业互助技术联盟，加深企业间、企业与科研院所间的知识流动和技术转移；政府科技政策更多地反映企业发展的科技需求，对由企业牵头承担的具有广阔市场、前景远大的科技项目优先支持等。

镇江目前已拥有众多的工程技术中心、科研院所、企业创新孵化中心等研究机构。要继续充分发挥与保持这个源头创新的资源优势，给企业的自主创新提供动力源泉，使众多科研机构的成果顺利转化，提升企业在市场上的竞争力。

3. 镇江市创新经济绩效的提升途径

（1）调整产业结构，转变经济增长方式。将产业结构战略性调整作为转变经济发展方式的首要任务。大力支持创新型产业集群的培育，推动战略性新技术产业的发展与传统产业的改造升级，推进一、二、三产业协调发展。以高新技术园区为载体，以重大科研项目为支撑，力促镇江市创新型产业做大做强，加快形成以高端装备制造和新材料产业领衔的"2＋3＋X"产业链，围绕本市主导产业、支柱产业、优势产业和产品规模化集群，组织创新优势明显的重点企业，建立一批产业科技创新联盟。

（2）着力培育新兴产业。在新能源、新材料、电子信息、航空制造、海洋工程等战略性新兴产业建设中重点推进新兴产业园、研发平台、重点项目、骨干企业、创新创业创意领军人才等"五个一批"建设。同时，着力培育新兴产业，实现优势互补，培育新兴产业融合科技新成果。

4. 镇江市创新环境的改善途径

（1）构建激发城市创新活力的政策法规服务体系。以改善创新环境为目标，发挥政府的主导作用，制定相关的政策法规服务体系。加快镇江城市创新体系的重大战略、政策的研究与制定，完善镇江市科技创新投入制度，加强财政创新建设投入力度；加大对知识产权的保护力度，从政策与法规方面大力提倡循环经济发展，促进经济可持续发展；扩大本市重大高新技术产业项目企业股权激励试点范围，健全高新技术产业园区配套设施的指导意见和创新实施镇江市创新人才引进的优势政策等。

（2）培育城市创新的文化氛围和人文环境。提升创新创业环境质量水平，培育有利于创新的文化环境。营造"鼓励创新、宽容失败"的文化氛围，在全社会塑造科学理性精神，使创新成为时代精神和社会价值的重要导向。通过加强创新发展的绩效评价和工作考核，建立政府推动、市场引导、社会参与的工作机制，调动全社会参与创新、支持创新的积极性。

改善公共服务职能。推进行政管理体制改革，制定一套合适的决策体系、有效的落实规划、有力的管理模式，形成高效率政府行政管理体制；深化行政审批制度改革，建设政府权力项目库和权力运行、政务公开、法制监督、电子监察"四平台"，形成动态调整机制；深化政府服务平台建设，形成具有镇江特色的行政高效服务模式，营造创新创业的良好环境，加强行政效能建设。

借助强大的行政力、资金、资源优势培育创新的文化氛围，加大对创新文化氛围的资金、政策倾斜力度，围绕镇江市高校重点学科建设、主导行业与民生问题，积极开展行之有效的科普活动。结合低碳城市的建设和发展，注重开展低碳科普。培育镇江市创新文化产业带，做大文化产业带，营造城市创新的文化氛围。

5. 优化镇江市创新资源与要素的配置

强化知识创新、技术创新、创新经济、创新环境四者间的联动机制，建立以市场为基础的创新资源配置机制，形成市场利益驱动的创新资源配置方式，有效地扩大技术市场交易额、高新技术产值、降低万元 GDP 能耗，使有限的创新资源发挥最大的效益，提高创新资源利用率。

培育科技中介服务体系。大力培育知识产权、成果交易、大型仪器等各类科技中介服务机构。加强科学数据、科技文献、自然科技资源和网络科技环境平台建设，完善技术转移机制，促进技术市场与金融市场、产权市场等其他要素市场的互动与衔接，形成健全的科技服务产业链。

为创新科技人员的流动和经费的获取提供相应的政策支持，激发创新科技人员研究与开发活动的主动性和积极性，有效地提高规模以上工业企业每名科技活动人员产生的新产品产值、全员劳动生产率、单位科技活动经费支出产生的新产品产值等的创新能力绩效指标，提升镇江市自主创新能力。

注：该研究报告所采用数据，除特别标注外，均来自《镇江统计年鉴2017》

大数据在提升镇江城市发展质量中的应用研究

| 彭智勇　房利华　杨艳艳　殷丽娟 |

当前，我国正处于新型城镇化、工业化和信息化飞速发展的重要阶段，而大数据的应用为我国经济社会发展的各个环节带来新的机遇，传统产业、传统模式的变革愈发深刻。我国提出发展大数据的基本方向，即"立足我国国情和现实需要，推动大数据发展和应用在未来 5 至 10 年逐步实现以下目标：打造精准治理、多方协作的社会治理新模式；建立运行平稳、安全高效的经济运行新机制；构建以人为本、惠及全民的民生服务新体系；开启大众创业、万众创新的创新驱动新格局；培育高端智能、新兴繁荣的产业发展新生态。"大数据的应用，将为实现"有效"且"高效"的镇江城市高质量发展，提供有力的支撑。

一、大数据的应用推动镇江城市旅游业转型升级

旅游业是镇江服务业高质量发展的重要方向。目前，旅游业进入全域旅游、大众旅游、休闲旅游时代，旅游市场呈现散客化、个性化、大众化的趋势。面对激烈的旅游市场竞争态势，镇江需要进一步借助大数据统筹协调线上线下。适应互联网时代需求，准确进行市场定位，全面推行精准营销，成为赢得高质量发展市场空间的决定性因素。

1. 基于大数据应用的旅游精准营销模式

精准的旅游营销是大数据应用的一个重要场景，在细分市场下可快速获取潜在用户并提高市场转化率。其本质是根据用户在不同阶段的身份属性，结合用户特征和偏好，有针对性地开展各类营销活动。在镇江旅游市场领域，挖掘数据价值、剖析游客需求、把握出游规律，才能集中人力、财力、物力实施精准营销，有效激活市场需求。

（1）需要完善微观的数据统计体系，利用统计数据反映旅游结构化特征。借助大数据分析手段，全面掌握年龄、性别、客源地、出游行为、消费、住宿选择、停留情况等信息在内的游客属性。深入分析不同客源地、不同年龄结构、不同职业游客的偏好、规律性变化和兴趣点，并基于数据开展有针对性的旅游营销活动，策划设计不同层次的旅游线路，增加过夜游客数量，以多样化旅游供给引导游客消费。

（2）需要实现信息的共享共用。借助智慧手机旅游、智能数据挖掘等技术，及时发布旅游资源、旅游经济、旅游活动等方面的信息，方便游客及时了解资讯，安排和调整旅游计划；系统采集旅行社、景区、酒店及公安部门、交通管理部门信息，提供查询、统计分析等功能，为旅游行业决策和管理提供依据。可以在游客中心、景区、酒店、游客集散地部署全市联网、统一控制、统一管理的信息发布查询系统，实现旅游信息无缝对接、数据共享；通过景区门禁和手机服务商基站定位收集游客流量数据，通过预警监测系统定位游客位置，通过 GPS 对旅游车辆进行实时定位，从而收集游客出行数据，调配自驾车辆、掌握景区客流量、及时疏导游客、缓解接待压力。

（3）需要创新定制服务方式。穷游网、马蜂窝、秘途旅行等在线旅游服务商（OTA）平台利用大数据提供场景服务，进行 C2B 反向定制，为用户提供单身、情侣、亲子、摄影、垂钓等主题旅行，满足用户的个性化需求。

2. 镇江旅游大数据的应用

目前，镇江已建立信息共享沟通机制，通过组织召开工作会、座谈会、调度会，加强对旅游统计的统一布置、全面推进，整合交通、住宿、餐饮、景区、旅行社、购物中心等与旅游相关的数据信息，实现数据互通共享，提高数据的利用效率，全面反映旅游市场规模、产业发展规律、旅游供给结构、旅游贡献值，真实、准确反映全市旅游市场状况。建立统一的旅游统计综合数据库和通用数据录入平台，在统一标准规范、统一平台支撑的基础上，加快旅游统计数据的整合，逐步消除信息孤岛，加强互联互通，全面整合公安住宿设施入住数据，如交通部门客流量流向数据，公路、铁路、民航部门客运预订数据，工商部门住宿设施企业基本数据、餐饮企业基本数据，税务部门旅游企业经营税收数据，环保部门旅游景区环境数据，国土部门旅游目的地地质地理数据，气象部门旅游目的地气候气象数据，安监部门游乐设施数据等。扩大统计样本空间，将样本点扩展到在线旅游服务商（OTA）、农业旅游示范点、自驾车营地等，提高旅游统计数据的全面性、准确性、科学性、引导性。但镇江大数据旅游精准营销还需要突破智慧统计的瓶颈，建立健全智慧旅游统计系统，面向旅游管理部门、旅游企业和游客提供既有独立权限、又能互联互通的旅游信息发布、交流共享及管理服务。

二、大数据的应用推动镇江城市监管创新

镇江高质量发展离不开监管工作的创新。从信息论来看，某种程度上，监管就是信息博弈。在实际操作过程中，受资源有限、信息不充分、信息不对称等影响，监管双方总是存在信息偏差，导致监管失灵。而大数据的应用正可以解决这一"痛点"，通过优化信息供给、信息获取、信息甄别和信息运用，从而驱动监管方式的创新。

1. 传统方式制约监管效能的提升

传统监管是"重审批、轻监管、弱处罚的线性监管"，技术手段落后，监管者只能照着清单，靠眼观、手感等直观感觉一项项实地核查，显然无法胜任如此"重担"。在这种情况下，积极探索金融监管与大数据结合，用大数据精准追踪异常风险，将会取得明显的成效。获取信息是监管的第一步，信息的充分程度将在一定程度上决定着监管决策质量的优劣。依托物联网、机器学习等技术创新，大数据平台能够有效整合并共享监管数据，克服"数据孤岛"和监管碎片化困境，以技术创新"再造"人的视觉、听觉、嗅觉，使人的管理幅度最大化，一个监管者只要坐在电脑前面轻点鼠标，就能够实现对事实真相的在线监管。

2. 基于大数据的创新——镇江智慧监管

目前，镇江初步建立了市场主体分类监管平台，利用"地理空间数据库"中的矢量和影像地图，运用空间可视和空间定位技术，将市场主体精确定位到电子地图上，并根据系统的后台数据将其自动评定为良好、警示、失信、严重失信四个等级。其中，根据市场主体不同的信用等级，系统会自动用绿、黄、红、黑四种颜色在电子地图中区别标注，以便工作人员实施差异化监管。在具体操作过程中，对绿色企业一般免于检查、不予打扰；对黄色企业，会严格审查相关材料并每半年进行一次抽查；对红色企业则依法进行登记限制，每季度进行一次定向抽查；对黑色企业，法定代表人会依法受到任职资格限制，其公司也会被取消评优评先等资格。分类监管大大降低了执法成本，提高了监管效率。与此同时，基于分类监管数据库的智能计算，监管资源配置将大大优化，反应会更加灵活，监管也将更加智慧。让数据"做主"，保持对监管对象的不间断记录，大数据监管就能保持数据的鲜活性，并基于具体算法和机器学习，主动监管。监管者将能够占据主动地位，及时把握事态、做出预测，以便更有效、更从容地应对突发事件。

三、大数据应用中镇江城市管理创新的相关建议

1. 优化大数据发展战略

站在国家这个全面局的高度制定公布科学翔实的大数据发展战略，是指导大数据技术和应用发展的关键一步，也是政府大数据管理的基本内容。今后，优化镇江的大数据发展战略，建议应重点注意以下几个方面：

（1）明晰相关部门职责。我国当前的大数据指导文件只是在方向上提出了指导意见，在落实环节等方面还不够。因此，我们必须站在全局的高度制定大数据发展战略，首先要明确出大数据发展的最高指导部门及权限，保证其能从总体上统筹大数据战略的实施，负责大数据战略具体环节的执行、协调及监管，彻底解决跨部门、跨领域的落实监督难的问题；其

次，要将技术发展和运用尤其是在政府管理当中的应用，从各区域、各层级的职责中明确出来，加强监管环节，确保落实到位。

（2）放大试点建设成效。在现有镇江智慧城市发展的基础上，进一步明确开展更大范围的智慧城市、智慧政府试点，引导各个地区根据自身发展实际有针对性地就难点管理问题进行智慧化试点和升级；拓宽试点领域，鼓励以发展成熟、问题集中的医疗卫生、交通运输、文化教育等作为切入点，进行信息整合和方法探索，进一步将大数据的技术和方式拓展到城市发展的全领域和全环节。

（3）完善人才培养体系。进一步深化科研院所与企业、镇江地方政府之间的合作，推动建立大数据发展产、学、研新链条，鼓励院校增加大数据相关专业，设立大数据分析等相关课程，确保学生获得先进、必备的专业知识。开展大数据技术在职教育，吸引相关领域已毕业人员以较少的资金投入获得大数据发展最前沿的技术教育培训。面向企业、政府等提供不同程度的大数据培训，帮助从业人员学习大数据技术，建立大数据思维方式，提高行业从业人员整体素质。

2. 加快开放数据平台建设

政府主导建立权威的开放数据平台，能调动最多方面的数据资源，实现最大程度的数据共享、分析和应用推广，是当前大数据发展的必然要求，更是城市管理能实际从大数据进步中获利的关键一步。依据其他地区的经验和教训，对于镇江数据开放平台建设，应重点关注以下几方面问题：

（1）信息公开标准化。数据开放平台要对城市资源、人口数量、公共设施、经济活动等海量的城市数据信息进行公开，并提供查询等服务。从信息处理高效化及查询便利程度等多方面考虑，各地区、各领域的信息公开都要统一标准。首先是公开内容的标准化，即建立基本公开内容目录，哪些领域公开哪些内容，各个区域要依目录要求进行相关内容的标准化公开；其次是公开数据格式的标准化，公开的数据在板块设计、计量单位、显示格式等方面都要有统一的标准，提高民众查询、获取的便利性。

（2）信息管理动态化。明确信息更新频次，可分为随时更新、日更新、周更新、月更新、季更新、年更新、五年更新等不同的更新频次，各机构、部门按照职责分工对要更新的信息进行动态管理，杜绝僵尸板块和老旧信息的出现；对于往期信息的下网等根据查询量、时效性等制定下网标准，严格按照标准执行信息淘汰，避免因为信息堆积造成数据平台运作效率低下；对公开内容、板块设计、公开方式等也要进行动态管理，定期根据用户访问量、意见反馈等调整平台信息公开框架，同时根据新技术的发展对公开方式等进行调整。

（3）信息挖掘深度化。在对基础原始信息进行公开的基础上，要建立对数据进行分析、提取的机制，与企业、院校等合作，运用先进的技术，将大数据背后隐藏的深层次信息进行挖掘，并对社会公开，以此引导社会行为，帮助个体进行最优选择，达到优化配置社会资源的目的；要特别注意在数据共享的基础上进行数据发掘，对不同领域、不同部门之间数据资源的整合及内在联系进行深度发掘和建模，通过跨领域信息共享分析，挖掘出更多更深层次的信息价值，给相关部门、企业提供信息参考。

3. 注重大数据应用的安全与隐私保护

人们在城市中如交通、医疗等各种各样生活、生产信息都在以数据的形式被随时记录，这也将带来个人隐私泄露方面的威胁。保护城市管理大数据的数据安全和个人隐私，既是国家安全、城市安全的重要内容，也是对个人权益的基本保护。对于大数据应用的安全和个人隐私的保护，可以尝试从以下几个方面入手。

（1）增强数据安全和个人隐私保护意识。针对当前数据管理制度落后、数据安全意识低下、数据管理人员素质参差不齐等问题对症下药，完善相关法律制度，对掌握城市核心数据的政府部门，要求其对外发布、共享的数据不涉及国家安全，加大执法检查力度；定期开展从业人员特别是关键岗位人员的数据安全相关培训，提升从业人员的数据安全意识；广泛开展宣传教育，提高公民个人隐私自我保护意识，用公民隐私意识的觉醒倒逼数据安全保护发展。

（2）提高危害数据安全和侵犯个人隐私的违法成本。应在立法层面和制度设计层面提高危害城市数据安全和侵犯个人隐私的成本。建议在城市管理法规制定过程中，加大对危害数据安全、侵犯个人隐私的处罚力度，并从严执法，形成法律震慑力。同时，特别加大对掌握核心数据的关键行业、关键环节及关键部门、关键岗位的监管，形成执法、监管高压态势，从源头上杜绝危害数据安全和侵犯个人隐私的违法行为。

（3）加强对大数据安全的推广和监控。开展大数据安全宣传教育，提升群众特别是相关从业人员对大数据安全的认识；注重对大数据保护技术的推广，首先需要在政府机构、关键行业企业中按照其安全等级要求的不同，在软、硬件方面推广符合实际需求、成本可控的数据保护防卫系统；加强大数据安全监控，对安全要求高的领域设定硬性安全要求，规定其所需达到的安全等级，并设定响应机制，进行全面监控，在出现数据泄露、丢失等问题时能第一时间响应。

基于扬子江城市群发展战略框架下
镇江产业高质量发展研究

| 孙忠英　何玉健 |

产业兴则城市兴。要解决当前发展不平衡、不充分的问题，不断满足人民日益增长的美好生活需要，归根到底要以产业的发展为支撑。本文以扬子江城市群发展战略为背景，研究镇江如何搭乘沿江八市发展快车，在参与区域分工和合作中获得群体效应，推动产业高质量发展，实现新的追赶超越。

一、扬子江城市群发展基本情况及产业发展现状分析

（一）扬子江城市群发展基本情况

扬子江城市群是江苏经济社会发展最发达的地方，区域面积约 5.1 万平方公里，占全省面积 48% 左右，常住人口近 5000 万。2017 年扬子江城市群八市 GDP 达 67648 亿元，占全省经济总量的 78.6%。大体可以分为三个层次：第一个层次为万亿元以上级，包括苏州、南京和无锡；第二个层次为 5000 亿元以上级，包括南通、常州和扬州；第三个层次为 5000 亿元以下级，包括泰州、镇江。2018 年上半年八市 GDP 达 35884.98 亿元，占全省经济总量的 79.9%（见表 1）。

表 1　扬子江城市群八市 GDP 比较

单位：亿元

年份	苏州	南京	无锡	南通	常州	扬州	泰州	镇江	总量
2017 年	17085	11750	10528	7750	6583	5107	4743	4102	67648
2018 年上半年	9109.77	6201.08	5535.66	4262.81	3506.66	2642.48	2507.57	2118.95	35884.98

（二）扬子江城市群产业发展现状分析

1. 产业结构。近几年扬子江市群产业结构趋于优化，但是八市差距较大。从三次产业增加值比例看，南京、无锡、苏州、常州、南通和泰州为"三二一"型，镇江和扬州为"二三一"型。从第三产业占 GDP 比例看，南京、无锡、苏州、常州占比在 50%以上，南通、泰州、镇江、扬州占比在 50%以下。南京第三产业占比最高，为 59.7%。镇江第二产业占比最高，为 49.4%（见表 2）。

表 2 扬子江城市群八市三次产业增加值比例

年份	苏州	南京	无锡	南通	常州	扬州	泰州	镇江
2017 年	1.2：47.6：51.2	2.3：38.0：59.7	1.3：47.2：51.5	4.9：47.1：48.0	2.4：46.5：51.1	5.2：48.9：45.9	5.6：47.1：47.3	3.5：49.4：47.1

2. 产业特色。扬子江城市群产业发展特色明显，各有优势。一是二、三产业发展紧密。如苏州、无锡制造业发展水平高，对金融、科技等生产性服务业的需求拉动较大；泰州以医药产业为重要支撑，对大健康产业发展的拉动也很明显；苏州、扬州是全国著名的旅游城市，其文化旅游、特色餐饮等服务业发展优势突出。二是产业发展各有特色，如南京的软件信息服务业、苏州的纳米、无锡的物联网、常州的石墨烯、南通的海工装备、扬州的智能装备制造、镇江的航空航天。

3. 产业定位。扬子江城市群围绕"1＋3"功能区战略研究发展方案，明晰产业发展定位，打造产业发展高地。南京以打造扬子江城市群最具经济活力的资源配置中心、具有全球影响力的科技创新中心、现代服务业和先进制造业中心及扬子江城市群对外辐射的重要门户为发展目标。苏州打造以新能源、生物技术和新医药、高端装备制造为代表的高技术、高附加值产业基地和创新发展高地。无锡打造世界一流的高科技园区，形成物联网、云计算、集成电路等特色产业集群。常州瞄准石墨烯、机器人、光伏组件及特种电缆等新兴产业，打造"智能制造名城"。南通以船舶海工、现代家纺、建筑业等为优势产业，谋求进入上海的跨国公司产业链，变成

"上海的雄安"。扬州主打风力发电、节能环保、软件与信息服务等现代产业。泰州突出生物医药、化工建材、船舶修造三大特色优势产业。镇江围绕航空航天、特种船舶、汽车制造、新材料等领域，打造一批特色产业集群。

4. 产业载体。扬子江城市群以产业园区为依托，优化产业布局，创新产业发展平台，培植优势产业，构建现代产业体系。八市基本形成特色鲜明的产业发展载体（见表3）。

表3　扬子江城市群八市产业发展载体分布情况

城市	产业发展载体
南京	南京河西金融中心、南京枢纽经济区、中国（南京）软件谷、江苏南京白马国家农业科技园区
苏州	苏州高新区医疗器械产业示范应用基地、昆山花桥国际商务城、国家技术转移苏南中心
无锡	无锡惠山工业转型集聚区、无锡新区大规模集成电路产业园、无锡新区生命科技产业园
常州	常州西太湖科技产业园、江苏中关村科技产业园、常州金融商务区
南通	南通高新区、南通空港产业园、上海市北（南通）科技城
扬州	扬州（仪征）汽车工业园、扬州数控装备产业基地、扬州软件园
泰州	泰州国家大健康产业集聚区、高技术船舶和海工等高端装备基地、节能与新能源特色产业基地
镇江	镇江航空航天产业示范基地、镇江现代汽车产业基地、世业洲国家旅游度假区

二、镇江与扬子江城市群产业发展比较分析

（一）产业层次相对较低，产业缺乏竞争优势

产业结构在一定程度上能够反映城市工业化发展阶段水平。如南京市第三产业占比高达59.7%，表明南京市在工业化进程方面已进入后工业化发展阶段，以服务经济为主导，并正在向服务经济的高级阶段迈进。无

锡、苏州、常州第三产业占比超过51%，表明这三个城市正处于转型发展阶段，从工业化中后期转向后工业化阶段。镇江第二产业占比高于第三产业占比2.3个百分点，说明经济发展对第二产业还存在强依赖性，工业经济依然占主导地位，工业化处于中后期。相比较而言，镇江工业化发展缓慢，产业优势不明显，竞争力不强。

（二）高新技术产业在全省占比较低，贡献小

根据江苏省科技厅和省统计局公布的数据显示：2017年全省高新技术产业实现产值67863.74亿元，同比增长14.42%。从分布看，全省高新技术产业主要分布在苏南及沿江地区，扬子江城市群高新技术产业产值达54531.48亿元，占全省的80.35%。其中，苏州占全省比重高达22.34%，对全省贡献最大；镇江占全省比重为5.86%，在扬子江城市群中位居末位，略低于徐州，在全省排位第九，对全省贡献小（见表4）。

表4　2017年扬子江城市群八市高新技术产业产值及占全省比重

项目	苏州	南通	无锡	常州	南京	泰州	扬州	镇江
产值（亿元）	15158.14	7564.33	6716.35	5902.00	5606.94	5386.95	4219.11	3977.66
占全省比重（%）	22.34	11.15	9.9	8.70	8.26	7.94	6.22	5.86

（三）重大项目数少量小，产业发展后劲偏弱

由表1可以看出，镇江经济总量在扬子江城市群中居于末位，镇江GDP占沿江八市总量的比重，2017年为6.06%，2018年上半年为5.90%，占比较低且呈下降趋势。镇江与其他七市之间经济发展差距较大有多种原因，但缺乏重大项目支撑是重要因素之一。以2018年第一季度开工大项目为例，3月25日，苏州市2018年重大项目开工现场会在昆山高新区举行，截至3月底，苏州开工开业重大项目470个，总投资超过3500亿元。3月2日，无锡市在太湖国际博览中心主会场举行开工仪式，209个重大项目集中开工，计划总投资3139亿元。3月5日，在泰州市海

陵区新能源产业园东旭光电项目开工现场举行重大产业项目集中开工现场推进会，128 个项目计划总投资 507.9 亿元，其中工业项目 110 个，计划总投资 414.6 亿元。3 月 23 日，镇江重大项目集中开工，37 个项目计划总投资 160 亿元，年度投资 68.9 亿元。通过比较可以看出，镇江重大项目数量少投资小。虽然一季度开工项目数量和投资额度不完全代表一年的发展情况，但对当年乃至较长时间经济发展有较大影响。

三、加快镇江产业高质量发展的对策

（一）打造产业集群、培育新兴产业，以高质量项目推进高质量发展

1. 大力发展高端装备制造产业。重点打造智能电气装备，汽车、工程机械及农机装备，航空航天装备，特种船舶与海工装备等产业集群，建设高端装备制造产业基地。

2. 大力发展新材料产业。重点发展新型金属材料、高性能工程橡塑材料、碳纤维及复合材料、高性能沥青等产业，打造新材料产业集群。

3. 培育战略性新兴产业。培育新能源产业集群则重点发展太阳能光伏发电及并网设备、风电、动力电池、氢能等产业，突破大规模储能、分布式能源系统集成、风电控制系统等关键技术。新一代信息技术产业集群则重点发展集成电路及专用装备、电子信息及新型显示材料、信息通信设备、云计算与大数据、嵌入式行业应用软件、北斗导航应用等产业，突破高性能集成电路产品、高效能低成本智能终端及芯片、下一代互联网、北斗导航控制系统等关键技术。

（二）提升传统产业、壮大优势产业，提高产业竞争力

1. 加快提升传统产业，提高产业发展层次。一方面，重点改造冶金、石油、化工、造纸等传统产业，加大技术投入进行设备更新，改进工艺促进提档升级。另一方面，以实施"263"专项行动和"116"专项行动为契机，加快淘汰落后产能，下决心关闭一批环境不达标企业，提高环境标

准，倒逼传统产业转型升级。

2. 壮大优势特色产业，打造具有标杆性的产业"高原"和企业"高峰"。《中国制造 2025 扬子江城市群国家示范区》对镇江产业发展定位是：承担牵头发展碳纤维、航天航空关键零部件产业及参与发展智能电气产业。这三大产业既是镇江的优势产业又是特色产业，也是发展前景好的产业。要在这三大产业上精心培育、精耕细作、精益求精，提高整体竞争力，将三大产业打造成具有镇江标签的高端产业。

（三）加强"三链"融合对接，促进产业向中高端发展

1. 加强产业链、创新链、资金链与生产力对接，提高全要素生产率。2017 年 12 月习总书记视察江苏时指出，围绕产业链部署创新链，围绕创新链完善资金链，强化科技同经济对接、创新成果同产业对接、创新项目同现实生产力对接。随着扬子江城市群产业发展规划的实施，将统筹考虑区域产业要素的优化和配置，重点打造若干条覆盖全域的特色优势产业链，建立若干开放式特色产业集群，大大提升区域产业整体竞争力。如以南京市为首的生产性服务业将延伸到八市区域、长三角乃至全国。以苏州市为首的先进的制造业将扩展到扬子江城市群整体，打造全国乃至全球先进的制造业中心。同时，随着扬子江城市群抱团发展，产业延伸链、产品创新链、资源配置链、科技服务链、价值提升链等一系列要素将发生重大变化，镇江要搭乘扬子江城市群发展快车，在区域内加强产业链、创新链、资金链与生产力的对接，提高全要素生产率。构建政府、企业、高校、科研院所和金融机构新型合作关系，搭建"政府引导＋基础研究＋技术开发＋成果转化＋金融支持"合作平台，引导企业集中力量攻关核心技术，加快把科技成果转化为现实生产力。

2. 充分利用扬子江城市群的优势资源，延伸产业链，创新发展链。扬子江城市群八市产业既有各自的特色优势，也有部分趋同的产业，大都是国家和江苏省鼓励发展的产业。今后区域内要强化政府引导，优化资源配置，推动区域产业融合发展，加快产业链向世界产业链的中高端发展。

因此，镇江要充分利用区域优势，借力发展战略性新兴产业，如与南京的装备制造，扬州的船舶制造和新材料，常州的新能源汽车、汽车及零部件和轨道交通，泰州的新医药等行业，开展联合攻关、协同创新、经营合作，在抱团发展中获得合作共赢的效益，进一步延伸产业链，拓展发展空间，推动产业向高精尖发展。

（四）以战略眼光谋划未来朝阳产业，占领产业发展新高地

1. 积极发展大健康产业。2016 年 8 月中共中央政治局会议审议通过《健康中国 2030》规划纲要。十九大报告提出实施健康中国战略。可以预见，随着老龄化社会的到来，老年人口不断增加，老年人的养老和健康需求市场越来越大。镇江要充分利用生态、科技、医药资源等优势，将"生物技术与新医药产业"扩容为"生命健康"与"大健康"产业，构建健康设备制造业和养老服务二三产业融合发展的新格局。一是打造生命科学产业园，重点发展家用医疗设备、养老装备、人体植入材料、高端医学影像设备、远程医疗设备、健康监测设备等产业。二是借用外力，联合攻关高端健康产业。发展健康产业需要最前沿的技术、发达的科技和顶尖人才，要与国内外健康产业界的高端企业合作，借脑融智，主动与上海、深圳、成都、武汉等生命健康产业发展前沿的城市合作，让镇江尽快成为该领域的一个重要制造基地；同时，积极与德国、爱尔兰、韩国等国的顶尖企业合作，争取成为世界健康产业制造基地的一员。三是利用镇江宜居宜养老的优势，加快建设养老服务中心，提供优质养老服务及医养结合、康养结合服务，让大健康产业成为镇江产业新的增长点。

2. 积极发展与应急管理相关的产业。2016 年国务院印发《国家综合防灾减灾规划（2016—2020 年）》，出台了《关于推进防灾减灾救灾体制机制改革的意见》，从国家战略层面推进防灾减灾救灾事业发展。2018 年 3 月中共中央印发《深化党和国家机构改革方案》，明确组建应急管理部，并强调提高国家应急管理能力和水平，提高防灾减灾救灾能力，确保人民群众生命财产安全和社会稳定，是党治国理政的一项重大任务。同年 8 月上旬全国首个综合减灾长效管理服务平台在镇江上线。笔者建议镇江应长远规划，积极发展与应急管理相关的产业，重点发展防灾减灾救灾产业。一是开发研究灾害应急保障设备、安全防范技术设备、灾难预测设备等新产品。二是生产制造校园安全桌椅、海上救助装备、无人机、消防设备、机器人、直升机、气象监测等高端设备。三是批量生产防灾自救互救的家庭备用产品，如应急包、高楼逃生、帐篷、防护口罩、空气呼吸器、个人防护、医用消毒等。在发展方式上与国内外著名企业合作研究开发新产品，并融入电子信息、人工智能、物联网感应与新材料等高新技术产业，使防灾减灾救灾成为一个独立、完整与成熟的"新门类产业"，成为镇江新的增长点。

镇江航空产业发展的对策建议

| 浦黄忠 |

目前，镇江航空航天产业总量虽然不大，但特色明显，发展很快，潜力巨大，前景光明。如何通过解放思想，进一步发展镇江航空产业，推动镇江经济高质量发展？

一是深刻认识我们所处的时代和环境。习近平总书记指出，我们处在一个伟大的新时代。时代的伟大之处在于，国家为我们创造了一个和平稳定的环境，让我们可以把发展作为第一要务，人民可以安居乐业，全身心投入经济建设，可以凝聚中国力量，创造中国奇迹，实现伟大梦想。伟大之处在于，这是一个充满机遇与挑战的时代，充满无限的变化与可能，世界经济的格局正在发生深刻变化。伟大之处在于，经过改革开放40年的发展，我们的国家已经具备了与西方发达国家相抗衡的产业基础，就拿航空产业来说，随着C919的成功试飞，已经逐步形成了A（空客）B（波音）C（中航）三足鼎立的格局。

二是牢牢把握航空产业的机遇和优势。随着全球化的飞速发展，被誉为"现代工业之花"的航空产业已成为世界先进发达国家重点发展的战略型产业和着力抢占的制高点。在国内，《中国制造2025》把航空航天产业作为重点突破的"十大领域"之一；C919落户上海，长三角地区参与大型客机项目研制和生产，形成了产业链、价值链、创新链；《江苏省"十三五"及中长期通用机场布局规划》指出，"十三五"期间，江苏将布局通用机场16个，至2030年布局35个，通用机场密度将达到每万平方公里3～4个。所有这一切都表明，航空产业已经形成了快速发展的趋势。

镇江市委、市政府高度重视航空产业发展，紧抓大飞机项目启动的历史机遇，充分利用区域和产业基础优势，将航空航天产业作为战略性新兴产业来重点发展，经过近十年的努力，产业园已初具规模，镇江航空航天产业已经成为在全省乃至全国具有较高知名度和影响力的优势特色产业，一条包括通用整机、新材料及零部件、科教培训、航空服务、旅游、投融资的镇江航空全产业链初现雏形，创成了我省首家国家级航空航天产业示范基地，创建了省内唯一的航空产业产学研联合创新平台。此外，为了支持航空产业的发展，优化区域高等教育结构，镇江市创办了省首家高职类航空院校——江苏航空职业技术学院。可以说，镇江市的航空产业已经形成规模、构成影响、产生效益。

三是不断完善发展的思路和格局。尽管我们处在一个伟大的时代，有着良好的机遇和优势，但是，从近年来镇江航空产业发展的态势和相关数据来看，我们把握机遇的能力还不够，航空产业的定位和特色发展的思路还不够突出，需要进一步解放思想，谋求更大的发展，实现质的突破！

镇江要进一步发展并做大做强航空产业，还应有如下新措施：

1. 要加强顶层设计，打造镇江产业"新品牌"

镇江从 2009 年就开始将航空航天产业作为战略性新兴产业来重点发展，转眼第一个"十年之期"即将到来。我们必须要思考，在国内外航空产业发展态势一片大好的时候，在镇江市的航空产业规模和产业体系初步形成的时候，在创建了江苏省首个国家级航空航天产业示范基地的时候，在搭建了省内唯一产学研联合创新平台的时候，是时候该认真思考如何将这个"战略新兴产业"打造成"核心支柱产业"，打造成"亮点突出产业"，打造出"镇江航空特色品牌"。

为此，应该重新审视在投资和产业布局中存在的一些不合理之处，比如重复建设方面，建立产业园区的目的是为了提高行业整体研发能力和生产效率，降低企业的生产总成本，从而获得更多的经济收益，提高行业整体竞争力。但实际操作时，受到计划经济的影响，镇江除了有新区建设的航空航天产业园外，还有丹阳、京口及官塘新城三大园区也在参与航空航天产业建设，而这些产业园距离较远，联系较少，未整合成一个利益共同体。航空制造业的研发费用高昂，镇江虽处于经济发达的长三角地区，但比起苏南其他城市，其经济基础相对薄弱，资本市场发育相对不完善，此时平均用力不如重点发力，无论是在产业园建设、产业引进，还是在职业教育专业设置上，都要避免低水平的重复建设，要结合目前产业现状，选择未来更有潜力的重点发力，做好加减法，用有限的资金力量干好航空事业。

目前的产业布局不但造成镇江整体航空企业生产效率低下，更造成企业整体资源的浪费。镇江要打造的产业集聚，应该是用企业数量形成规模效应，用制造龙头企业带动作用形成扩散效应，以此形成"镇江航空"的品牌效应。首先，我们可以扎口管理，政府成立专门部门，由镇江市统一管理辖区内所有航空企业，以便顶层设计、统筹规划。其次，要清楚地认识到龙头企业在吸引企业集聚和促进产业集群各企业主体的发展中至关重要的作用。飞机制造中的不同模块需要不同的技能，当集群中的龙头企业专注于某个飞机模块制造时，集群中的其他企业、机构可根据龙头企业的生产类型组织专业的研发、生产及服务，形成航空产业的链式发展。这就要求政府统一部署，多促进企业之间的产学研交流，加强企业联系，形成"发展共同体"，以点带面共同发展。最后，要明白镇江航空产业要持续发展的本质在于培养自己的核心竞争力，提高自己的品牌效应。航空消费符合市场消费规律，消费者除看重航空产品的安全性和可靠性外，也开始重视航空消费的品质和内涵。镇江可以通过建设本土航空产业配套的服务企业，打造航空特色产业链，打造"镇江特色航空"品牌来锁定更多的消费者，提高集群绩效，扩充效益增长点，同时提高所辖企业在航空市场上的市场占有率，无论是技术还是服务，都争取达到"人无我有，人有我精"的境界。此外，可以适度引导现有航空企业有意识的主动参与国际市场竞争，采取相应的国际化经营模式，加大航空产品的出口。国际化的经营战略更有利于品牌的塑造，有利于提高品牌在国际市场上的影响力和竞争力。

2. 优化产业链结构，打造镇江航空"新制造"

通用航空制造业结构不合理也是我国通用航空产业转型共同所面临的问题。镇江目前现有的通航制造业产业链关键环节缺失，尚未在核心零部件上形成自主研发能力，始终停留在制造、检修和组装水平上，与《通用航空发展"十三五"规划》里的发展要求存在很大差距。镇江市虽有 30 多家企业成为国产大型客机 C919 的供应商，却基本都局限在配套设备制造和装配等低端价值链上，缺乏核心竞争力。从产品供应链角度看，制造及加工设备、部分原材料基本靠进口，关键技术较落后。从价值链构成看，就 C919 而言，生产的零部件及整机装配仅占飞机价值的 3%～5%，利润较低。由于没有前端产业配套，很难真正实现航空产业在镇江市集群化发展，也很难拉动相关产业发展。

怎样帮助镇江的航空产业从"低端低水平"向"高端有特色"形成"新制造"发展呢？笔者认为："人才是关键，科技是支撑。"人才方面，要培养镇江自己的人才，满足地方的需求。据了解，镇江市现有通航企业大多是从市场上招聘普通技术工人，入职后外聘工程师进行专业技术指导再上岗。培训机构少、培训周期长、培训费用高、人力成本大，这些问题使镇江通用航空整体发展陷入人才困境。此时江苏航空职业技术学院正好可以利用学校学生规模优势，解决这一难题。笔者作为学院的院长，提出如下一种设想：实施行业＋企业＋学院的"现代学徒制"试点。就是实现教学过程与生产过程相结合，实行招生即招工、入校即进厂、行企校交替人才培养方案，这样就可满足企业在劳动力及技能人才方面的双重需求。科技方面，镇江市各类科技计划项目要重点支持航空航天产业的技术攻关，要敢于解放思想，突破计划项目评审的条条框框，对航空航天产业技术研发给予专项支出。可以鼓励在镇现有的企业实施科技成果转化股权激励政策，建立企业创新基金，让工程师们自主创新，为科研技术创添动力。可以提高航空航天产业待遇福利，用区域优势、配套措施、高薪待遇及镇江的"航空品牌"，吸引高学历和高技能、高层次和创新型人才在镇安家置业，搭建管理者、工程师、教师三相引进平台。

3. 立足区域优势，把握镇江航空"新业态"

通航产业是高端制造业，也是高端消费业。镇江航空产业发展的定位，不单局限于生产制造环节，可以结合本地实际与其他产业融合发展，特别是通用航空产业与旅游业、体育业、教育培训业相融合，抓住新的经济增长点。通用航空绝不能只作为航空制造运输的补充，通航要有大发展必须先"玩"起来！

（1）玩转低空旅游。低空旅游其实是民间创造的概念，官方的正式称呼是"空中游览"，是指利用通用航空的设施，整合周边的旅游资源开展的以通用航空体验为特色的旅游活动。镇江已经建成"金山湖水上飞机旅游基地"，叩开了低空旅游的大门，以水陆两栖的多种休闲运动项目，打造新型运动娱乐模式，非常好地弥补了镇江市在该领域的空白。在此，笔者补充如下建议：镇江市低空旅游的发展趋势，应该更贴近大众和市场，能够整合周边的旅游资源开展以通用航空体验为特色的旅游活动。当务之急就是要积极做好旅游产品和市场，先"玩"起来。从近期看，建议镇江相关部门先抓紧编制低空旅游规划，实现与通航产业规划对接和融合，真正在低空旅游产品的包装、线路的设计和市场的营销与开拓上做足文章。从长远看，要发挥低空旅游传承弘扬航空文化的引领作用，培育通航产业消费市场。镇江做低空旅游，要讲好中华航空文化的故事，讲好镇江历史文化的故事，关键是形成重讲故事、重视教育、重兴体验、重广传播、重搭平台的"五重"氛围。

（2）玩转航空运动。2016年10月，为了抢抓我国航空运动产业发展战略机遇，为普及和推广新型体育项目，国家体育总局牵头印发了《航空运动产业发展规划》。2017年5月，镇江市成立了自己的航空运动协会，为众多飞行爱好者建立了一个相互学习、相互探讨、共同进步的平台。笔者和江苏航空职业技术学院也有幸成为其中一分子，能为镇江航空事业贡献力量。在此，笔者也希望镇江市政府、镇江市教育局能够给予相关帮助，同我们一起整合镇江航空运动资源，团结广大航空运动爱好者，特别是广大青少年，可以结合航空科普教育，开展更多的青少年航空体育运动活动，从娃娃抓起，形成镇江特色的航空文化氛围，以航空产业带动文化产业和运动产业的发展，从而真正实现航空产业在镇江市的可持续发展。同时，积极组织或承办各类航空运动赛事，不断掀起航空运动新高潮，将航空运动打造成镇江的"新亮点"。

（3）玩转航空教育。《2017 中国旅游投资报告》指出，2017 年我国旅游投资超 1.5 万亿元，其中特色小镇约占旅游目的地的 13%，而镇江新区宜地通航小镇是"2017 年江苏首批省级特色小镇"中唯一的航空产业特色小镇。在这样的有利条件下，应以航空人才培养为主，大打"航空教育牌"。建设大飞机观摩点，建立航空教育基地，建设中国航空博物馆等，结合青少年爱国主义教育，邀请青少年们共筑"航空梦"。同时以江苏航空职业技术学院为平台，共同努力打造江苏省航空教育培训基地，既可以为镇江市乃至江苏省航空公司、机场、航空制造企业培训高素质人才，又可以吸引不同形态的企业入驻，也可以对产业园的工作人员进行技能类培训，更可以拉动房地产开发，形成新的人口集聚。

基于产业链视角下镇江航空航天产业发展路径探索

| 陶 薇 张 浩 朱冬林 周 琪 |

航空航天产业被誉为"现代工业之花",是国家科技创新和先进制造业的重要力量,是国家战略性新兴产业的重要组成部分,对技术创新、产业升级、经济社会发展具有巨大的引领和推动作用。

2008 年,镇江市率先在江苏省将航空航天产业作为重点发展的战略性新兴产业之一。"从无到有",再到持续快速发展,镇江市航空航天产业已成为在全省乃至全国具有较高知名度和影响力的优势特色产业。可以说,航空航天产业已成为镇江产业发展的一张"名片",但是与国家新型工业化航空航天产业示范基地的定位、与发达地区相比,还存在诸多问题。因此,从产业链视角对航空航天产业发展进行重新审视,瞄准发展前瞻趋势,锁定产业主攻方向,构筑产业发展新高地,探索一条推动航空航天产业链领域供给侧结构性改革的新路径对于促进我国航空航天事业的发展具有重大意义。

一、镇江市航空航天产业发展历程和产业特点

(一)镇江市航空航天产业发展历程

1. 规划起步阶段(2008 年 7 月—2010 年 6 月)

从引进加拿大铝业法国公司航空中厚铝板项目(现爱励铝业)开始,首先在镇江新区成立航空产业园,开展珠海航展等专题招商系列活动,航空航天产业列入镇江市重点发展的战略性新兴产业。

2. 重点突破阶段(2010 年 7 月—2013 年底)

与中国航天科工集团等开展全面战略合作,江苏省首家通用飞机临时起降点大路通用机场等项目开工建设,新区、丹阳、京口航空航天产业园

相继创成国家或省级基地，镇江市航空航天产业进入《苏南现代化建设示范区规划》中国家发展战略的重点之一。

3. 联动发展阶段（2014 年初以来）

全面实施《镇江市航空航天产业发展规划（2014—2018 年）》，菲舍尔等企业成为波音、空客 A320、庞巴迪、中国商飞等公司合格供应商，镇江市成为全省航空航天产业唯一的省市联动发展重点特色产业地区，创成全国新型工业化航空航天（零部件）产业示范基地。

（二）镇江市航空航天产业特点

1. 产业规模迅速扩大

通过本地企业转型升级，引进新建、合资合作等途径，镇江发展了近80 家涉航企业。统计数据显示，镇江市航空航天产业链实现快速增长，2017 年，全市航空航天产业链（涉航口径）实现销售 318 亿元，同比增长 14.9%，其中 22 家适航认证企业全年实现销售 80.1 亿元，同比增长 19.9%。产品和技术涵盖通用飞机整机、航空新材料、部件总装、机载设备和航空服务保障等五大特色板块，项目建设扎实推进。集聚效应持续放大。依托江苏省首个国家新型工业化航空产业示范基地，新引进中国航发集团北京航材院粉末盘工程中心、钛合金中介机匣、高温合金增材制造等 4 个重大发动机关键部件项目落户。30 多家企业参与了 C919、ARJ21、AG600、火星探测等国家重大工程的研制配套，其中有 11 家跻身 C919 协作配套供应商行列。

2. 创新研制成果显著

据不完全统计，镇江航空航天产业链中，有 200 多项技术创新成果填补国内空白，涌现全国"唯一、第一"产品已达 37 个。在航空复合材料结构件、航空高性能合金结构件等领域处于国内领先地位。拥有菲舍尔空客 A380 襟翼肋等省首台（套）重大装备及关键部件 8 个，适航产品近100 个。豪然合金航天用高性能铝合金结构件等 6 个产品入选江苏省制造业单项冠军储备库。30 多家企业参与了国产大飞机 C919 首架机、运 20、蛟龙 600、ARJ21、AC313 等国家重大工程的研制配套，其中有 11 家跻身中国商飞 C919 协作配套供应商行列。

3. 项目建设有序推进

2008 年以来，全市先后引进航天海鹰、菲舍尔航空、爱励铝业等 25 个总投资 314.5 亿元的重大项目。2017 年，实施航空航天产业链亿元以上重点在建项目 13 个，总投资 150 亿元，当年完成投资 42.5 亿元，占镇江市装备制造业项目总投资 18.5%。其中，总投资 5 亿元的德扬航空大棕熊飞机于 12 月 17 日正式下线，总投资 40 亿元的恒神股份碳纤维及其复合材料深加工（二期）、总投资 10 亿元的图南合金航空用大型复杂薄壁高温合金结构件及不锈钢无缝管建设项目、总投资 10 亿元的展钛科技钛合金新材料研发制造（一期）项目等 4 个项目已经部分竣工或竣工投产。

4. 协同创新步伐加快

在协同创新方面，镇江市与中国商飞、中航工业、航天科工、航天科技等行业领军企业，与北京航空航天大学、南京航空航天大学、西北工业大学等知名大院大所，建立了紧密的战略合作。组建了全国唯一的、由王礼恒院士领衔 14 位院士组成的"航空航天产业院士顾问组"等十大公共服务平台。其中，恒神碳纤维及复合材料试验公共服务平台进入国家"工业强基"专项。建成运营江苏省唯一的航空产业产学研联合创新平台。实施金山英才计划，引进了航天科工集团三院高志强团队等国内一流的高端创新人才（团队）21 个。建成江苏省首家航空类专业高职院校——江苏航空职业技术学院，实现首批新生入学。

5. 特色品牌提档升级

镇江市已成为江苏省唯一航空航天特色产业省市联动发展试点地区，相继创成了江苏省首个航空航天国家新型工业化产业示范基地、全国首批航空飞行营地等特色品牌，省级以上品牌总数达到 11 个，其中国家级 3 个。

二、目前镇江市航空航天产业发展突出问题分析

（一）处于产业链中低端，技术含量、附加值不高

镇江大多数涉航企业生产的产品仍局限于飞机制造所需全部零部件，缺乏综合制造能力，难以把众多的产品链条连接起来，形成一个完整的制造系统。镇江的航空制造业整体上还处在航空产业链的中低端，产品技术含量和附加值都处于劣势地位，突出表现在整机和一级、二级集成终端产品少。除航天海鹰大型客机 C919 后机身后端、图南合金航空发动机机匣、锐天信息航空测试系统外，大部分涉航产品为配套部件，处于产业链中低端。

（二）重大储备项目不足，缺乏龙头带动企业

总体上镇江市多数航空制造企业的规模偏小，缺乏能显著带动产业提升的龙头型、基地型的整机制造和生产性服务大项目，尤其是缺少国家重大战略布局项目。截至 2016 年上半年，丹阳、京口、镇江新区三地上报的亿元以上储备项目仅有 6 个。除宝利集团直升机交付运营维修基地项目外，正在洽谈的 100 亿元、50 亿元以上项目极少，且尚未取得重大突破。镇江市涉航企业很少具备整机生产能力，大多属于机载系统企业，在技术、实力上难以与大型主机企业相抗衡，当与其他大型企业进行合作的时候较难拥有主动权，容易受制于人。

（三）项目投入产出比低，带动辐射能力不足

航空航天产业被誉为"现代工业之花"，一般工业项目的投入产出比为 1：2，航空航天产业却达到 1：3，并能形成 1：5 的产业带动。尽管航空航天产业培育期较长，镇江的涉航企业和产业已经取得令人瞩目的成绩。但是，项目投入产出速度仍待加强，突出表现在镇江市大部分航空航天产业项目处于在建或产品研制推广阶段，以订单式生产为主，小批量、

多批次，带动作用不明显。

（四）航空航天企业"软实力"不足

镇江航空航天制造业竞争力不足，研发创新能力有待于更大幅度的提高。很多厂家将目光过多停留在国内配套产品上，制约了自身发展。如今，民用航空装备的飞机几乎都是进口，民机市场基本被波音、空客、庞巴迪和巴西航空等国外航空业巨头所占据，仅仅是大量参与国际航空转包业务，国外大飞机制造商有 60% 左右的部件在中国、日本、韩国等地转包。由于航空零部件制造技术和整机制造技术之间存在巨大差异，多年的零部件转包没能学习到制造大型客机和运输机的核心技术，这导致了航空工业技术创新能力严重滞后，真正参与航空主体制造的航空企业相对较少，未能形成反映行业先进水平的独立技术和独立品牌。

（五）航空航天人才匮乏

中国"航空梦"实现的基础在于航空航天人才的培养。然而，目前中国航空航天产业仍面临人才极度紧缺的局面。《民航教育培训"十三五"规划》明确提出，鼓励并支持企业创办教育培训机构，满足行业发展所需50% 以上的人才需求。产业发展归根结底靠人才，航空航天职业教育的发展空间广阔。

据统计，目前镇江航天航空产业园已有 50 多家企业入驻，除了从事中国大飞机结构件制造之外，园区企业还从事小飞机整机制造。2017 年，国内首个百亿级航空教育小镇在镇江新区正式奠基。航空教育小镇总投资106 亿元，总规划面积 3.65 平方公里，一期投资 60 亿元。项目开发运营主体江苏无国界航空发展有限公司，由江苏无国界控股集团与镇江新区管委会直属的江苏大路航空产业发展有限公司共同出资组建，注册资本 5.8 亿元。镇江市由于航空航天产业起步较晚，又受制于区域经济发展水平的影响，对高端人才的吸引力不足，航空航天产业人才普遍匮乏，现有的培养能力跟不上发展速度。

三、培育航空航天产业链的对策与思考

（一）以整机为主攻方向，不断完善产品链

按照"先易后难，递进延伸"的思路，以"三整机"为主攻方向，通过完善产品链，做强产业链。① 民机。鼓励引导企业承接波音、空客、中航工业、中国商飞、庞巴迪等国际航空巨头主力机型的零部件转包业务，实现从目前基础材料、内饰件、次结构件配套为主，向结构件、关键部件、部装递进发展。② 军机。依托国家新型工业化（军民结合）产业示范基地，利用"动态保军"政策红利效应，组织重点企业争取国防科技工业专项、总装研制、"两机"（航空发动机、燃气轮机）专项等重大项目，深度参与预研项目，实现从目前参与一般性项目配套，向国家重大专项配套高端挺进。③ 通用飞机。依托大路通用机场，加快推动席勒航空等 8 个通航整机项目实现量产，深化与中航工业、航天科工等战略合作，加快引进具有自主知识产权的高端通用航空机型，建设镇江总装基地，实现从目前引进生产为主，向自主研发生产延伸发展。通过整机为龙头，带动研发、设计、制造、测试、服务等全产业链发展。

（二）以骨干企业为依托，推动产业规模发展

按照"重点突破，滚动发展"的思路，以骨干企业为依托，以项目建设为载体，以创业人才为基础，分类指导推进，通过发展创业链，壮大产业链规模。一是加快企业发展。发挥菲舍尔航空、航天海鹰、爱励铝业等 22 家具备适航认证资格的企业作用，着力增品种、拓市场、扩产能、上规模，加快发展步伐；鼓励有条件的企业，开展适航资格认证，进军航空航天产业，壮大涉航企业规模。二是加快项目建设。加快 13 个在建重点项目建设，积极推进 5 个在谈重点项目引进落地，瞄准波音、通用电气、中航工业等国内外航空巨头，持之以恒开展招商选资工作。三是加快创业孵化。依托市、辖市区各级孵化培育基地，瞄准国内外航空航天领域高端

人才、专业人员，加大扶持引进力度，积极引导企业申报省"双创"、市"金山英才"、新区"科技创新人才高地"等项目，为产业基地培育输送创业队伍。

（三）打造创新平台，促进产业高端发展

按照"企业主体，社会协同"的思路，以公共创新平台和企业创新平台"两平台"建设为重点，加快构建创新链，支撑产业链高端升级。一是公共创新平台。深化产学研协同创新，提升完善10大建成公共创新平台功能，加快引进中航工业航空业载工程中心、北京航材院高温合金工程中心等研发机构落户，打造"立足镇江、面向江苏、辐射华东"的航空航天产业创新服务中心。二是企业创新平台。依托现有36家涉航企业省级以上研发机构（三站三中心），进一步加大产品技术创新，大力开展首台套重大装备及关键部件研制攻关、示范应用，形成产学研用结合的企业产品自主创新体系。

（四）以创新为抓手，优化生态环境发展

按照"健全机制，完善服务"的思路，深化"三聚"服务活动，促进产业"三集"发展，通过建设生态链，营造产业链发展环境。一是强化组织推进。以省市共建为抓手，强化"双月调度、季度推进、半年总结、年度考核"机制，加强高层组织协调，推进重大项目建设。二是加强行业自律。推进组建以企业为主体，"政、产、学、研、金"等多方参与，线上线下自主互动的镇江市航空航天产业发展联盟。三是完善投融资体系。积极引进国内外基金、租赁融资机构，鼓励航天高新（镇江）创投、大路汇昇航空产业等基金加大投入，引导企业拓展融资渠道，加快建设以财政性资金为引导，以企业和社会投入为主体的投融资体系。四是加快政策创新。制订促进航空航天产业链发展政策意见，探索设立航空航天产业发展专项资金，针对航空航天产业特点，出台扶持鼓励政策举措，促进航空航天产业健康发展。

（五）积极部署航空旅游和特色小镇建设，促进产业间融合发展

目前，镇江航天航空产业园区内飞行培训、飞机托管和维护、"航空产业＋体育＋旅游观光"、飞行体验等业务蓬勃开展。截至目前，众邦通航的飞行训练项目已招收 20 多名学员，大路通用机场成为该企业的"训练基地"；同样取得 CCAR-91 部运行许可的圣豪通航在空中游览项目方面通过审定，众邦通航空中游览项目正在接受审定，润扬通航进入 CCAR-91 部运行合格审定文审阶段；2016 年 7 月，在深圳举办的第二届中国特色小镇发展论坛上镇江航空休闲小镇入围中国城镇化促进会首批 100 家重点特色小镇培育名单；2016 年 10 月，由国家体育总局航管中心主办的 2016 年中国国际飞行器设计挑战赛总决赛在镇江成功举行；2017 年 9 月，全国职业院校无人机创新应用大赛在江苏航院成功举办。因此，镇江航空航天产业园应抢抓时机，趁势而上，积极部署航空旅游和特色小镇建设，打造航空领域二、三产业融合发展态势。

（六）打造国际化航空教育平台，推动航空全产业链创新发展

2017 年 5 月，国内首个百亿级航空教育小镇在镇江新区正式奠基。镇江航空教育小镇项目定位国家级航空教育基地、国家级航空文化高地、江苏省省级特色小镇。将产业与小镇充分融合，以产促镇、以镇兴产是镇江航空教育小镇的核心。政府部门应积极支持航空教育小镇建设，给予相应的资金扶持，通过深入的国际合作和校企合作，让镇江发展成为长三角地区乃至全国航空产业人才集聚地和技术辐射地。同时，与航空产业发展配套的金融、文化、商业、旅游等业态的有机融入，将对镇江航空全产业链的创新发展起到巨大推动作用。

参考文献：

［1］周琪：《镇江航空产业集群发展影响因素研究》，《特区经济》，2017 年第 10 期。

［2］彭连刚：《基于航空产业集群的高职专业建设和人才培养研究》，

《职教通讯》，2017 年第 15 期。

〔3〕王相萍：《基于"一带一路"背景下珠海航空产业发展战略研究》，《现代商业》，2017 年第 4 期。

〔4〕刘华，吕先志：《美国南加州航空航天产业发展现状和趋势》，《全球科技经济瞭望》，2016 年第 12 期。

〔5〕牛鸿蕾，江可申，魏洁云，等：《江苏航空航天制造业发展分析》，《唯实》，2014 年第 3 期。

生态文明背景下制造业转型升级的生态环境效应与引导策略研究

——基于江、浙、沪的比较分析

| 胡绪华 |

改革开放以来，我国制造业通过承接国际产业转移走出了一条粗放型快速发展之路，中国也因此频频被誉为"世界工厂"。然而与之相伴而生的是生态环境的持续恶化，这成为制约我国制造业高质量发展的重要瓶颈因素，并引起政界与学界高度关注。从2003年党的十六大"科学发展观"中提出的"统筹人与自然和谐发展"，到2012年党的十八大提出的"以生态文明为基础的五位一体发展"，再到2017年党的十九大提出的"不搞大开发，共搞大保护建设长江经济带"，这13年间环保理念已逐步深入人心。与此同时，从中央到地方相继出台了系列政策推动制造业由粗放型向集约型转变，以缓解制造业发展而带来的负面生态环境效应。

作为亚太地区重要国际门户及全球重要先进制造业基地的江苏、浙江和上海两省一市是我国制造业最发达、城市化程度最高、城镇分布最密集、经济发展水平最高的地区之一。2004年江浙沪三地的整体产业结构比为6：54：41，而2016年江浙沪三地的整体产业结构比已经变为4：42：54，虽然制造业在江浙沪产业结构中仍占有举足轻重的位置，但从产业位置的排序变化不难发现，江浙沪制造业在2004—2016年转型升级已悄然发生。经过13年的发展，江浙沪制造业转型升级是否使得生态环境质量有所改善？同时，江浙沪应该如何调整要素分配，从而使得制造业转型升级更符合生态文明大背景下的发展路径？这些都是江浙沪在下一阶段贯彻长江经济带"不搞大开发，共抓大保护"理念与实现"中国制造2025"目标的重要抓手。

一、目前现状

(一) 江浙沪制造业转型升级方兴未艾

通过无量纲化、AHP 层次分析方法得出江浙沪地区在 2004—2016 年已经由工业化前中期逐步过渡到了工业化后期 (如表 1 所示),而过渡到工业化后期表明江浙沪制造业的转型升级已经发生且正在进行,这就为进一步探讨江浙沪制造业转型升级的生态环境效应奠定了背景基础。

表 1　江浙沪区域工业化指数

地　　区	2004 年		2010 年		2016 年	
	综合指数	工业化阶段	综合指数	工业化阶段	综合指数	工业化阶段
江苏	37.16	中期的前半阶段	72.8	后期的前半阶段	93.2	后期后半阶段
浙江	55.64	中期的后半阶段	64.88	中期的后半阶段	79.6	后期前半阶段
上海	80	后期的前半阶段	81	后期的前半阶段	100	发达经济
江浙沪	57.6	中期的后半阶段	72.89	后期的前半阶段	90.93	后期后半阶段

(二) 江浙沪制造业"重工"色彩依然浓重,转型升级迫在眉睫

从最新的 2016 年江浙沪各行业结构分析可以发现,江浙沪区域制造业呈现出鲜明的"重工业"主导特点,而"轻工业"稍显薄弱;从江浙沪内部区域制造业产业结构特征的分析中也可以看出,无论浙江、江苏还是上海,制造业中占主导地位的行业仍是重工业 (如图 1 所示)。而重工业的比例过大意味着江浙沪地区的污染和能源消耗依然巨大,这就与以效率、和谐、持续为目标的"节能减排、低碳经济"的发展方式相违背,因此江浙沪制造业的绿色转型已迫在眉睫。

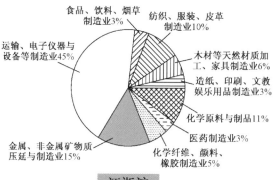

食品、饮料、烟草制造业3%
纺织、服装、皮革制造业10%
运输、电子仪器与设备等制造业45%
木材等天然材质加工、家具制造业6%
造纸、印刷、文教娱乐用品制造业3%
化学原料与制品11%
医药制造业3%
金属、非金属矿物质压延与制造业15%
化学纤维、颜料、橡胶制造业5%

江浙沪

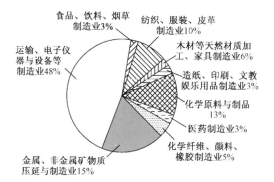

食品、饮料、烟草制造业3%
纺织、服装、皮革制造业10%
运输、电子仪器与设备等制造业48%
木材等天然材质加工、家具制造业6%
造纸、印刷、文教娱乐用品制造业3%
化学原料与制品13%
医药制造业3%
化学纤维、颜料、橡胶制造业5%
金属、非金属矿物质压延与制造业15%

江苏

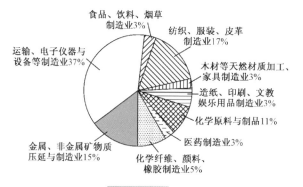

食品、饮料、烟草制造业3%
纺织、服装、皮革制造业17%
运输、电子仪器与设备等制造业37%
木材等天然材质加工、家具制造业3%
造纸、印刷、文教娱乐用品制造业3%
化学原料与制品11%
医药制造业3%
金属、非金属矿物质压延与制造业15%
化学纤维、颜料、橡胶制造业5%

浙江

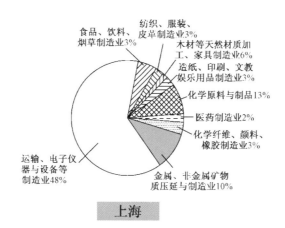

食品、饮料、烟草制造业3%

纺织、服装、皮革制造业3%

木材等天然材质加工、家具制造业6%

造纸、印刷、文教娱乐用品制造业3%

化学原料与制品13%

医药制造业2%

化学纤维、颜料、橡胶制造业3%

运输、电子仪器与设备等制造业48%

金属、非金属矿物质压延与制造业10%

上海

图 1 2016 年江浙沪地区制造业细分产业结构占比

（三）江浙沪制造业转型升级的生态环境改善效应在波动曲折中向好发展，其中上海在 2004—2016 年制造业转型升级的环境效益和经济效益把握最到位，基本实现经济与生态环境双赢

通过构建制造业环境指数 E 和综合指数 TE（如图 2 所示）并借鉴相关研究体系，评价了江浙沪从 2004 年到 2016 年的制造业结构的环境效益的发展趋势，研究发现：① 重工业是江浙沪制造业对环境污染耗能的主要载体，其中金属、非金属压延制造业、化学原料和纤维制造业对环境污染及耗能最多；② 江浙沪从 2004—2016 年的制造业转型变化较为成功，对环境的总体负影响是在逐年降低的，其中上海市的制造业转型升级的环境效益最为成功。③ 江浙沪制造业转型升级中，对环境的负影响依然有一些不确定性因素。TE 指数并不能一直低于 0，有大于 0 的趋势存在。④ 工艺品、造纸业为代表的相关轻工产业的能耗在 2010—2015 年的持续提高，有在下一阶段制造业发展转型过程中成为污染动力的可能。

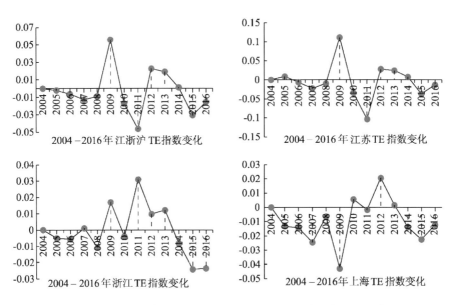

图 2 2004—2016 年江浙沪制造业转型升级对生态环境影响的 TE 指数

（四）江浙沪创新发展水平的提高与金融支持力度的增加对区域生态环境质量的改善并不显著

考虑到未控制其他外生变量的影响，因此进一步考量对外贸易、金融发展、地区创新能力等外生变量加入后的制造业转型升级对生态环境的影响。经采用更为稳健的面板广义分位数回归（分为趋势变化如图 3 所示）对江浙沪 2004—2016 年的制造业转型升级生态环境效应进行实证考察后发现，2004—2016 年江浙沪制造业的转型升级确实促进了地区生态环境的良性发展，但江浙沪地区的技术创新能力金融融资水平等外在影响因素的提高却未能对区域生态环境改善做出应有的贡献，这样表现出江浙沪制造业在转型升级中，与技术创新、资本收纳等中间互动环节的层面上发展得还不够完善，需要进一步加强充实。

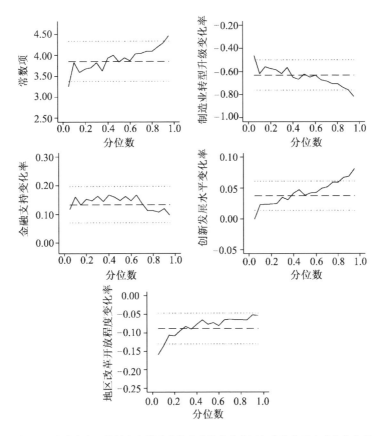

图3　江浙沪生态环境效应与制造业转型升级分位数回归系数的动态变化趋势图

二、研究总结与对策建议

　　制造业转型升级与生态环境的内在联系一直是社会及学术界关注的热点。本研究基于江浙沪地区2004—2016年的数据样本，构建了包含经济效益的制造业转型升级的环境效应综合指标，探讨江浙沪制造业转型升级的结构变迁对生态环境的影响，在此基础上，采用面板分位数回归方法，实证研究了江浙沪制造业转型升级与生态环境的内在联系。从2004—2016年的情况来看，江浙沪制造业转型升级对生态环境的改善具有显著的促进作用，这说明江浙沪在2004—2016年促进经济发展的同时，也实现了对生态环境的保护，诠释了"既要金山银山，也要绿水青山"的发展理念，贯彻了产业与生态环境协同发展的要求。但江浙沪在2004—2016年制造业转型"绿色"升级的同时，在绿色金融支持及创新质量监督方面还存在着或多或少的不足，这也成为江浙沪未来更好地融入长江经济带需要着重弥补与提升的地方。从实践角度，本文提出如下建议：

（1）持之以恒，坚定环境友好制造业发展目标

政策的导向是绿色发展背景下制造业转型升级的重要导向。制造业是江浙沪区域产业结构的"中流砥柱"，必须保持一定的结构占比和发展速度。从前文的分析来看，江浙沪区域已经从工业的前中期逐步过渡到了工业的后期，期中制造业对经济的快速发展、工业化的顺利推进做出了巨大贡献，但是同时，环境效益也在督促着江浙沪区域制造业在不断扩大自身产值的同时，要去兼顾对环境的负效应影响，从江浙区域总体，以及江浙沪区域内部的环境综合指数 TE 变化来看，制造业的结构变化对环境的影响呈现出了周期波动性，且与政策有一定的耦合性（2008 年的政府"四万亿"计划、五年规划等）。

作为政策导向的施布者，政府应该从长计议，对制造业转型、制造业绿色发展要有一个长计划、抓实际的综合考虑，要去建立一个长期的评价体系，去促进制造业绿色转型的长期目标的实现。江浙沪地区应在保持现有环境规划强度的基础上，强调环境规制对绿色技术创新的激励，政策措施要首先发出鼓励当前产业加速向绿色转型的信号，对企业制定节能减排目标，动态调整绿色转型计划，提供财政对绿色转型的支持，强化对环保项目的规划环评，充分发挥环境影响评价制度在推动绿色发展、改善环境质量、保障公众环境权益中的作用，加快实现环境友好和绿色发展的目标。政府尤其要重视绿色科学技术研发和创新，一方面财政加大对技术的投入力度，另一方面完善对绿色科学技术的专利保护制度，提高企业和科研单位对绿色产业转型相关技术研发的积极性和创造性。

（2）精耕细作，向全球价值链高端转型升级

区域发展的不平衡是绿色发展背景下江浙沪制造业转型升级时生态环

境效益的极大阻碍。从工业化程度来看，目前浙江的工业化进程慢于江苏，而江苏又慢于上海，因此重污染工业多集中在浙江部分地区与江苏部分地区，上海偏少。浙江、江苏的重污染重耗能企业偏多的状况，也在一定程度上拉高了江浙沪区域总体的综合环境影响指数，这不利于区域内制造业的绿色转型升级。因此，为了使江浙沪区域制造业更好地实现绿色转型发展，浙江、江苏的一些高耗能污染制造产业应尽快向区域外转移，区域内的其余制造产业则应尽快实现生产设施的环境无害化处理，并在价值链中尽快走出"低段锁定"，向全球价值链中高端迈进。

制造业转型升级是一个复杂性、系统性、漫长性的概念，推动制造业的转型升级需要推动制造业向全球价值链中高端迈进。1993 年，施振荣先生提出了利润率的"Smiling Curve"曲线，其中"规模化制造与组装"是利润率最低的环节，而目前江浙沪地区制造业中占主导地位的还是"金属、非金属压延生产""化学原料制造"等既对环境有重大破坏，又在利润回报上被挤压的价值链"中低端"行业。绿色发展的环境效益以及产业发展的经济效益需要推动江浙沪地区制造业转型的"去重工化""新兴化"和"服务化"。要大力发展"3D 打印、4D 打印、新能源产业、柔性技术产业、智能装备制造业"等既能带来经济利润又能带来环境效益的具有代表性的新兴制造产业，努力实现资源型产业主导向生态型产业主导的过渡，推动江浙沪制造业在全球价值链的不断升级。

（3）重点突出，狠抓制造业园区生态化发展

根据循环经济学和生态经济学的相关理论，产业园区生态化是指模仿自然生态系统，建立一个产业的"生产者—消费者—分解者"路径，从而实现经济效益、环境效益的双收。一些发达国家，如丹麦、美国、加拿大、日本、英国、法国、德国、荷兰等工业园区管理先进国家，很早就开始规划建设生态工业示范园区。中国对于工业生态园区的建设始于 20 世纪 90 年代，江苏、浙江、上海也于 2008 年后陆续推动省级生态工业园区及国家级生态工业园区的评比建设。

具体来说，江浙沪制造业园区要重视"三废"处置中心的建设，要通

过对废水、废气、固废的集中处理，实现对园区内有害物质的无害化处理，通过对源头及末端的废物处理，加之对废弃物的综合再循环利用，最终实现制造业园区及周边生态环境的共同良性发展。

江浙沪制造业工业园区向生态工业园区的转变，也意味着通过重新合理布局和整合，使得原先制造业园区"散而小"的局面发生改变。在产业园区建设规划中，筹建绿色基础设施、绿色建筑等标准体系，为园区内企业进行绿色转型创造市场空间、提供后备支持，通过企业、资源、环保人才结合，使得园区内企业紧密合作，从而更好地提高园区内资源和能源的使用效率。这样园区不仅在物质层面维护了环境的健康发展，在制度方面也更好地促进了制造业绿色转型发展。

（4）多措并举，缓解绿色产业项目融资瓶颈

实现绿色发展必须有金融行业的支持，政府财政力量有限，集中民间资本投身于绿色发展是达成制造业转型目标的重要力量，是推动产业步入全球价值链中高端的重要引擎。江浙沪地区应秉承地区经济优势，打造区域金融中心和绿色金融生态圈，依托大数据技术利用使互联网与绿色金融建设相联系，建立绿色金融信息库。各地区政府可推动与银行及保险机构进行深度合作，共同打造绿色金融改革试点，达成战略伙伴关系。通过绿色金融行业的发展，在社会资源配置中起到正确的引导作用，将资金从高污染、高耗能产业向符合节能减排和环境保护标准的产业转移。

绿色金融创新改革理念与"绿水青山就是金山银山"的理念一脉相承，既符合江浙沪地区产业绿色转型的要求，又能优化政府的宏观调控职能，在改革过程中充分发挥市场的决定性作用，助力供给侧结构性改革。在这一过程中，应充分发挥江浙沪三省市的金融优势，重点开拓绿色信贷、绿色债券、绿色股权融资的项目市场，加强对环保、节能项目融资、运营风险的管理，走出一条具有地区特色的绿色发展道路。

乡村振兴背景下镇江农村富民对策建议

| 韩志明　高迎峰　吴友友　欧阳熠煊 |

在即将达到 2020 年形成城乡一体化发展新格局的阶段性目标的基础上，十九大报告进一步提出了进入城乡关系变化新时期旨在走向最终消除城乡差距、实现城乡公平的新目标；中央提出的乡村振兴战略，成为农村改革发展新动能。本课题探讨镇江市在乡村振兴大背景下，通过政策、产业、制度等因素实证分析，从开放城镇就业市场、加强政府职能、完善农业经营体制、深化土地制度改革、加大农村教育投入等方面，提出乡村振兴背景下镇江市农民增收路径的对策和建议。

一、镇江农业经济和农民收入现状

改革开放以来，中央陆续出台的各种惠农政策使生产条件逐步改善，镇江市现代农业在短短 40 年内完成了结构的调整优化，通过大范围推广现代生产技术及创新经营管理模式，农业生产发生了质和量的飞越。2017 年底，镇江高效设施农业占比达 20.5%，居全省第三，成功创建国家现代化农业示范区、国家农业科技园区，创成国家"一村一品示范村" 8 个、国家地理标志产品 9 个。全市拥有省级以上农业龙头企业 41 家、省级农民合作社 101 个、省级示范家庭农场 72 个，新型经营主体规模经营面积占比达 43%。乡村旅游、农村电商等新业态蓬勃发展，2017 年全市乡村接待各类游客 270 万人次，农产品网上销售突破 18 亿元。镇江市的农业总产值由 2006 年的 73.67 亿元增加到 2017 年的 243.22 亿元，增长了 2.3 倍，年均增长率为 11.5%。

2006—2017 年，镇江市农民人均可支配收入纵向比较分析，从统计数据来看，镇江市农民收入呈现不断提升的发展趋势，年均增长 11.7%。具体呈现以下几个特点：

1. 工资性收入日益占据主导地位。2017年，镇江农民收入中起主导性作用的是工资性收入，占比64.2%，低于南京、高于苏州，比2006年高出4.5个百分点。农民的工资收入已经成为镇江农民收入的主要组成部分，也是农民增收的关键所在。其次是经营净收入，占比21.4%。

2. 农业收入比重逐年下降。传统的农业收入在江苏农民收入的比重总体呈逐年下降趋势，但仍是农民收入的重要来源之一，同时农民收入构成进一步优化，非农产业收入不断上升，并最终成为农民收入的主要部分。2006年至2017年，镇江市农民家庭经营收入增长相对较快，年均增长速度达7.0%，但2017年农业经营收入只占家庭经营净收入的23.8%，而非农产业对农民收入增长的贡献作用却逐年增加，2017年，镇江市非农经营收入占家庭经营净收入的76.2%。镇江市土地总面积3840平方公里，其中丘陵山地占51.1%、圩区占19.7%、平原占15.5%、水面占13.7%。总人口318.63万人，其中农村居民94.0万人，占总人口的29.5%。在全省来说，镇江土地利用具有耕地比重较低，园地、林地、牧草地比重较高，人多地少等特点。农业收入一直是镇江农民收入的重要来源，农产品产量特别是粮食产量对农民收入增长的影响很大。

3. 农民财产性、转移性收入增长明显。镇江城市化进程不仅有效拓展了农村居民的就业空间，还直接拉动了划入城区范围的农村土地资产和房产的成倍增值。与此同时，农村集体资产的股份合作制改革，鼓励并组织农民以资金、技术、土地承包经营权等生产要素投资入股，农民家庭财产性收入和转移性收入在集体资产收益、土地征用补偿及房租经济拉动下实现了跨越式发展，增长速度明显快于工资性收入和家庭经营净收入，在农民人均收入中所占比重明显上升。

二、镇江农民增收的制约因素

（一）政策因素

1. 对"三农"投入不够。第一，相对于当前镇江市农业发展的需求，政府财政支农的力度和数量显得捉襟见肘。第二，在支农政策体系中，过于偏重农田水利硬件基础的建设而忽视其他方面的同步发展。第三，支农的总体结构设计不合理，很多情况下未能将资金用于最迫切需要解决之处。第四，支农方式不完善，支农资金过于分散，政策工具缺乏灵活性，忽视其他软件方面的建设，没有发挥整体效益。第五，受到经济增速放缓、农产品价格低迷的影响，农民的财产性收入徘徊不前，甚至下降。

2. 现行的农村金融政策不尽合理。镇江市农民贷款难现象普遍存在，由于农户贷款金额低，银行管理成本高，承担信用风险大，正规金融机构自然无意将钱借给农民，农民难以及时得到融资。农业的经济效益相较于其他项目来说回报很小，虽然具有较高的社会效益，但非常容易因为自然灾害而导致效益大滑坡，不能保证投入资金的安全，这就使得农业生产与金融机构所追求的利益回报不一致，镇江市政府尚未出台相应的鼓励和补贴政策激励，金融机构对镇江市农业生产进行投资和放贷的积极性不高。

3. 环境保护要求提高。"最严"环保法实施后，畜禽养殖业陷入环境治理难、生态再发展难的"两难境地"。目前国家、省、市出台了一系列政策文件，要求有效控制畜禽养殖业污染问题及优化调整产业布局。随着环保政策的持续推进，大量中小型养殖场被关闭，养殖业的环保成本上升明显，部分养殖户需要投入的资金大大超出其承受能力，对农民收入有一定影响。

（二）产业因素

1. 农业生产风险大。在传统的家庭经营过程中主要追求产量增加，以粗放经营为主，缺乏深加工。近年来，随着物价的持续涨高，农业生产资料价格不断攀升，相同的产出需要更多的成本投入，很大程度影响农民增收，使得家庭经营性收入降低。同时，农资的高投入往往与收益不成比例，加上农产品市场价格的波动，镇江市农民常常面临增产不增收的难题和困境。在现实的种植养殖过程中，很多农民由于缺乏知识及信息不对称，缺乏对市场的分析及产品生命周期的判断，往往在少数先行者赚钱的示范效应下群起效仿，进行低水平的重复生产，盲目跟风形成羊群效应，"一年赚大钱，两年赚小钱，三年四年要赔钱"正是农民不能适应市场的真实写照。

2. 农村经济结构不合理。镇江市农村经济结构尚存在很多不合理之处。目前，镇江市农业经营方式仍是以传统的家庭经营为主，阻碍着农业集约化经营、现代农业发展和农民增收。镇江农业产业结构以前主要以传统农业为主，随着形势的发展，农业产业结构不合理的弊端日益凸显出来。首先，主要产品质量不高，名优产品比例低，具有高经济价值的农产品不多，获得中国驰名品牌的特色产品占比很小，突出优势不明显。其次，初级农产品较多，加工产品及深加工产品不多。产品的加工环节越多，那么它所含的附加值也就越多。由于镇江缺少专业化的农产品加工企业，这使得大部分的农产品生产出来以后直接进入商品流通环节，农产品缺少附加值。最后，特色产业布局有待提高。

3. 农业科技整体水平落后影响农民增收的加速。一方面镇江农业企业技术转化能力不强；另一方面农民科技需求多样化，原有的技术推广体系不能满足农民需求。

三、乡村振兴背景下促进镇江农民增收的对策建议

（一）加大政府扶持力度，保护农民利益

1. 优化财政投入机制。健全财政支农投入稳定增长机制，财政支出要更大力度向农村倾斜。镇江市及辖市区提高政府土地出让收益用于农村的比例，用于保障现代农业建设、农村新产业新业态发展、民生基础设施建设、人居环境整治等。进一步加大涉农资金整合力度，扩大整合使用范围。整合不同渠道下达但建设内容相近的资金，优化涉农资金使用方向，充分发挥财政资金的引导激励作用。

2. 加大金融支持力度。建立健全农村金融服务体系，推动银行成立以"三农"、小微企业为重点服务对象的普惠金融部，实现"三农"金融

服务的专业化、可获得。建议实现集约型金融服务，以市场为导向，以效益为中心，从重视数量扩张的粗放型的金融服务转向质量与数量并重的集约型的金融服务，切实防范和化解农村金融风险，寻求实实在在的经济效益。

3. 鼓励社会资本投入。全面落实《国务院办公厅关于创新农村基础设施投融资体制机制的指导意见》（国办发〔2017〕17 号）精神，鼓励有条件的辖市区将农村基础设施与产业、园区、乡村旅游等进行捆绑，实行一体化开发和建设。鼓励其他领域的国有企业拓展农村基础设施建设业务，支持国有企业通过帮扶援建等方式参与农村基础设施建设。鼓励农民和农村集体经济组织自主筹资筹劳开展村内基础设施建设。鼓励采取出让公路冠名权、广告权、相关资源开发权等方式，筹资建设和养护农村公路。

（二）环境和发展和谐统一，改进农业生产方式

坚持质量兴农、绿色兴农，深入推进农业供给侧结构性改革，积极发展"三高"农业，促进农业经济高质量发展。

1. 加快融合发展。一是引导产业集聚，发展"三高"农业。以市场需求为导向，以提高农业效益、增加农民收入为目的，以粮食安全、品质提升、循环利用、产业融合、布局优化为重点，构建粮经饲统筹、种养加一体、农牧渔结合、多功能开发的现代农业结构。二是推进农产品加工业提档升级，做强二产。以畜牧产业化、林果产业化为重点，打造一批大型畜禽、果品加工龙头企业，不断拉长农业生产链条，增加产品附加值。三是大力发展乡村旅游业和农村电商，做活三产。一方面随着城乡居民收入提高，对休闲旅游产品需求越来越强烈，乡村旅游已成为农民增收的新产业。积极发展乡村旅游业，与培植特色主导产业相结合，发展集休闲、体验、采摘于一体的田园综合体；与美丽乡村建设相结合，集中打造一批美丽宜居乡村、历史文化名村、传统村落，重点打造茅山葡萄小镇、白兔鲜果小镇、扬中河豚小镇、雷公岛低碳绿色小镇等一系列特色小镇。另一方

面以互联网为核心的信息技术发展，在农村催生出了一批新产业、新业态、新模式，镇江应抢抓农村电商快速发展机遇，把培育发展农村电子商务作为全市农业增效、农民增收的新途径新方向。推动有产业特色的镇村发展农村电子商务，推进"一村一品一店"建设，实现特色农产品和旅游产品网上销售。

2. 提升质量品牌。以农产品质量品牌建设为抓手，推动茶叶、应时鲜果等优势特色产业提档升级。支持优势特色农产品创建农产品地理标志、国家地理标志证明商标、国家地理标志保护产品等区域公用品牌。加强农产品质量安全建设，严厉打击假冒伪劣产品，推进标准化生产和可追溯体系建设。

3. 强化科技服务。建立农业科技需求与服务对接常态化机制，依托镇江农科院汇聚各方农业科技资源，为各类农业经营主体提供菜单型、处方式的科技服务。鼓励新型农业经营主体与科研院所建立紧密合作关系，完善利益分享机制，推动更多科技成果落地转化。大力培育、推广优质作物、畜禽品种。科技兴农，实现专业化、区域化生产需要大量的现代生物技术，要建立一支高智能农业现代生物技术队伍，加快对新品种、新成果的研究。此外还应加强政府对农业的投入和保护，通过对交通设施、通信设施、水利设施等一系列基础设施的配备为绿色科技的推进提供物质的和政策的保证。

（三）加大农村教育投入，提高农民素质

研究制定镇江市加强农村人才队伍建设的意见，加快打造新型职业农民、"三农"干部、专业人才三支农村人才队伍，促进各路人才"上山下乡"，强化乡村振兴人才支撑。

1. 培育新型职业农民。出台镇江市新型职业农民培育扶持办法和职称评定办法，引导鼓励大学生、复员军人、农民工、农业科研人员等返乡就业创业，不断充实壮大新型职业农民队伍。积极构建新型职业农民培训体系，探索新型培训模式。创新培训机制，支持农民专业合作社、专业技

术协会、龙头企业等主体承担培训任务。

2. 培养扶持专业人才。全面建立城市医生教师、科技文化人员等定期服务乡村机制，鼓励农业科技人员到乡村兼职和创业，支持专业人才向农村流动。探索与驻镇高校联合定向培养农村实用人才模式。在符合农村宅基地管理规定和相关规划的前提下，允许返乡下乡创业创新人员和当地农民合作改建自住房。

3. 加强农民职业技能培训。根据区域与产业发展的需要对农民培训，提供个性化培训教育服务。一是引进科技人才，提高师资水平。农民渴望有先进科技人才扎根农业传授知识、给予帮助。引进科技人才，不是简单的"送科技下乡"，更应是"做给农民看、带着农民干、帮着农民销"，真正实现"把论文写在大地上、把财富留在农民家"。二是优化培训内容，激发受众兴趣。目前的培训内容大都是一些较为笼统的理论知识，专业对口性与实用性相对欠缺。因此，要优化培训内容，增加实用技能培训的比重，授课做到深入浅出，促使农民从"要我学"向"我要学"转变。三是合理安排时间，确保教学质量。在不影响农民生产经营的情况下，为其传授实用知识技能，让农民掌握更多增产增收的实用技术。

镇江市大数据农业发展路径研究

| 柏　林 |

推动大数据产业持续健康发展，是实施国家大数据战略，实现我国从数据大国向数据强国转变的重要举措，是贯彻落实党的十九大关于乡村振兴战略的重要抓手，是贯彻实施乡村振兴战略的重要内容。

近年来，镇江市信息化持续化推进，信息产业迅速壮大，积累了丰富的数据资源，大数据应用推进势头良好，产业支撑能力逐步增强，为镇江市加快大数据农业产业发展奠定了坚实基础。

一、大数据农业的概念及意义

1. 大数据农业的概念

大数据农业是以农业大数据为基础，通过数据平台的建立与共享、数据库技术的综合应用、组织管理体系的构建，促进农业数字化、精准化、标准化、全球化的现代农业发展方式。大数据农业通过对农业资源所产生的海量数据信息进行收集、保存、分析、挖掘、预测、呈现，为农业管理者决策提供更加精准的服务，帮助提升决策质量，其以大数据、物联网、移动互联、云计算技术为支撑和手段的农业形态，具有系统性、开放性、前瞻性等特点。

2. 大数据农业的意义

大数据农业可以挖掘农业资源间的发展潜力、搭配关系和最佳使用途径，精确计算最优化配置模式，帮助农业实现生产需求变化与资源变化的深度融合，做到农业"全要素、全过程、全系统"生产的一体化。依靠数据驱动，使传统农业从主要追求产量和依赖资源消耗的粗放经营转到数量质量效益并重，注重提高竞争力、农业科技创新、可持续的集约发展上来，走产出高效、产品安全、资源节约、环境友好的全新现代农业发展道路。

二、镇江市大数据农业发展现状及存在的主要问题

（一）发展现状

1. 农业信息化工程推进速度快

近年来，镇江市高度重视农业信息化对现代农业发展的促进作用，坚持与国家农业部信息化发展规划相衔接，与江苏省经济社会信息化发展规划相一致，明确了不同阶段镇江市农业信息化的目标任务和建设重点，明晰以信息服务与信息技术应用并重的发展思路，将农业信息化覆盖率列为全省农业现代化进程监测指标，充分发挥镇江在科教、经济和技术方面的优势，大力推进信息技术在农业生产经营和管理服务中的应用。农业信息化在基础设施建设、信息资源建设及信息服务体系建设方面取得了长足的进步。

2. 重视大数据的采集和数据平台建设

积极推进大数据的农业物联网示范工程，同时，加快物联网技术在畜禽养殖、水产养殖、温室大棚、露地作物等农业生产领域的应用，确定了通过政府统筹、规划引领、典型示范促进全市农业物联网发展的路径。

3. 大数据技术已引起农业企业的积极关注

问卷调查显示，当前镇江市农业企业对待大数据技术应用的态度是积极的，应用的效果也令人鼓舞。在调查的农业企业中，有准确农业大数据应用时间记录的企业占比48%。已经应用农业大数据并且有应用意愿记录的企业达到65%。大数据技术在农业产业链各环节都有应用。调查显示，大数据技术的应用为农业企业带来了良好的直接效益。江苏新时代农业科技有限公司运用远程控制管理等关键技术，打造了智能生产管理平台、物联网数据中心、企业信息管理系统和电商中心，系统涵盖公司人、财、物所有方面，实现生产、营销、宣传、项目、采购、物流审批、考核等所有

事项的实时数字记录与统计分析。镇江市"亚夫在线"农业电子商务平台采用"B2B + B2C + O2O"的运营模式，创新建设集购物、旅游、信息咨询于一体的农业全产业链电子商务平台。

（二）存在的主要问题

1. 干部群众对"大数据""大数据农业"的认知不足

调查显示，对大数据表示不知道、没关注的企业占总数近30%。目前镇江市干部群众对"大数据""大数据农业"概念的认识还处于模糊状态，大数据技术应用和大数据农业的发展尚处于起步阶段，各地对农业大数据的开发和应用未引起足够重视。目前对"互联网＋"农业的内涵理解也不够清晰，缺乏必要的工作抓手和工作措施，重样板示范、轻面上推广。有关农业大数据产业集聚区、产业基地、大数据公共服务平台、大数据企业创新发展等产业扶持的细化政策大都还未制定出台，产业扶持和资金投入都很有限，大数据农业推广应用工作在现代农业建设中的地位及整体显示度还有待进一步提高。

2. 农业数据来源不足，收集难，数据信息分散

目前，镇江农业部门建立的农业数据采集渠道及数量远不能满足指导农业宏观决策、微观生产指导、农业市场分析等数据支撑的需要。大数据在农业领域的应用普遍存在数据量不足、频度不够、涵盖面不广、连续性不强等问题。从农业生产过程和农业产业链来看，农业生产从最初的选种到最终农产品进入市场的整个过程中，涉及主体多数据量大但是这部分数据并没有形成密切的整合机制，镇江市现有数据平台大多只涉及其中一个或两个领域。农业信息存在滞后情况。镇江相关农业网站上的信息，虽然关于农产品的价格基本都做到了及时上传和发布，但是在市场价格波动及供求波动方面，主要都是事后分析，事前预测较少。

3. 农业大数据技术行业标准缺失，智能装备较为缺少

管理标准、技术标准的缺失已成为影响镇江大数据农业发展的重要问题。标准制定与市场应用结合程度不够，导致大数据农业应用市场分割，

制造和服务成本偏高。在农业智能化决策支持方面，有关农作物、畜禽生长的数字化模型大都没有完整地建立起来，缺乏统一的标准，阻碍了农业大数据应用的发展。目前国内市场上，农用传感器、农业智能装备缺乏，概念性产品多，实验室理论研究与农业实际应用差异较大，产业化率不高，很难大面积推广。进口农用传感器、农业智能装备常常因为价格偏高、水土不服、售后服务跟不上、使用者技能不足等原因导致引进难、使用难。

4. 大数据技术人才匮乏，兼具大数据与农业的复合型人才更是奇缺

大数据农业的发展离不开雄厚的人力资源保障，不仅需要精通农业的相关人才，还需要懂得大数据挖掘处理的计算机人才、农业数据网络人才和信息管理人才，这些人才汇聚在一起共同构成一个有机的大数据农业技术团队。但是就目前镇江的农村现状而言，发展大数据农业的人力资本严重不足，具体表现为：① 熟练运用和管理大数据的人才较少。② 农村人才较少，据调查镇江市从事农业大数据工作的多为基层技术人员。③ 农村直接从事农业生产的劳动者受教育水平相对较低，大数据在农村的推广和应用存在一定困难。

5. 建设面临成本制约，全程应用尚未形成

建立在大数据、云计算、物联网基础上的农业智能装备和技术研发，周期长，投入成本高，短期内难以获得预期经济效益，导致大数据设备和大数据技术提供商对农业领域望而却步。镇江市大多数农产品的本身价值不高，在农业生产经营规模化、工业化程度低的情况下，大规模推广智慧农业容易产生农产品附加值低、利益产生滞后等现象，导致投入产出不成正比，农业经营主体参与度低。目前智慧农业大部分的示范应用都是小规模的孤岛式应用，这些示范应用总体处于试验阶段，农用传感器、智能机具、基础芯片等关键器件的研发和制造能力薄弱，规模小而分散，难于实现批量生产，导致产品价格高，难以向市场推广，"感知—传输—控制"智慧农业管理闭环尚未形成。

三、镇江市大数据农业发展路径建议

1. 加强农业大数据基础建设

镇江市应在现有农村网络设施基础上，增加农村网络技术设施建设的投入。市县级财政应该调拨专项资金大力支持发展农村网络基础设施建设，扩大通信管网、增加无线基站、提高各级机房等设施的覆盖面，保证网络覆盖到每一个行政村、每一个农户，为实现大数据农业提供坚实的物质基础。同时，有关部门需要协调各方面利益，切实降低网络资费，打通网络入户"最后一公里"。

2. 加快大数据产业主体培育

引导镇江区域大数据发展布局，促进基于农业大数据的创新创业，培育一批农业大数据龙头企业和创新型中小企业，形成多层次、梯队化的创新主体和合理的产业布局，繁荣大数据生态。鼓励资源丰富、技术先进的农业大数据领先企业建设大数据平台，开放平台数据、计算能力、开发环境等基础资源，降低创新创业成本。组织开展算法大赛、应用创新大赛、众包众筹等活动，激发创新创业活力。支持大数据企业与科研机构深度合作，打通科技创新和产业化之间的通道，形成数据驱动的科研创新模式。支持龙头企业整合利用国内外技术、人才和专利等资源，加快农业大数据技术研发和产品创新，提高产品和服务的国际市场占有率和品牌影响力，形成一批具有国际竞争力的综合型和专业型龙头企业。

3. 构建农业大数据产业集聚区

镇江农业大数据产业发展应充分利用本地高校、科研机构的人才优势，支持地方根据自身特点和产业基础，突出优势，合理定位，创建一批大数据产业集聚区，加快适用于镇江农业发展的农业大数据技术的研发、农业大数据产品的生产，形成若干农业大数据产业示范基地。在大数据技术研发、行业应用、教育培训、政策保障等方面积极创新，培育壮大大数据产业，带动区域经济社会转型发展，形成科学有序的产业分工和区域布局。建立农业大数据产业集聚区评价指标体系，开展定期评估。加快构建政府、科研机构、农业经营主体和社会各方协同创新的体制机制，积极引入各方面社会力量参与大数据农业建设，开发大数据农业产品，服务农业生产。

4. 探索推进大数据农业发展新模式

镇江市应成立区域农业大数据管理服务组织机构，负责统筹区域农业大数据建设运用工作，指导农业大数据信息采集分析、加工存储、开放共享、产品开发、课题研究和安全管理。构建单品种行业性线上直采平台，通过直采平台让农民和餐饮企业直接对话，用大数据告诉农民种什么和种多少，支持农产品生产、加工企业线上交易。建立大数据农业产业综合运营项目，如构建精准扶贫大数据平台，使各种数据和信息尽可能做到更新、更准。加快建设技术同构、数据集中、业务协同、资源共享的大数据农业服务云平台。

5. 拓宽农业大数据的应用领域

在农产品电子商务方面，促进镇江市"亚夫在线"、阿里巴巴、京东、苏宁易购等电商平台之间的资源共享和优势互补，完善农业信息化应用体系，重点构筑开放式联盟型电商平台发展模式，为现代农业发展提供更充分的时空环境，结合当前的市场消费偏好和趋势，开发手机 APP、微店等交易平台，方便消费者能够及时掌握产品信息，建立起指尖上的快速通道。在休闲观光农业方面，全面推广"互联网＋"休闲农业，为经营主体和消费者免费搭建信息沟通渠道，运用现代信息技术调查、分析、掌握游客的消费意愿、心理、需求特性和偏好，据以开发建设项目、提供产品和服务，并通过现代信息技术的应用，逐步改变游客消费模式与形态、经营服务和组织管理方式，实现休闲观光农业的科学发展。

6. 加快出台农业大数据科技创新政策

镇江市科技部门、科技机构应把农业大数据的科技创新作为重点支持对象，重点支持农业大数据领域的技术攻关。鼓励科技创新型企业建立国家级农业大数据工程（技术）研究中心、企业技术中心、重点实验室。支持企业联合高校、科研机构申报国家和省级农业大数据重大项目、组建联合实验室。加强对农业大数据技术研发单位、产品生产企业与农业大数据中介机构的认定服务工作，激励成果转化。加快大数据农业创新服务平台实验室资源和信息数据资源共享系统建设。

7. 加强农业大数据人才支撑

一是组建镇江市农业大数据专家委员会。为提升镇江市农业大数据运用的科学决策水平，应切实做好农业大数据运用顶层设计、规划编制、政策研究、制度建设中的咨询作用，建议组建镇江市农业大数据专家委员会。在全市范围内开展农业大数据研究、指导、咨询、评估、论证等工作。二是应加大对农民大数据农业相关知识技能的培训力度，运用农民通俗易懂的语言和他们喜闻乐见的方式，深入浅出地传授大数据农业的技术手段和管理方法，应让农民"听得懂、学得会、记得牢、做得好"。三是成立大数据农业技术推广组织，邀请大数据农业技术人员随时为农民答疑解惑，提供技术咨询服务，保证大数据农业技术得到有效普及和推广。充分发挥镇江市高校、高新企业的人才优势，将引进人才与引进智力相结合，促进全市农业大数据运用的档次和水平，选派年轻的农业干部进行进修、培训，促进农业系统的人才和知识的更新，提高应用能力和水平。利用农村实用人才、新型职业农民培训等现有培训项目资源，加大培训力度，推广普及农业大数据知识，从而为全面实现乡村振兴战略目标任务提供重要支撑。

新农村视域下镇江休闲观光农业旅游可持续发展方略

| 鲍旦旦　李良武 |

一、休闲观光农业旅游的概念及基本特征

休闲观光农业旅游是乡村旅游的一个重要组成部分。休闲观光农业旅游，指以农业资源为基础，以生态旅游为主题，利用田园景观、农业生产经营活动和农村特有的人文景观，吸引游客前来观赏、休闲、购物、度假。

休闲观光农业旅游具有如下特点：①"农游合一"。休闲农业观光旅游侧重于对农村自然环境、农事活动和农耕文化的体验，与工业旅游一样都是围绕产业来生产旅游新产品。②观光农业旅游具有季节性、生产性、观赏性、娱乐性、参与性、文化性、市场性等特点。

二、镇江休闲观光农业旅游资源分布和特征

1. 镇江休闲观光农业旅游资源分布

截至 2016 年底，镇江市共有省星级乡村旅游区（包含休闲观光农业旅游区）100 家，其中五星级乡村旅游区 1 家（岩藤农场），四星级乡村旅游区 21 家，三星级乡村旅游区 46 家，二星级乡村旅游区 32 家。容南风景生态园、镇江开心农场有限公司为中国乡村旅游模范户。九龙山庄、容南风景生态园、大圣幸福农场、长江渔文化生态园、凤凰山庄等 20 家乡村旅游区为中国乡村旅游金牌农家乐。观光农业园区内可以观光、采果、体验农作，了解农村生活，享受乡土情趣。

2. 镇江休闲观光农业旅游的特征

镇江休闲观光农业旅游资源及特征见表1。

表1　镇江休闲观光农业旅游资源及特征

类　型	资源及特征
观光游览	水乡风貌，农村景观，岛屿观光
高端休闲农业观光	空中观光，田园地产
休闲市场	环岛骑行，农家乐，岛上划船，水上运动，野营体验，湖上垂钓
老年旅居	住农家屋，农家乐，湖上垂钓，水上划船，农家饭，身体检查
青少年野营	野外拓展，户外露营，农家饭，民俗活动，篝火晚会，自组烧烤，沙滩地宿营
养生保健	体育健身，身体检查，茶疗，水疗，静休养性
农事体验	水车灌溉、挖番薯、拔花生、瓜果采摘，体验农业耕作，感受田园风光
夏令营度假	走进农村，居住农村，了解农耕技艺、蔬菜瓜果，体验动手采摘，鱼塘和江心垂钓，野外自娱自乐

3. 镇江休闲观光农业旅游的功能

镇江休闲观光农业旅游的功能及作用见表2。

表2　镇江休闲观光农业旅游的功能和作用

功　能	作　用
经济功能	为游客提供旅游产品与活动，增加村民的经济收入
游憩功能	为游客提供观光、休闲、度假的场所和服务
健康功能	生态环境及健康、营养、无公害的绿色食品
社会功能	增进城乡交流，有利于缩小城乡发展差距
教育功能	为游客提供了解农业文化、学习农业知识等的场所
环保功能	保护和改善生态环境，提升环境品质
文化功能	提供各种农村民俗、生活、产业文化活动

三、镇江休闲观光农业旅游 SWOT 分析

（一）内部优势分析

1. 自然地理位置优越

镇江在自然气候上是亚热带南部季风性气候，四季分明，温暖湿润，热量丰富，雨量充沛，气候条件比较优越，盛产各种蔬菜及花卉，还有草莓、西瓜、葡萄、橘子等各种瓜果。另外，森林和长江水资源湿地保护得当，植被和林地资源得到了很好的恢复和保护，生态结构完整，加之大面积的江滩和漫长的沿江岸线，使镇江长江沿岸的征润洲、江心洲、世业洲等长江滩涂的生物多样性得到了结构性保护，也使生态系统得到了恢复，为动植物提供了丰富的栖息地和成长环境。

在地理位置上，镇江是上海经济圈和南京都市圈交点，位于苏南经济板块和苏北经济板块交界线。镇江处于中等城市外围的特殊优势区位，交通在 0.5 小时范围内。

2. 民俗文化、非物质文化遗产特色明显

镇江不仅自然资源丰富，民俗文化和非物质文化遗产也很有特色。镇江历史悠长，有大量的历史文物古迹，是国家历史文化名城。另外，镇江是优秀的旅游城市，具有独特的"真山真水""城市山林""大江风貌""黄金十字水道"和"天下第一江山"。

3. 观光农业特色突出

镇江全市 3843 平方公里的土地面积中，山地丘陵有 1960 多平方公里，平原约有 595 平方公里，水面约占 42 平方公里。镇江有充足多彩的农业资源，加之独特的区域优势和自然条件，不但为农业生产增添独特优势，同时为开发休闲观光农业提供了有利条件。

（二）内部劣势分析

1. 缺乏专业整体规划

由于农业观光旅游起步太晚，处于初级阶段，所以很多基础设施都没有建设好，并且地区分散，布局欠合理，卫生条件跟不上。在整体计划方面缺少专业的引导，在发展上过度强调对资源的开发而忽略了对乡土文化和民俗文化的挖掘，缺少本土文明的开拓及民风民俗的宣扬。

2. 产品单一，内涵不足

产品单一，旅游项目类似，设计类型趋同，开发模式千篇一律，难以形成有特色、有卖点的吸引力。大多数还停留在餐饮、住宿等低层次项目上，很少注重提升文化内涵及体验性。

3. 资金短缺跟不上

由于资金跟不上，所以在开发的过程中只重视规模的大小，不重视质量的提升，从而导致产品粗制滥造，很多策划者也只看当下的好处，不考虑久远的发展，导致乡村旅游资源受到了毁坏。

4. 多数企业经济实力不强

在运营中存在各自为政的问题，管理人才资源匮乏和资金短缺，导致资源跟不上，多数企业经济实力不强，最终导致乡村旅游的发展规模太小。

5. 缺乏科学开发方案

目前土地存量不足，要素制约突出，生产成本上升。同时，没有规范的指导，导致项目在成长中存在对生态资本的浪费，从而破坏了生态，良好的资源未得到充分开发，缺乏科学开发方案，后劲不足。

6. 旅游者选择出游的变化

首先，游客群体构成主要由"80后"和"90后"为主，整体呈年轻化、休闲化、散客化。其次，出行方式从跟团游逐渐转变为自助游和自驾游。再次，出行目的从过去的观光为主，逐渐过渡到以休闲体验为主。旅游者选择出游整体呈现的三大变化，对镇江休闲观光农业旅游提出了新的要求。

（三）外部机遇分析

1. 全域旅游（旅游业升级）

旅游业的升级不仅使经济上升了，还使农产品产量上升了，加速完成农业体系的建设，引进新型农业，逐渐改变传统结构，使农民的视野得以拓宽，传统的农耕起居方式得以改变。

2. 政策保障

农业观光旅游开发的优惠政策，吸引了大量资金投入，在周边农村及郊区建立起现代复合型的观光农业项目。周边农民入城工作，也为周边乡村的发展带去了都市文明文化、技术及现代化信息等，缩小城市与乡村之间的差异，促进了休闲观光农业的发展。

3. 长三角旅游城市合作

镇江具有良好的区位条件，应加强与周边旅游城市的合作，积极与异质旅游产品形成特色旅游线路，将镇江特色休闲观光农业旅游纳入宁镇扬都市圈、长三角的旅游圈中。

（四）外部威胁分析

1. 同行间的趋同化竞争

周边很多地区（如扬州、泰州、常州等城镇）起初并不看好休闲观光农业旅游的发展，后来休闲观光农业旅游发展的越来越好便也开始效仿，这就使得同行间的竞争力越来越激烈。

2. 宣传和营销滞后

相关部门和企业并不重视休闲观光旅游的发展，所以对于宣传投入较少，导致其远远落后于周边的一些城市。

3. 种类单一，雷同较多

低水平重复建设较多，产品种类单一，雷同较多，对游客缺乏吸引力。"旅游+"思路不清晰，形式和特色不明确，需要我们深入研究观光农业旅游怎么走，走什么路。

4. 需要人力、物力、财力资源的持续投入

休闲观光旅游的发展需要大量的人力、物力、财力资源的持续投入，如客人在农场留宿，要有一定的服务设施，有的房屋（尤其是传统古典老式建筑）要进行修缮，以便接待客人。但是农村居民收入低，投资不足，这是其发展的重要阻碍和威胁因素。

5. 观光农业旅游专业人才缺乏

缺乏专业化的执行团队，观光农业旅游从业人员服务水平较低，管理也比较粗放、涣散，与观光农业旅游服务应达到的专业化水平还有相当大的距离。

四、镇江休闲观光农业旅游可持续发展的相应路径及实践举措

1. 提供政策保障

在《镇江市乡村旅游转型升级实施意见》的基础上，拟定并出台休闲观光农业旅游实施意见，开展休闲观光农业旅游示范村评比，组建休闲观光农业旅游发展联盟。结合全域旅游示范区的创建，统筹协调各辖市区乡村旅游规划，编制好《镇江市全域旅游规划纲要》中乡村旅游篇之休闲观光农业旅游部分。积极推进休闲观光农业旅游多规合一，实现"农业＋旅游""生态＋旅游＋农业"的高度融合。

2. 坚持可持续发展理念

各级政府已认识到"城乡协调发展、构建和谐社会"的重要性，因此，必须注重自然生态资源的维护，注重旅游资源的生态保护、可持续开发和利用。一方面应当重视对生态资源的开发，并制定相应的政策，采用规范的指导意见；另一方面，需控制合理的游客数量以便将对旅游地的综合伤害减至最低。

3. 全力整合各方资源

结合住建局"特色田园乡村"、农委"休闲农业"、水利局"水美乡村"、文明办"最美乡村"等建设，整合多方力量，实施"大美乡村"工

程，全面提升乡村旅游质量。充分发挥政府合力，实施"市级主抓、区域联盟、多品互动"的战略路径。调动各方参与主体，构建高效产业体系，打破固有辖市行政界线，力推乡村旅游跨区域发展，实现多类型乡村旅游的互联互动。加强乡村旅游与非乡村旅游景区的合作，不断延伸产业链条。

4. 塑造特色品牌

以"美丽镇江乡村游"为品牌核心，鼓励指导各级主体举办特色鲜明、内容丰富的休闲观光农业旅游节庆活动，打造一批具有远程号召力的品牌活动。政府和企业应根据自身的资源、区位和生态环境特色确定主题，秉承"注重特色，突出主题"的方针，用新业态旅游的理念，围绕家庭度假、亲子休闲等大众旅游市场需求，围绕"乡里民俗、乡土文化、乡村风情"精心包装，培育"美丽镇江休闲观光农业游"系列品牌，从饮食、民俗、当地的传统文化入手，加强区域旅游合作，积极与异质性旅游产品合作，进而促成特色旅游线路，树立独特旅游形象。同时扩大镇江市农村医疗、教育、养老等服务业的开放，围绕"瓜果茶香 休闲观光"，共同打造镇江的特色新兴创意产业群。

5. 产品多元化

按照乡村旅游"一镇一品""一村一特""一户一业"的产业格局，积极植入养生养老、自驾车营地、乡村客栈、民俗文化等多元新业态，推出休闲观光农业旅游系列品牌，逐步构建以观光、餐饮为基础，以禅修静养、江岛风情为特色，满足不同层次、不同等级消费需求的休闲观光农业旅游产品体系，探索休闲观光农业旅游文化的多层次综合开发。

6. 营销模式多样化

首先，宣传推介精准化。通过旅游大数据分析，向重点客源地市场、重点客源人群等推介休闲观光旅游节庆活动、旅游线路。创新"互联网＋旅游＋农业"模式，利用微信、微博自媒体及报刊、电视等各平台，帮助农户推介乡村旅游产品和线路，招徕各地游客。其次，营销模式多样化。落实"三个一"工程，推出一张休闲观光农业旅游手绘地图、一个休闲观光农业旅游手机 APP、一本休闲观光农业旅游口袋书，涵盖"吃住行游购娱"等各方面，在重点游客集散地、周边高速服务区、旅游饭店等处加强宣传。

7. 加强资金扶持

加大休闲观光农业旅游公共财政扶持力度，市级财政安排专项资金主要用于休闲观光农业旅游特色乡镇（村）规划编制、节庆活动、民宿发展、旅游营销、休闲观光农业旅游品牌创建、特色大赛、线路推介等 7 个方面的专项引导。充分利用省级以上专项引导资金重点支持市场前景好、综合效益高、具有扶贫等重大意义的乡村旅游示范村、高等级休闲观光农业旅游区、乡村民宿和休闲观光农业旅游新型业态项目。市级部门在安排交通基础设施建设、新农村建设、特色景观旅游村镇和传统村落及民居保护等项目建设时，要加大向休闲观光农业旅游示范村的扶持力度，各辖市区、镇江新区要安排相应资金支持休闲观光农业旅游发展，多渠道、多方式筹集资金用于休闲观光农业旅游建设，扶持休闲观光农业旅游做大做强。

8. 修缮、完善各类设施

必须把休闲观光农业旅游纳入旅游开发规划、建设用地和土地利用的范畴内，专门设立相关部门对土地占用和经营范围进行管理。此外，大力提升旅游环境，对休闲观光农业旅游区"厨房、茅房、客房"三房进行整治，茅房要按照 A 级旅游厕所的标准进行新改（扩）建。同时，在保护原始生态基础上，扩大镇江市农村医疗、教育、养老等服务业的开放，发挥相对独立、封闭的自然环境优势，在"点"上抓重大项目落地。

对镇江经营性主题公园建设的冷思考

| 于 萍 苏志平 张利华 |

主题公园（本文指经营性主题园）是镇江旅游业发展的重要内容，但镇江周边城市主题公园不仅数量众多，且不乏大型国际品牌的主题公园，对镇江本土主题公园的运营会产生不小的竞争压力。镇江经营性主题公园如何创新发展、持续经营，需要深入思考。

一、主题公园建设对镇江城市旅游发展具有重要意义

一是可以提升镇江城市旅游形象，促进城市旅游品牌建设。主题公园往往在弘扬当代文化的基础上又结合了当今世界先进的娱乐科技手段，同时又渗透了当地深厚的文化内涵，从而形成了鲜明的城市旅游感知形象。主题公园的建设将有利于深化镇江旅游资源开发和优化产品结构，形成鲜明的旅游感知形象，促进城市旅游品牌建设。

二是可以带动镇江城市经济发展，增强城市社会福利。主题公园投资对当地经济有较强的拉动作用，包括门票收入和游客的二次消费等直接效益及其他巨大的间接效益。据测算，游客在主题公园的每1元消费，可以带动当地产生6元GDP。主题公园在区域产业结构调整、增加就业、增强社会福利上也扮演越来越重要的角色。以华侨城为例，其四大主题公园和其他旅游企业为社会提供了6000多个就业机会。

三是可以完善镇江旅游产品结构，提高城市文化品位。主题公园以综合性、娱乐性、参与性、科技性、创新性等诸多优势适应了旅游市场的需求。镇江是以山水文化景观见长、以静态展示为主的旅游城市，需要主题公园这样能带动人气、提高市场关注度的项目，主题公园的建设和发展是对镇江旅游产品结构的重要补充和完善，能更好地满足镇江日益增长的大

众化休闲娱乐需求。同时，主题公园是重要的文化传播和承载要素，主题公园通过对本土文化内涵的挖掘和演绎，创造出美好的城市文化形象，能进一步提高整个城市的文化品位。

二、镇江主题公园发展现状

一方面，国内主题公园建设方兴未艾，国外主题公园积极抢滩中国市场，主题公园市场需求远未饱和。另一方面，国内许多主题公园运营步履维艰。《2015年我国主题公园行业发展现状分析》显示，近10年来涌现的本土主题公园中，80%已经倒闭，经济损失总额高达3000亿元。究其原因，一是盲目建设、简单模仿国外主题公园；二是科技含量低、缺乏创新；三是规模较小，一般都在1000亩左右。即使按照业内较为乐观的估计，现存的主题公园中也将有三成将在几年内黯然退出市场竞争。

镇江主题公园建设经历了20世纪的"21世纪乐园"和"三国城"的失败后，曾经沉寂过一段时间。2010年前后，在全国主题公园建设第四次热潮的推动下，同时伴随着乡村经济的兴起，镇江出现了一些以农业观光休闲为主题的农场类公园，如世业洲开心农场、丹徒百之味农场等。近两年是镇江主题公园集中建设的高峰期，镇江开始出现了一批规模大、投资额高、娱乐性强、科技含量高的综合性主题公园，如魔幻海洋世界、奥悦冰雪乐园、恒大童世界等都已投入建设。目前镇江筹建、在建、建成的主题公园类型丰富多样、规模不等，进入了主题公园发展的新时期，但在发展运营中仍存在以下不容忽视的问题：

1. **客源本地化，市场知名度不高。**镇江现有的主题公园项目规模普遍较小，占地面积都在1000亩以下，吸引的主要是镇江市区和周边郊县的游客，以本地客源为主，客源规模小，经济效益不明显，市场知名度和影响力不大。此外，镇江虽然积极布局主题公园，在建的大型项目较多，但还没有针对主题公园发展的行业发展规划，由此极易带来盲目建设、重复布局、同质化竞争等问题。

2. 项目同质化竞争，文化主题不突出。就镇江的情况来看，目前运营的和在建的项目主题包括农业观光、运动休闲、海洋生态、冰雪运动、养生养老、娱乐休闲等，但从各个项目提供的具体活动来看，相互之间较为雷同，同质化现象较为明显。如位于润州区的金山湖露营地和位于新区的圌山露营地两者提供的活动项目就高度雷同。再如在建的句容奥悦冰雪乐园和扬中际华园都有冰雪活动项目。此外，这些主题各异的项目在挖掘镇江本土文化方面无明显亮点，多是追逐市场热点，缺乏与本土文化的结合，也就很难与周边城市的同类项目错位竞争。

3. 融资困难，人才缺乏。融资困难是国内主题公园开发商普遍面临的问题，尤其是中小开发商普遍缺乏长期、低成本的资金支持，造成很多主题公园缺乏更新改造资金，甚至在开发阶段就变为烂尾工程。比如2017年7月，镇江魔幻海洋世界的主要投资方大连圣亚资金输血的定增募集项目夭折，导致原定于2017年底建成投入运营的镇江魔幻海洋公园至今尚未正式开园。另外，人才缺乏是主题公园发展中的另一瓶颈问题，主题公园是资本和人才主导的行业，这当中最缺乏的除了资本之外就是运营人才和文化创意人才。

4. "主题公园+房地产"不可持续。"主题公园+房地产"模式是行业普遍做法，甚至成为中国主题公园开发建设的显著特征。从镇江在建的主题公园项目来看，同样存在这一倾向，如恒大童世界的高端改善型住宅区、扬中际华园的温泉度假酒店、康缘中华养生谷的养生酒店等。为了规范主题公园建设，国家发展改革委、住房城乡建设部等五部委曾联合印发《关于规范主题公园建设发展的指导意见》，并指出要严控房地产倾向，对拟新增立项的主题公园项目要科学论证评估，严格把关审查，防范"假公园真地产"项目，重点就是要严格限制主题公园周边住宅用地比例和建设规模，打击开发商以主题公园方式便宜拿地套利，纠正地方的发展观念，不再继续大搞土地财政，因此，主题公园以"以旅游为幌子行地产之实"的老套路将难以为继。

三、镇江主题公园发展的策略建议

1. 合理规划，实现城市和主题公园的良性互动

首先是规划先行。对镇江城市主题公园的发展进行合理规划，使之与城市总体规划、城市旅游业总体规划相协调。根据镇江经济社会发展情况、区域人口规模、城市化程度和旅游市场条件等因素，进行严格的科学论证，统筹研究本区域主题公园项目的数量和布局，严格控制新建、扩建特大型主题公园，要防止一哄而上、盲目发展、同质化竞争。其次，要以城市为依托。主题公园在主题形象的选择、旅游资源的利用、旅游设施的建设到客源市场的开拓都要以所在城市为依托。如主题公园主题的选择要与镇江城市的文化底蕴相吻合，与城市旅游形象相一致，从而增强主题公园的辨识度和生命力。常州恐龙园的成功很大程度取决于与常州"龙城"的文化形象的统一。主题公园的开发应加强与城市资源的整合，主题公园的开发不仅涉及主题公园自身要利用哪些资源去生产旅游产品，也涉及对城市各类旅游资源的优化和组合及对城市相关基础设施的整体开发。

2. 提炼主题IP（知识产权），凸显城市文化特色

主题公园提供的是一种对文化的体验过程。对主题公园而言，IP是重中之重，成功地打造能让主题公园拥有定价权，并提升盈利能力。镇江主题公园的IP打造应注意以下几个方面：首先是深耕镇江历史文化。镇江主题公园的IP要就地取材，必须接地气，更多更广地发掘具有影响力的本地文化作品，创作出深得人心的主题故事，并用科技的手段将其转化为扣人心弦的娱乐项目。镇江可用于主题公园的IP很多，如刘备甘露寺招亲、白娘子水漫金山寺、梁红玉擂鼓战金兵等都是家喻户晓的故事，通过精心打造，将本土传统文化与时尚元素结合，将之形象化塑造和主题化传播，形成系列体验项目和衍生产品，进而打造自己的主题乐园品牌。其次是注重细节。在挖掘文化内涵时应注意细节，如文化要具有延展性和可视化，具有旅游卖点，受众群体要广泛，具有市场效益和价值。通过科技、创意等手段将文化内容通过景区建设很好地展现出来，主题公园内的各种景点建造与布局、主题活动的开展、提供的各种服务及商品都须以主题文化作为核心和主线，创造一种整体的感染力。还要注意文化表现的大众化，不能"曲高和寡"。

3. 完善主题公园产业链，提升运营管理水平

我国大多数主题公园近 8 成收入均来自门票，这大大降低了其持续经营和抗风险的能力。而国外成熟的主题公园门票收入仅占其总收入的 20% ～ 30%，酒店、餐饮、购物、衍生品等收入则占总收入的 60%。未来主题公园应延长主题公园产业链，拓展主题公园收入来源，做好科普、文化、休闲、商业、购物、餐饮、住宿、演艺、会展、节庆等一系列项目，打造"一站式主题旅游度假目的地"。另外，重视后期的运营管理，提高营销水平。国内的许多主题公园企业非常重视前期的投入，如拿地、买设备等，但在后续的运营、营销、管理上投入不足，而迪士尼等国际主题公园这方面费用投入巨大，如迪士尼每年大约要淘汰更新 1/3 的设备，定期刷漆维护，营销费用甚至会占到总收入的 20% 以上。国内的华强方特也是如此，华强方特具备自主知识产权，产品或设备更新很快，一般几个月就完成一次更新。此外，通过品牌广告投放、社会化营销、线上线下联动等多种方式进行营销宣传，实现了巨大的品牌曝光，塑造了"年轻化"品牌形象。

4. 准确定位，寻求差异化竞争

主题公园应与核心消费群相结合，明确定位核心消费群体，并结合消费区域的消费能力和习惯进行产品和项目设计。由于各种因素制约，镇江目前尚不具备成为国内一流旅游目的地的条件，因此主题公园在市场定位上应以国内游客为主体、长三角地区游客为重点、南京都市圈游客为基础。具体到各主题公园来说还应结合自己的主题内涵和文化特色，寻求差异化发展，避免重复建设、恶性竞争的局面。此外，主题公园要紧跟市场需求，不断更新项目，始终保持年轻化，以满足游客求新求异的心理，如

推出虚拟现实 VR 主题公园，与传统重资产的主题公园相比，成本相对较低，且不受天气影响，能带给用户不一样的体验。主题公园室内化在未来会是主流趋势，结合教育、娱乐、科普、电子游戏等体验的形式会越来越多。

镇江推进苏南自主创新示范区建设路径研究

| 曹献飞 |

国务院于 2014 年 11 月 3 日正式批复同意支持南京、苏州、无锡、常州、昆山、江阴、武进、镇江等八个高新技术产业开发区和苏州工业园区建设苏南国家自主创新示范区。镇江作为八个高新技术产业开发区之一，在整个苏南示范区建设中占有重要地位，由此本文借鉴国内其他先行示范区的建设经验，深入剖析苏南国家自主创新示范区发展现状及存在问题，并就镇江市进一步推动苏南示范区建设提出相应的对策建议。

一、国内先行示范区建设经验总结

当前全国已陆续批准了 17 个国家自主创新示范区，纵观全国各地先行示范区的建设探索，其发展经验可以概括为以下方面：

1. 抓好顶层设计形成建设合力

各示范区均按照中央和地方政府要求将顶层设计作为建设关键点，积极主动抓好顶层设计，统筹谋划建设和发展示范区。一是成立领导小组健全协调机制，明确建设主体和统筹建设工作；二是突出规划引领明确目标任务，各示范区都按照国务院批复精神结合自身实际编制发展规划；三是重视法制保障，各地政府积极为示范区提供法律支撑和法制保障。

2. 推动先行先试释放改革红利

示范区是我国全面深化改革的试验田，各示范区根据国家相关政策全面深化改革，积极开展先行先试以释放改革红利。一是抓紧落实相关优惠政策，各示范区制定相关配套措施来落实中关村示范区的"6 + 4"政策；二是积极出台先行先试政策，取得了积极效果；三是加大政府体制和机制创新，营造了良好发展氛围。

3. 集聚创新资源推动创新合作

示范区提升创新能力的关键是高效整合和有机协调区域内部创新要素，融合渗透区域外部创新要素，各示范区积极推进区域创新一体化。一是集聚创新功能，形成资源集聚高地，发挥引领带动作用；二是统筹发展，整体联动，统筹创新空间布局和区域产业发展，形成整体发展格局；三是积极开展区域合作，成立园区合作联盟；四是拓展国际合作，对接国外创新资源。

4. 突出特色发挥创新主动性

各示范区均有显著不同的战略定位和发展基础，在建设过程中依托自身资源和优势形成了各具特色的发展模式。比如广东珠三角示范区搭建了粤港科技创新走廊和深港创新圈等创新合作平台，西安示范区建设了军民融合产业基地，东湖示范区搭建了跨境贸易平台，杭州则把示范区与知识产权强市、科技金融结合试点城市和创新型城市等工作结合起来。

5. 完善双创培育创新动能

双创是强化创新驱动和推进产业转型升级的重要手段，各示范区都注重加快发展"双创"工作。比如张江示范区搭建了企业专利联盟和科技金融服务等平台，深圳示范区设立了创客专项资金，成都示范区形成了从天使投资到产业投资股权的融资产品链，东湖示范区则通过赛事扩大影响，激发创业热情。

二、苏南示范区发展现状

苏南地区是我国经济增长最快、开放程度最高和发展活力最强的地区之一，具备经济基础良好、科教资源丰裕、创新主体条件优良、创新文化氛围优秀等良好的示范区建设基础条件。

1. 苏南示范区相关政策梳理

（1）国家发布的政策。目前国家层面的政策主要为中关村"6＋4"政策，该政策主要目的是通过调整分配政策来调动创新主体积极性，鼓励科技成果处置收益权和扩大研发费用扣除等特定科技创新行为。

（2）江苏省发布的政策。省委、省政府发布了《省委省政府关于建设苏南国家自主创新示范区的实施意见》，省委办公厅、省政府办公厅发布了《关于建设苏南人才管理改革试验区的实施意见》，省财政厅、省科技厅出台了《苏南国家自主创新示范区建设专项资金管理暂行办法》。

（3）示范区发布的政策。南京高新区制定发布了《南京高新区加快苏南自主创新示范区建设若干政策》，苏州高新区发布了《关于落实中关村"6＋4"推广政策进一步激发企业创新发展活力的若干政策意见》，常州高新区发布了《常州国家高新区管委会关于加快苏南国家自主创新示范区建设若干科技创新政策意见》，镇江市委、市政府也发布了《中共镇江市委、镇江市人民政府关于加快建设镇江苏南国家自主创新示范区的实施意见》。

2. 苏南示范区整体建设情况

自从苏南示范区获批以来，示范区建设总体进展顺利，取得了明显成效：

（1）建设特色高新区。坚持把高新区作为建设主要任务，集聚创新资源以加快一流创新型园区建设；聚焦创新核心区建设，培育发展特色产业，集聚创新资源与要素，搭建重大创新平台；立足各地发展基础和比较优势，培育创新型产业集群，加快形成各具特色、错位发展的战略性新兴产业；完善科技服务体系，加快推进科技服务示范区建设，开展创业孵化和技术转移等科技服务业。

（2）培育创新型企业。推动创新资源向企业集聚，强化企业的创新主体地位，加快形成一批创新型企业集群；培育一批具有国际竞争力和引领作用的创新型领军企业，实现与资本市场有效对接以推进科技企业上市融资；组织行业龙头企业争创国家级研发机构，提升企业研发机构建设水平，在核心领域布局建设一批企业重点实验室。

（3）构建先行先试工作体系。积极开展激励创新政策先行先试，最大限度激发科技生产力，加快形成有利于创新发展的体制机制；出台若干突破性政策措施，实施一所两制、合同科研和股权激励等改革举措，初步构建社团化、专业化和国际化的产业研发创新网络；推广落实中关村政策，深入实施科技政策落实行动计划，加快推进"千人万企"行动。

（4）支持大众创新创业。充分发挥人才优势，大力推动大众创业万众创新，大力支持人才创业，引进培养高层次创新创业人才；出台《江苏省推进众创空间建设工作方案》，支持引导行业领军企业、创业投资机构、社会组织等机构投资建设；优化创业服务环境，大力推行"三证合一"，搭建科技创业交流服务平台，推动形成双创工作的生动局面。

（5）推动科技金融发展。建立科技金融风险补偿资金池，引导社会和金融资本支持科技型企业创新发展；加快发展天使投资，充分发挥其引导资金作用，推动科技创业与天使投资的紧密结合；加快推进科技信贷，加快发展科技支行、科技小额贷款公司等，完善"苏科贷"风险补偿流程，探索建立科技信贷考核机制；加快推动科技保险，开展科技保险风险补偿，鼓励设立科技保险保费补贴。

三、苏南示范区建设中存在的共性问题

苏南国家自主创新示范区建设的基础较好，起点较高，但是示范区建设启动相对较晚，在体制机制创新、先进要素集聚和创新国际化方面仍然面临较多的现实问题。

1. 先行先试有待落实

2015年6月财政部和国家税务总局联合发文，将原来在中关村示范区先行先试的股权奖励个人所得税政策、有限合伙制创业投资企业法人合伙人企业所得税政策、技术转让所得企业所得税政策、企业转增股本个人所得税政策有关税收试点政策推广至其他国家自主创新示范区，这表明先行先试政策的全面铺开，苏南示范区启动建设时间相对较晚，对政策的落地实施还较为滞后，各类市场主体还未享受到先行先试政策红利。

2. 建设布局有待优化

已开展建设的示范区都注重建设核心区并发挥其示范引领作用，苏南是以城市群为基本单元开展示范区建设，建设布局相对分散，核心区建设定位不明确，当前仅苏州市明确提出建设苏南示范区核心区，其他地区尚未启动。各地示范区面临着城市定位雷同、产业结构趋同和重复建设严重等问题，苏南示范区建设必须妥善解决这些难题，苏南示范区建设要求不同城市进行差异化定位，构建和谐的竞争和合作关系以共同提升自主创新能力。

3. 经济发展动力不足

近年来苏南的土地资源、劳动力成本、投资效率严重影响了经济发展，苏南地区正处于推动经济转型升级和加快转变发展方式的关键时期，环境污染问题突出，能源保障能力较弱，空间利用效率不高，生产力布局不尽合理，传统发展模式难以持续。苏南地区在加工制造和技术引进方面取得的显著成就，会增加自主创新成本和制约自主创新意愿，应注重激发自主创新的内生动力和强化自主创新的外生拉力，促使苏南地区彻底走出传统发展模式而走上自主创新的道路。

4. 创新主体培育薄弱

已开展建设的示范区普遍加强培育新兴市场主体，本土高科技企业和新兴产业不断发展壮大。苏南企业在技术创新方面也取得了一些重要成果，但是企业创新积极性不高，创新主体地位不明确，制约了苏南整体的技术创新水平。苏南地区适应新经济、新常态的新兴市场主体培育不足，企业整体影响力不高，创新能力偏弱，缺少国际领军型企业。因此必须从完善创新政策环境、优化创新机制和构建创新平台等方面解决企业技术创新时面临的问题。

5. 科技成果转化低效

苏南区域整体产业同构现象比较明显，科技资源和创新要素分散低效的问题未能从根本上获得解决，必须加快建设促进要素合理流动的制度环境和市场体系。取得重大自主创新成果及完成成果产业化需要一系列条件的支持，这也是所有示范区面临的普遍性难题。苏南地区的研发和成果转化能力有待增强，科技服务体系有待健全，创新体系建设需进一步完善，与国家自主创新示范区相适应的高水平科研机构和学术交流平台还相对匮乏。

6. 关键技术面临瓶颈

苏南地区光伏和新能源等新兴产业关键技术突破面临瓶颈，企业缺乏自己的核心竞争力，主要表现为产品科技含量低和原创性技术成果缺乏。尽管不少企业属于新兴产业范畴，但所生产产品处于产业链的低端，局限在加工制造等低附加值环节，表现为高端产业和低端环节的特征。

7. 建设制度有待完善

苏南地区建设国家自主创新示范区在经济基础、科技体制、行政管理等方面与其他示范区建设存在一定的差异，属于"跨区域管理、大面积规划"，建设模式上国内尚无先例可循，在先行先试政策突破和科技体制改革创新方面面临新的问题，妥善解决这些难题也是苏南示范区建设取得成功的关键所在。

8. 国际化发展面临挑战

苏南地区科技型企业需要整合利用国际创新资源和市场，积极参与全球科技经济竞争，进一步提升发展水平。但是苏南地区国际化资源缺乏整合利用，尚未形成整合利用统筹推进的格局；国际化服务体系还不健全，商业化技术交易市场尚未形成，吸引国际高端要素聚集的能力有限；科技创新平台建设仍需完善，没有形成国际高新技术产业的主导权。

四、镇江推进示范区建设的对策

"十二五"以来，省委、省政府明确提出实施创新驱动发展战略，江苏要实现从要素驱动向创新驱动发展的全面转变，在此背景下镇江市推进苏南自主创新示范区建设的政策建议如下：

1. 加快实施先行先试

苏南示范区获批后将享受中关村国家自主创新示范区先行先试的各项

政策及其配套措施，这些政策的实施将使苏南拥有与其他示范区一样的政策优势，这摆脱了苏南在这些创新性政策的不足，避免了苏南地区在招引重大科技项目时的不利地位。镇江市科技、财政、税收等各部门要加快建立协调推进机制，根据国家相关优惠政策全面深化改革，确保先行先试政策尽快落地以释放政策红利，使政策优势转化为现实生产力优势。

2. 统筹规划空间布局

镇江市应集中土地、财政、税收等各类政策支持核心区建设发展，突出核心区示范引领作用，统筹整合创新资源和推动要素合理流动组合，构建协同高效的区域创新体系；统筹园区功能和产业定位，系统谋划基础设施建设，提高土地资源集约利用水平，加强生态环境保护，在符合总体规划的前提下调整规模和布局，形成分工明确、相互联动、布局合理、协同发展的格局；建设一批集知识创造、技术创新和新兴产业培育为一体的创新核心区，提升高新区的自主创新能力。

3. 构建平台集聚创新要素

镇江市应积极构建和理顺区域创新平台体系，整合和提升各类平台功能，围绕创新类型建设技术、管理、制度等创新平台，围绕创新功能建设人才开发、知识信息共享和科技金融服务等平台，依据隶属关系建设政府、高校、协会和企业协同创新服务平台；优化环境创新机制，吸引和整合各类创新要素，建立自主创新的要素基础，优化创新资源配置，形成创新要素集聚高地。

4. 构建创新产业体系

镇江市应突出优势和特色合理规划产业布局，打造一批在全国有竞争力的产业集聚区，推进以船舶及海洋关键装备战略新材料为特色的产业格局，加大对战略性新兴产业的支持力度，做大做强特色主导产业；根据产业发展现状科学遴选重点新兴产业，依靠科技创新推动产业结构提升，着力构建现代化产业体系；发挥产业转型先行者作用，实施技术创新与产业化，完善科技环境，集聚高端人才资源，构建具有全球竞争力的产业高地。

5. 培育高技术领军企业

镇江市要激发中小企业创新创业活力，提高大企业整合运用创新资源的能力，提升区域自主创新能力和影响力，加快培育发展创新型领军企业，遴选一批具有行业发展潜质的大型企业给予重点培育。加大力度扶持高成长性科技型中小企业，持续培育成为高技术骨干企业。骨干企业是行业发展中坚力量和地区竞争力标志，在推动转型升级、产业聚集和示范区建设方面发挥着重要作用。

6. 促进科技与经济结合

镇江市应围绕国家战略需求，充分发挥智力资源密集优势，构建创新服务体系，加快促进科技成果转化和产业化。围绕创新一体化布局和产业特色发展，加强科技资源整合集聚和开放共享，促进科技创新和产业发展分工协作，努力构建创新驱动发展整体优势；发展科技服务业、完善公共和专业技术服务平台，打造重大科技成果研发基地，促进区域经济持续创新发展，建立开放式综合服务平台，推动形成大众创新创业新格局。

7. 构建开放发展新格局

镇江市应发挥长三角区位优势，把示范区建设为国家实施对外开放战略的重要基地和现代化示范区，加强与国外科研机构的创新合作与交流，通过构建创新网络，优化配置全球创新资源，实现区域均衡可持续发展。镇江自主创新示范区的建设应依托科教和开放两大优势，加大开放式配置科技资源的力度，建立国际产业技术创新联盟，利用海外高层次人才加强国际产学研合作和创新成果转移。

8. 优化双创生态环境

镇江市应推进创新要素市场改革，推动土地、产权、资本、人才和劳动力等创新要素的自由流动，充分发挥市场配置创新资源的作用；优化创新激励机制，完善自主创新的政策体系，严格知识产权执法，强化知识产权的创造和保护，以激发全社会创新活力；积极开展先行先试，在深化科技体制改革、科技金融发展和区域协同创新等方面进行探索实践，营造优良双创社会氛围以促进示范区建设。

镇江市共享经济研究

| 盛永祥　刁雅静　佟芳庭　吕　洁　杨美成 |

本文针对镇江共享经济发展的现状及其存在的问题进行调研，分析镇江市共享交通、共享厨房和共享房屋的现状和存在主要问题；选取美国、日本、上海和扬州进行共享经济案例分析，总结其成功经验介绍和启示；归纳出镇江市共享经济成功的影响因素及对低碳经济结构、发展的作用机制，同时提出了镇江市共享经济与低碳城市融合发展的路径和对策建议，为政府相关管理部门推进镇江共享经济的发展提供参考。

一、镇江共享经济发展现状与存在问题分析

近几年，镇江围绕融合培育经济新业态，加快了平台共享经济等新经济项目的谋划和布局，镇江出现了共享汽车、共享单车、共享房屋、共享厨房、共享物流、共享金融、共享充电宝等领域。截至 2017 年底，镇江市共享经济的增长率为 70%，其中网络预约专车用户规模相比 2016 年增长率为 32.5%，共享单车呈现近 2 倍规模发展，众筹行业成功筹资额是 2016 年全年成功筹资额的 1.35 倍，共享住宿市场交易规模相比 2016 年交易额增长 70.6%。

1. 共享汽车

镇江共享交通主要由共享汽车（俗称"网约车"）和共享自行车（俗称"共享单车"）两部分组成，其中"网约车"包括快车、拼车、专车、出租车及顺风车服务。在镇江，共享交通以其守时、舒适、便捷为利，学生、职员出行更愿意打快车，免去在路边等车之苦。截至 2017 年底，镇江各共享汽车的市场占比如图 1 所示：

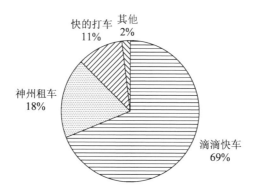

其他 2%

快的打车 11%

神州租车 18%

滴滴快车 69%

▤滴滴快车 ▣神州租车 ▨快的打车 ▧其他

图1　镇江各共享交通的市场占比

镇江市的共享汽车行业存在的主要问题有：① 镇江的共享交通目前没有完善的法律体系和社会保险，一旦出了问题不能像出租车一样有合理的途径和方式解决，乘客遇到问题没有权威机构可以管制和解决；② 私家车各有特点，不似出租车有其标准体系，政府无法做到有效管控，私家车的大量使用造成了更大量的尾气排放，加剧了对环境的破坏，交通还是一样拥堵；③ 快车的车主身份信息虽会被各大 APP 收取，但并不完全透露给用户，无法避免黑车、黑户等危险问题的发生。

2. 共享单车

截至 2017 年 12 月，常州永安公共自行车系统股份有限公司在镇江市投放无桩共享单车 10000 辆。为了解决无序停放的问题，镇江市公共停车管理处将共享单车停放点分为了三个部分，分别是核心区、中心区和便民区，其中以梦溪路、长江路、黄山北路、黄山南路、南徐大道、天桥路为界形成闭合循环，为核心区域，对共享单车秩序严格控制。为便于管理，无桩共享单车也设置了电子围栏，电子围栏也都设计在使用密集区，动态变更以方便民众使用，此次镇江市公共停车管理处将在市区人行道设置500 个停车点，以免造成停放不便。

存在的主要问题有：① 停放问题，很多地点的共享单车都是杂乱无章的摆放，严重影响了市容和人们的步行通道；② 信用问题，目前镇江市采用芝麻信用积分高于 600 免押金方式来实现共享单车租赁，一旦单车出现损坏，追究困难；③ 安全问题，永安公司在镇江虽然设置了 12 岁以下少年不得骑行的制度，但依旧无法避免 12 岁以下少年单独骑行的情况，且永安公司并未对老年人骑行的年龄段进行规范，没有实际可行的安全保障；④ 停放限制问题，一些用户为了方便自己第二天出行，在停车区锁好车后将车放入自家车库，大众共享的单车变成了私人物品，而公司目前没有任何应对之策。

3. 共享厨房

共享厨房采用"互联网＋厨房"的新型模式，将赋闲在家且有烹饪技艺的人员与想吃到可口饭菜的上班族进行对接，整合散布在城市各个角落的美食资源，从而为人们提供个性化的服务，各式各样的点餐软件悄无声息地渗透进镇江，大街小巷都有穿着各式各样工作服的外卖员。镇江外卖市场占比情况如图 2 所示。

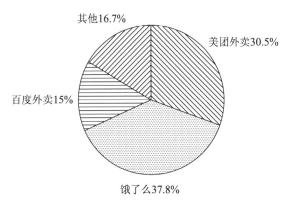

图 2　镇江外卖市场占比

存在的主要问题有：① 食品安全问题，共享厨房的产生加大了食品安全监管的难度；② 外卖员安全问题，镇江市近几年已经发生多起外卖员在送餐过程中为争分夺秒导致车祸的惨案；③ 包装盒污染问题，外卖势必要用到一次性餐具，虽然消费者节省了时间，但包装盒造成的白色污染是不可忽视的；④ 对各食堂的影响。一般学校、政府机关都有配置食堂，共享厨房的出现将会影响食堂的正常运行。

4. 共享房屋

共享房屋涵盖了公寓、别墅、民宿等短租类住宿产品。目前短租仍以公寓需求为主，占整个短租市场产品结构的51.5%；家庭旅馆其次，占比为23.8%；酒店占比为24.7%（具体如图3所示）。

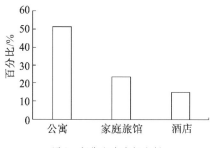

图3 短期租房市场比例

存在的主要问题有：① 信息不对称问题，租客难以得到真实有效的房间信息。② 安全问题，商家众多，软件开发者和监管部门难以做到全方位保障。③ 价格问题，酒店有其规范的价格体制，而短期租赁目前尚未形成完善的评估标准，服务水准也是参差不齐，价格的判定有待磋商。④ 地址不详问题。在寻找民宿时，民宿不似酒店有其明显的建筑特征，消费者很难快速地寻找到目的地。⑤ 服务问题。民宿受其自身地理环境、人力因素的影响，不能够给顾客提供百分百满意的服务，提供的食物也要受当地的环境限制。

二、典型国家和省内外地区的共享经济经验介绍和启示

1. 美国共享经济的经验

① 确立共享经济的合法性。美国对共享经济的立法监管立足于地方层面，在共享出行方面，2014 年美国 17 个城市议会和 4 个州通过了合法化专车的城市条例，2015 年 8 月美国合法化专车的城市与州增加至 54 个，

加利福尼亚、俄勒冈和华盛顿等三个州通过了有关汽车共享的法律，将责任明确归属于汽车共享服务公司和保险公司，并且明文禁止保险公司取消车主的相关政策。② 加强维护消费者和从业者权益。美国的征信法律体系规定了征信机构、信用信息提供者及个人信息主体等在征信活动中的权利义务关系，同时引导市民在各类行政系统中使用电子身份认证，既加快了金融共享业务的发展，还简化了在线借贷的步骤，同时，免除了交易双方信任疑虑，在很大程度上提升了诚信意识。③ 以数据收集促产业发展，充分发挥大数据技术的作用，以市场表现作为共享平台所提供数据的参考和佐证。

2. 日本共享经济的经验

① 共享形式向服务发展。日本的共享经济呈现出从商品向服务发展的趋势，网络技术会向市场提供更多的技术支持和服务。② 提升法律规范和社会规则。日本国会通过了《民宿新法》并于 2018 年开始实施，将之前的批准制改成了注册登记制，同时规定其营业期限一年内不得超过 180 天，并根据厚生劳动省要求保证住宿的卫生条件。③ 加强共享经济法律法规建设。日本政府针对已经较为成型的行业，制定相应的法律法规，设置基本要求。

3. 上海共享经济的经验

① 树立共享发展理念，上海市政府让广大普通民众分享改革开放与经济增长的成果，同时，让民众真正认识到共享城市具有的包容性、公正性和持续性等深层内涵；② 推行共享城市的规则，制定《上海促进共享城市法案》《促进共享城市建设条例或实施意见》《共享城市建设三年行动计划》等法律法规或具体计划；③ 构筑多层次的共享社会经济体系，主要包括交通共享体系、住房共享体系、共享办公体系及新型共享社区的建设。

4. 扬州共享经济的经验

① 法律和政策环境的支持力度要进一步加大，与现阶段发展相适用的经济试行办法和监管制度要由政府制定，有效的问责和惩处机制要建立；② 内部监管和外部监管要进一步规范，建立合理的赏罚制度，让不

遵守规则的人为违规行为付出惨痛代价，让供需双方不敢越雷池半步，以防控信任危机带来的信任风险；③ 社会信用机制要进一步建立健全，推进信用市场主体的培养进程，进一步提升市民对信用的重视，减少失信行为；④ 建设健康有序的共享平台，对违反法律和道德的产业链主体要定期公布，使信用评级真正起到作用，信用值也要根据用户反馈和评级进行及时调整。

三、镇江市共享经济影响因素及对低碳经济的作用机制

1. 镇江市共享经济成功的主要影响因素

镇江市共享经济的成功和有效运行取决于以下三个因素：所分享物品与服务的可分享性、潜在参与者的分享倾向及分享的场景。具体表现在以下四个方面，如图 4 所示：

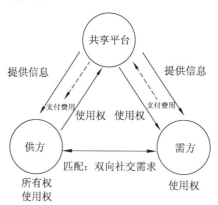

图 4　镇江共享经济商业模式的影响因素

① 找准市场的真实需求，共享经济需要在顾客感知价值和顾客满意度之间寻找平衡点。② 所有权与使用权能够分离，共享经济的供需双方能否接受"不在乎天长地久（所有），只在乎曾经拥有（使用）"的消费理念，成为共享经济顺利发展的第二大关键制约因素。③ 产品是否有共享价值，弱化私人物品的竞争性，使私人物品可共享。④ 能否解决安全

漏洞。共享经济对社会的信用体系提出了更高要求，其创新性对当前法律的滞后性提出了严峻挑战。

2. 镇江市共享经济对低碳经济结构的调整作用机制

镇江市共享经济体现了经济发展的协调性、包容性、开放性和绿色性。它既能发挥经济体中的存量资源优势，又能推动经济社会持续发展，更能契合人们的消费需求，其具体作用机制如图5所示。

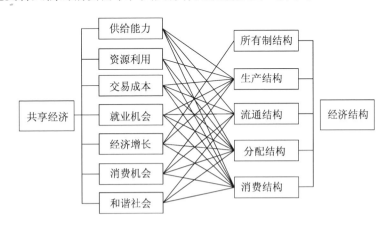

图5 镇江共享经济对低碳经济结构调整作用机制

3. 镇江市共享经济对低碳经济发展的作用

在镇江低碳城市建设的语境下，共享经济就是供给侧和需求侧的双重有效满足，并达到供需的平衡，具体为：① 共享经济为镇江从消费端找到了低碳经济发展的新路径；② 共享经济为镇江找到了破解低碳经济发展难题的新市场动力；③ 共享经济为镇江低碳经济发展注入了新力量；④ 镇江共享经济创新政府低碳经济治理理念和治理方式。

四、镇江市共享经济与低碳城市融合发展的路径和对策

1. 镇江市共享经济与低碳城市融合发展的路径选择

具体的路径选择为：① 发展产业集中集聚集约，实现能源结构调整和基础设施共享；② 发展共享交通，盘活镇江闲置交通资源；③ 发展共

享厨房，实现外卖规模化。

2. 镇江市共享经济与低碳城市融合发展的对策和建议

共享交通方面的对策建议为：① 镇江市政府要大力普及社会信用体系和契约精神，并采取必要的措施，来有效降低单车丢失、破损及被私用等成本，要将共享单车作为市政自行车的重要补充，建立友好的城市骑行环境，鼓励公众骑行；② 镇江可根据自身城市建设需要，对电动自行车进行限速控制，同时处理好停放问题，在加强诚信体系建设的前提下，适当的奖惩制度非常必要。

共享厨房方面的对策建议为：① 规定订餐网站、外卖 APP 公司和实体商家签订合同，明确双方权责；② 共享厨房还应与城市的低碳建设同步，为低碳建设服务，建立排污净化系统，统一接受政府管理，减少食物冗余；③ 食品专人专线统一配送，开辟专门通道，缓解交通压力，并且对包装盒进行回收处理，选择可回收利用的材质，减少白色污染。

共享房屋方面的对策建议为：① 创造一个有力的制度保障，从根本上保障租赁双方的基本权益；② 从软件平台入手，对平台中招租的房屋进行统一的身份认证，对每套房屋进行实地考察，确保房源的真实性和安全性；③ 通过镇江的文化底蕴和名胜古迹找准民宿的发展方向，进行合理规划，错位发展，多组织彰显特色的活动。

镇江市宣传文化部门政府采购现状及风险防控研究

| 肖军荣　李娟芬　吴仕宏　王　浩 |

中国正在进入一个"采购政府"的新时代。据财政部数据显示，2015年、2016年全国政府采购规模连续突破2万亿元和3万亿元，占财政支出的比重分别为12%和16.4%，占GDP的比重分别为3.1%和4.2%。然而，政府采购作为公共部门与私人部门接触最为频繁的领域，其"天价采购"、权力寻租、贪污腐败等乱象一直为社会诟病。本课题立足镇江市宣传文化部门资金使用情况和政府采购现状，厘清资金使用过程中的风险点，为规范资金使用行为提供决策参考。

一、政府采购现状

我们选取2015年至2017年如下数据作为样本：镇江市宣传部门有宣传文化发展专项资金、文明城市创建专项资金、文化产业引导资金、社区建设专项资金、文化事业建设费等，3年共约6000万元；镇江市文化部门有各类场馆免费开放资金、文保项目经费、文体事业发展专项资金、各类场馆维护运营专项资金等，3年共约7500万元。从项目的投入和资金的使用情况看，具体分析如下：

一是政府采购占比低。经初步统计，2015年至2017年，镇江市文化部门用于政府采购的专项资金分别为1170万元、550万元、650万元，分别占全年各类专项资金的39%、25%、28.3%。镇江市宣传部门用于政府采购的专项资金分别为50.4万元、43.9万元、26.75万元，分别只占全年各类专项资金的2.8%、2.4%、1.1%。

二是公开招标少。2015年至2017年，"镇江市公共资源交易服务平台"采购信息公告显示，镇江市文化部门政府采购项目共有18件，其中，图书、期刊等货物采购类 4 件，故居修缮、场馆改造等工程采购类 6 件，场馆数字化建设、古籍数字化加工等服务类采购 8 件。采购方式有 5 种，其中，采用单一来源采购方式 3 件；采用竞争性磋商采购方式 4 件；采用竞争性谈判采购方式 6 件；采用询价采购方式 1 件；采用公开招标采购方式仅 4 件。

三是采购内容窄。除了货物类、部分工程类及少量服务类项目进入招投标程序外，更多的服务类项目并没有采用政府采购模式。

二、存在的问题

（一）路径依赖现象普遍存在

镇江市宣传部门政府采购项目主要集中在购买通用办公用品和印刷服务两大类，且占比非常低。除此之外，其购买公共服务的模式往往是各相关处（室）提出采购项目，选择承接公司，待领导班子会议集体研究通过其报价后实施。该路径下的采购行为，强调了项目经费的合理安排和管控，而采购程序的合规性、采购方式的合法性及承接主体是否具备承接能力等实质性问题容易被忽视。如：一款 APP 的设计与制作被直接委托给某一软件公司开发；每年文明城市创建活动中的各类宣传文化广告项目的制作未纳入政府采购项目组织采购；各类公益广告的制作服务采购亦是如此。我们通过访谈了解到，造成路径依赖现象的原因主要有：首先，少数同志主观上认为党群部门使用财政性资金购买服务的行为不属于政府采购范畴；其次，纪检监察体制改革之前，没有内设纪检监察部门，对其购买服务的行为缺乏外部监督也是原因之一。

（二）存在部门本位主义现象

受文化管理体制改革阶段性因素的限制，大部分公共文化服务资源掌握在体制内事业单位或国有公共文化公司等组织手中，这类单位由于机构改革不到位，仍直接隶属于政府行政管辖，运营经费由财政划拨保障，其更易获得服务类政府采购项目，公共文化服务购买行为多以非竞争性方式确定承接主体，存在"内卷化"的特征。如：2017 年镇江市一项国际会议的运营组织采用单一来源方式进行采购，供应商为镇江市一家大型文化集团，原因之一是其作为公益二类事业单位，具有会展、会议组织职能，可以作为政府购买服务的承接主体；另一考量是，这家文化集团作为宣传文化系统内单位，力量容易调配，工作容易协调。

（三）执行政府采购的意愿不强

《镇江市 2017 年政府集中采购目录及采购限额标准》中规定，各级国家机关、事业单位和团体组织使用财政性资金采购集中采购目录以内或者限额标准以上的货物、工程和服务，均应纳入政府采购预算编报范围，依法实施政府采购。但在实际工作中，这方面的意识有待加强。如：2017 年，文明城市创建专项经费为 500 万元，其中有近一半的资金用于"公益广告制作"，按照《镇江市 2017 年政府集中采购目录及采购限额标准》规定，采购"公益广告制作"品目的公共服务项目应进入"镇江市公共资源交易服务平台"实行分散采购，且达到公开招标数额标准的还应实行公开招标采购，但实际情况是，在惯性思维下按照"老办法"，确定了成交供应商，而未实施政府采购。

（四）采购项目仅部分纳入预算

随着国家财政预算制度的实行，细化部门预算改革措施的出台，政府采购预算成为财政预算的重要组成部分。采购预算被单独提出，是因为政府采购资金为财政资金，财政资金是通过预算进行管理的。《政府采购法》对于政府采购预算编制做出了明确说明："负有编制部门预算职责的部门在编制下一财政年度的部门预算时，应当将该财政年度政府采购的项目及资金预算列出，报本级财政部门汇总。"立法目的之一就是通过编制采购预算压缩一些单位的自我采购权，便于采购监督管理部门实施有效监督。2015 年至 2017 年，镇江市宣传部门政府采购预算表显示，全年政府采购内容仅为通用办公用品和印刷服务两大类。据我们了解，镇江市宣传部门有部分专项资金用于服务类采购，如：软件开发服务、会议服务、广告服务等，但我们没有发现这些项目的采购预算。镇江市文化部门的部分政府采购资金来源于各类国家级、省级专项资金，这类资金存在不确定性，在编制采购预算时难以把握，往往出现后期追加或调整采购预算的情况。

（五）采购信息公开不充分

采购信息公开是指将政府采购的相关信息通过公开的方式告知社会公众和有关供应商，采购信息公开是政府采购管理制度中的重要组成部分，只有建立完善的政府采购信息公开机制，政府采购才能规范实施，但在实际工作中有欠缺。3 年间，镇江市文化部门的 18 件政府集中采购项目，在"镇江市公共资源交易服务平台"上公示的有 5 件，占比 27.7%，该 5 件政府采购项目公示的内容仅为合同公示，公示范围小且公示内容单一。除此，由部门自行组织的采购项目，仅在单位门户网站上公示，且公示时间较短。

三、外地的经验做法

（一）苏州市政府采购经验

苏州市政府购买公共文化服务实践，体现了科学性、系统性、整体性和精准性，有效解决了"买什么""怎么买"和"是否值得买"等三个问题。

1. 合理确定需求。一是充分利用来电、来信、电视、广播、报纸等传统平台和媒介，通过组织开展座谈会广泛听取群众对文化产品、文化服务的意见和建议，合理确定购买服务内容。二是建立以"两微一端"、电子信箱等为主要形式的网络平台，第一时间掌握群众的反馈意见，第一时间回应群众的文化诉求。三是委托中介公司、社会组织等开展群众文化需求问卷调查，并注重调查对象的广泛性、层次性和覆盖面，既要有城市居民，也要有农村居民，既要有老年群体，也要有中青年群体。

2. 规范购买行为。一是根据政府购买公共文化服务指导目录，按照政府采购要求编制部门预算，在上一财政年度末确定下一财政年度具体购买项目的数量、形式、资金来源等内容，并报送同级财政部门审批。二是根据公共文化服务的不同性质、种类和要求，科学灵活地选择政府购买方式。对于市场主体发育成熟、竞争充分的项目，严格按照《政府采购法》组织公开招标；对于承接主体少、政府选择面窄、竞争不充分、专业性较强的项目，灵活选择竞争性谈判、询价、单一来源等采购方式；对无竞争性、限额标准以下、实施期限不长、重大政治活动等项目可采用定向委托的方式进行购买。

3. 完善绩效评估。一是在公共文化服务供给的中期和末期，分别开展满意度调查。中期调查注重群众对公共文化服务的过程性评价，并及时向公共文化服务的承接主体反馈；末期调查注重群众对公共文化服务的结果性评价，根据评价结果对承接主体评定等级，并以此为标准决定是否延迟付款或者减少付款，真正发挥公众满意度调查的监督效力。二是将第三方评估纳入法定程序，明确写进合同，不经过第三方评估的项目不予结项，将第三方评估结果与政府对公共文化服务的考核挂钩，对低于评估预设值的承接主体明确惩处措施。三是及时向社会公开政府对承接主体的绩效评价，并作为将来政府选择承接主体的重要依据。同时，建立黑名单制度，根据绩效评价确定信用等级，为将来政府选择优质的承接主体提供依据。

（二）嘉兴市政府采购经验

近年来，嘉兴市在消除服务类项目采购"内部化"现象方面开展了很多卓有成效的实践，取得了很好的效果，有许多值得借鉴的经验。一是将文化类社会组织依法纳入政府购买公共文化服务项目的承接主体。加强对已批准注册文化类社会组织的日常监管，引导和指导文化类社会组织按章程开展相关活动，建立健全内部治理结构，完善财务、资产、人员、绩效等管理和评估制度，形成良好的服务信誉。二是结合公共文化服务的具体内容和特点，采用以公开招标为主的政府购买方式，积极探索邀请招标、竞争性磋商、竞争性谈判等方式确定承接主体，确保无论是国有的还是私营的文化组织，都一视同仁，防止"暗箱操作"。三是建立政府购买价格的动态调整机制，根据承接主体服务内容和质量，确立补贴范围和空间，并向社会公开，接受监督。

四、对策与思考

我们认为建章立制、信息公开、有效监督和风险防控将有利于规范政府采购行为，有利于防范廉政风险。

（一）建章立制

一方面，应按照政府采购法律法规建立健全单位内部政府采购事项集体研究、合法性审查和内部会签相结合的议事决策制度，并明确内部归口管理部门，具体负责单位政府采购的执行管理。

另一方面，单位内部归口管理部门应当牵头建立本单位政府采购内控制度，明确单位相关部门在政府采购工作中的分工和职责，共同做好编制政府采购预算和实施计划、确定政府采购需求、组织政府采购活动、履约验收、答复询问质疑、配合投诉处理和监督检查等工作。

（二）信息公开

1. 扩大采购信息发布的范围。在政府采购领域，公开是惯例，不公开是特例。全面有效的政务公开将政府的公权力行为置于"阳光下"，有助于群众对政府行使公权力的行为进行监督，压缩政府官员的腐败空间，使其不能、不敢将动机付诸行动。

2. 建立立体式采购信息发布机制。采购信息不仅要及时发布，而且要将传统媒体和新媒体结合起来，使信息传播更迅速更广泛，在可行的情况下要顺应电子政务新趋势在"两微一端"等平台发布。

3. 完善采购信息查阅制度。要用足合同公开，用好大数据平台，建立电子信息查询网络系统，方便社会公众获取相关信息，也为采购监督管理部门对采购过程进行有效的监督提供方便。

（三）有效监督

1. 加强政府采购的决策监督。采购人应严格按照《预算法》《政府采购法》等相关法律的规定，凡符合政府采购预算表中要求的项目或品目都要编报预算，发现漏报或瞒报的情况，要按违反财经纪律严肃处理。后期追加或调整的采购预算实行听证制，以广泛接受各方面的质询，这样能避免因采购人权力过大而导致采购预算形同虚设。

2. 开展采购资金使用绩效评估。宣传文化单位作为公共服务的购买主体，更要把外部评价即群众满意度作为评估的"主维度"，以提供人民群众喜闻乐见的公共文化产品。此外，可以将政府采购绩效评估与发展电子政务有机结合起来推进，充分利用信息网络技术，建立电子化的政府采购绩效评估标准系统和自动监督系统。同时，要增强政府采购绩效评估过程的透明度，杜绝绩效评估过程中的"暗箱"操作。

3. 发挥派驻纪检监察机构的监督作用。一是派驻纪检监察机构要推进"嵌入式""全覆盖""专业化"监督，提高履职能力，强化资金使用事前、事中、事后监督。二是充分利用技术手段和信息力量，适时开展专项督查，提高主动发现违纪违规违法行为的能力。三是加大政府采购违纪违规违法行为的查处和通报力度，通过剖析典型案件，举一反三，堵塞漏洞，从而达到亡羊补牢的目的。

（四）风险防控

1. 在政府采购活动中，系统使用风险评估机制。将政府采购领域的违纪违法腐败案件进行数据集中化管理，在上级纪检监察机关的协助指导下，对腐败易发的环节和关键点，制定有针对性的风险评估方法和标准。

2. 强化政府采购的内控和外控机制。完善政府采购相关的制度机制，强化对政府采购合同执行完成情况的审计。建立政府采购单位成本数据库，依此开发招投标预警系统。普遍采用电子采购系统，推动框架合同的使用和集中采购方式。对负责招投标工作的公职人员开展经常性的廉政教育、价值观教育和职业道德教育。

3. 建立政府采购"黑名单"制度。在政府采购合同签订的同时，签订廉正协议，就监督措施和罚责等作出规定。建立政府采购黑名单库，对被列入黑名单的投标人采取招投标禁入措施。

镇江市普惠金融发展现状、存在问题及对策建议

| 张先忧　王崧青　潘志昂 |

随着经济发展，我国普惠金融的理念、实践也发生了显著变化，普惠金融领域的激励政策与手段逐步完善，多元化的金融服务机构体系正在构建，金融基础设施逐步健全，金融产品与服务方式更加完备，依托金融科技与数字技术的发展，普惠金融的便利性逐步提升，普惠金融教育与金融消费者权益保护逐步加强。

一、镇江市普惠金融发展基本情况

近年来，镇江市金融系统在有效防控金融风险的同时，普惠金融领域取得了较快发展，普惠金融的可得性、使用情况及质量均有不同程度的提升。

截至 2018 年 6 月末，镇江市普惠金融领域贷款为 379.81 亿元，比年初增加 9.40 亿元，增幅为 2.54%，低于全省增幅 5.34 个百分点，占镇江市人民币各项贷款比重为 9.40%。其中，70.27% 的贷款为住户普惠领域贷款，且主要集中在农户、个体工商户及小微企业主生产经营性领域；金融精准扶贫领域发放贷款 12.94 亿元；保险业发展方面，累计实现保费收入 14.23 亿元，同比增长 3.2%。金融服务机构主体方面，镇江市各类银行业金融机构共有 33 家，其中法人机构总数 9 家，从业人员 10938 人，财险公司 28 家。账户及支付方面，2017 年，个人银行结算账户人均拥有量为 8.6753 户，企业法人单位银行结算账户平均拥有量为 1.9964 户，银行卡人均持卡量为 5.2521，信用卡人均持卡量为 0.3791，每万人拥有的 POS 终端数增加近 13 台，进一步服务了智能手机、网上银行使用困难的群体。

二、推进镇江市普惠金融业务的主要举措

（一）严格执行相关金融政策，营造良好的政策环境

1. 积极落实相关金融政策。一是中国人民银行镇江市中心支行（以下简称人民银行镇江中支）严格执行定向降准政策，对当前"三农"和小微企业领域实施的定向降准政策拓展和优化，改为统一对普惠金融领域达到一定标准的金融机构实施定向降准政策，并分类、分档执行；二是积极贯彻落实人民银行普惠金融统计制度，加强对数据质量的审核，为分析区域普惠金融发展情况提供数据支撑；三是银保监局积极贯彻落实"三个不低于"① 政策，引导金融资源更多地流向小微企业。

2. 综合运用货币政策工具。一是综合运用支农、支小再贷款等货币政策工具支持"三农"和小微企业发展，截至 2018 年 6 月末，人民银行镇江中支向农村商业银行及村镇银行发放支农再贷款 10.6 亿元，发放支小再贷款 2 亿元。通过发放再贷款，有效地扩大农户贷款，缓解农民贷款难的问题，降低"三农"领域的融资成本。二是运用再贴现政策，为金融机构释放流动性，截至 2018 年 6 月末，镇江市金融机构再贴现余额为 12.76 亿元。

（二）强化"政银保"合作对接，强化配套机制建设

1. 加强"政银保"合作对接。加强政府部门与金融机构的相互协作。如人保财险镇江公司开展的支农融资项目 4 个，分为"政银保"② 与"政

---

① "三个不低于"：即在有效提高贷款增量的基础上，努力实现小微企业贷款增速不低于各项贷款平均增速，小微企业贷款户数不低于上年同期户数，小微企业申贷获得率不低于上年同期水平。

② "政银保"模式：市政府提供政策支持，银行负责放款、风险管控及风险分担，保险公司提供保证保险并协助风险管控。"政银保"项目有 3 个，分别是惠农贷、镇农贷与农保贷。

融保"① 两种模式，截至 2017 年 11 月，该支农融资项目共计 230 笔，金额 8979 万元，有效地支持了"三农"发展。此外，镇江市"科技贷""高保贷"等科技类贷款在一定程度上满足科技企业融资需求，并有效地缓释了信贷风险。

2. 加强配套机制建设。一是构建多元化信用信息收集渠道。人民银行镇江中支与镇江市国税局、地税局联合印发了《"银税信用互动"合作办法》，持续推动持牌金融机构新设分支机构的系统接入工作，继续开展对小贷公司的系统接入工作。二是逐步完善动产、权利抵押登记平台，加强应收账款融资服务平台应用暨企业信用体系建设工作，深化"中征应收账款融资服务平台"和"镇江市企业信用信息综合服务系统"的推广应用。

（三）增强普惠金融力度，创新金融产品和抵押方式

1. 成立普惠金融事业部。国有商业银行、部分股份制银行及地方法人金融机构根据实际情况成立了普惠金融事业部，统筹负责普惠金融推广工作。镇江市金融机构中、中、农、工、建、交均成立了市一级普惠金融事业部，法人金融机构中镇江农商行、句容农商行也成立了普惠金融事业部，部分股份制银行如兴业银行将普惠金融事业部相关职责挂靠在小微金融部门。普惠金融事业部主要负责金融机构普惠类业务发展规划的制订、市场的营销与拓展及相关业务目标的管理与考核；牵头推进全辖"三个不低于"达标，协同推进"三农""扶贫""双创"及其他各类普惠金融业务全面协调发展。

2. 加强农村金融基础设施建设。为保证农村地区村民获得基础的金融服务，镇江在较为偏远的乡村地区成立农村金融综合服务站。目前，镇江市有 2 个农村金融服务站，分别位于扬中市中园路与句容市天王镇唐陵

---

① "政融保"是政府提供政策支持，由保险公司直接放款并提供还款保证保险，"政融保"项目有 1 个，即镇农保贷。

村。服务站集金融业务办理、金融知识宣传、农户信息采集、救助需求信息传递功能于一体，提供取现、查询、转账和水电费代缴等基础性金融服务，对于金融服务惠及"三农"群体意义重大。

3. 创新金融产品与抵押方式。一是金融机构针对"三农"和小微企业设计多种贷款产品，且担保方式多样，为客户提供融资便利；二是积极试点农村"两权"① 抵押试点工作，拓宽合格抵押品的范围。截至 2018 年 6 月末，镇江市土地承包经营权抵押贷款发放 5 笔，金额总计 1200 万元，分别为个人经营性贷款（家庭农场贷款）420 万元，农村农林牧渔业贷款（农业产业化龙头企业贷款、农民专业合作社贷款）780 万元。

三、镇江市普惠金融发展存在的问题

（一）顶层设计有待完善，机构协同性有待加强

一是我国目前尚无法律规范普惠金融的发展，目前的政策多以指导性为主，缺乏强制性，政策短期化、阶段性特征比较明显，执行缺乏规范，未得到有效落实，且对相关主体的权责约束不明，违约惩戒不清，一定程度上阻碍了普惠金融的发展；二是政府和金融监管部门出台的相关政策，对奖励、约束口径及侧重往往有区分，令商业银行难以操作。如监管评级中的小微贷款普惠口径、定向降准中的小微贷款口径、免征增值税政策的小微贷款口径均不相同，增加了商业银行的统计难度；三是政策支持力度不足。近几年，地方政府越来越重视"三农"问题，并且分别在赋税、货币、监管等方面给与足够的政策重视，但是这远远无法满足县域及农村地区经济主体的金融需求，对于商业银行的政策协调机制、风险补偿机制、奖励补贴机制及支农税收政策等一直没有合适的长期扶持政策；四是目前镇江市有财政补偿性质的普惠贷款管理分散在各条口，如科技处负责科技贷、农业处负责农业贷等，这给商业银行业务对接与企业政策咨询造成了

---

① "两权"包括农村土地承包经营权与农村住房财产权。

一定阻碍。

（二）普惠金融可持续性不强，信用机制建设有待加强

一是对于金融服务提供者而言，农村、城镇地区存在的普惠金融推进的各类障碍，如农村人口空心化现象、人均收入低、产业结构相对单一、基础设施落后、金融服务提供者的经营成本较高、难以盈利等问题，使金融机构发展普惠金融的可持续性不强。二是以服务乡镇为主的农村新型金融组织，如村镇银行与小额贷款公司，受股权结构、风控能力、创新能力等方面制约，在促进普惠金融方面显得较为乏力。三是农村信用体系建设不健全，服务"三农"和小微企业的农村信用担保体系、信用评级公司、农村产权交易体系等重要的信用基础设施发展滞后。

（三）普惠金融服务产品单一，业务开展内生动力不足

一是普惠金融产品和服务种类不够丰富，产品创新机制不够健全。虽然当前政府、银行、保险等金融机构加强对接合作，因地制宜加大了产品创新力度，一定程度上满足了镇江市"三农"和小微企业的普惠金融需求。但普惠领域贷款担保方式目前仍以抵押担保贷款为主，信用贷款少；期限以短期为主，中长期贷款少；贷款主体以住户贷款为主，企业贷款少；业务以基础存贷款业务为主，中间业务少。此外，缺乏抵御农业自然风险和农产品市场风险的农业保险品种。二是普惠金融领域服务对象的资金需求较小，加之信用体系不完善、合格抵押品缺乏、风险抵御能力较差等原因，其贷前调查环节较大额贷款并不简单甚至更为烦琐，因此客户经理的积极性较低，业务开展内生动力明显不足。

（四）中小企业融资难题突出，风险分担机制有待健全

一是小微企业虽作为普惠金融的重点服务对象，但由于其财务制度不健全，担保措施较弱，抗风险能力差，纳税、经营信息不对称，公司治理相对不透明、不规范，金融机构很难获取其是否涉及民间借贷等信息，加

之金融机构服务成本较高等诸多因素，小微企业获取金融服务的广度与深度受到了一定影响。二是镇江市风险担保机制单一，主要以担保公司为主，但由于此前担保业务发展过快，风险防范意识和措施薄弱，受多种风险因素特别是丹阳市、扬中市区域性风险爆发影响，其经营和代偿能力出现不同程度的下降，部分担保公司实际代偿能力已严重不足，银担合作风险加大，使得中小企业融资难题凸显。

四、推动镇江市普惠金融发展的政策与建议

（一）加强政策引导激励，形成普惠金融发展合力

一是健全普惠金融扶持政策体系，构建普惠金融发展的正向激励机制。系统梳理和整合涵盖改善"三农"、小微企业、助学、就业、保障房等领域融资条件的财政扶持政策。完善税收优惠政策，考虑将财政资金支持、税费优惠、风险拨备、坏账核销等支持政策综合嵌入差异化监管制度。二是加强人民银行、银监会、保监会、税务、财政等政策协同性，统一小微贷款等优惠政策口径，鼓励银行精准服务小微企业及其他普惠金融项目。三是加强地方财政支持，加强地方财政部门与金融监管部门的协作，形成普惠金融发展合力，通过设立普惠金融发展专项基金，对普惠金融业务开展较为突出的机构给予适度资金支持。四是调整金融机构内部考核激励机制，对主推普惠金融工作的部门和工作人员进行考核倾斜，提高信贷人员投入普惠金融工作的积极性与普惠金融商业模式的可持续性，将普惠金融工作由点到面进行普及落实。

（二）完善多元化机构体系，提高普惠金融覆盖面

一是健全完善地方融资担保机制，完善普惠金融风险分担体系。通过设立政策性融资公司，设立政府融资担保基金，完善包括反担保在内的政府融资担保方式，充分放大财政资金的杠杆作用。二是充分发挥保险公司的风险分担的作用，加强"政银保"合作对接，进一步完善风险分散和损

失补充机制，建立农业保险基金、再保险制度；三是鼓励有条件的中小型商业银行探索建立简易型支行或特色支行①，该类型的支行开业许可要求更低，审批流程更快，可使商业银行的经营在地理上更为分散，并向金融服务不足的社区和小微企业提供更加专业、便捷的金融服务。此外，不断引导金融机构延伸在乡镇级村组的服务半径，鼓励农商银行等金融机构发挥自身优势，开展错位竞争和有序竞争，促进金融机构以合理成本和收益开展服务。

（三）创新金融产品和服务方式，提高普惠金融可得性

一是围绕"三农"、小微企业、金融精准扶贫、民生领域，针对《规划》内容，突出农民、小微企业、个体工商户、城镇低收入人群、自主创业者等普惠金融重点服务群体，引导信贷资源的倾斜力度，提高普惠金融的精准度与覆盖面；二是金融机构可以在授信额度、贷款期限、担保方式、资金价格等方面进行差别化设计，进一步拓宽包括应收账款抵押、专利权、"两权"等作为合格抵押品的范围，在风险可控的前提下适当降低普惠金融服务对象的信贷标准，扩大金融资源投入范围。三是金融机构可借助互联网和现代通信技术，创新金融服务方式，依托网上银行、手机银行等平台，以市场和实际需求为导向，科学定位目标客户并细分业务，开发定制化的信贷产品，提高金融创新产品和服务的辐射面。

（四）完善金融基础设施，提高普惠金融便利性

一是加快农村金融服务普及，在当前金融脱媒加剧的背景下，金融机构通过提升硬件设施（如增加物理网点，提升经营区域覆盖等）并不符合

---

① 社区支行和小微支行是特色支行的两种类型，社区支行以"自助＋咨询"模式为客户提供服务，主要业务为吸收存款和销售金融产品，部分社区支行也提供小额贷款业务。社区支行通常配有 ATM 或 CRS（自动循环存取款机，与 ATM 类似，但还支持现金存款及其他交易）机具。每个支行一般有 2～3 名员工，具体负责为客户提供业务咨询和产品营销等服务。小微支行与社区支行类似，但主要为小微企业提供基础金融服务。这些支行通常设立在工业园区，特色支行可结合其服务的产业聚集区内工人的上班及换班时间灵活安排自身工作时间。

其经营特性，但可以在农村金融服务需求旺盛的区域增加自动取款机、POS 终端机的投放，进一步服务智能手机、网上银行使用困难的群体。二是完善信用信息采集机制，构建信息共享平台，稳步推进小微信贷机构接入金融信息基础数据库。协调金融机构、工商、税务、海关、电力等重点部门实施"信用大数据"互联互通，让金融机构借助大数据和人工智能技术评估信贷主体的信用资质，进一步提高信贷主体的信息透明度。此外，可由地方政府牵头成立从事小微企业和农民征信业务的征信机构，构建多层次、广覆盖的信用服务体系，不断发挥征信机构在普惠金融发展中的积极作用。

如何强化平台公司的绩效管理平台建设

| 董晨鹏　华　军　宗正刚　殷　惠　申　吉　张　华 |

　　平台公司是过去 20 年来地方政府融资的核心渠道之一，其存在的核心价值是替地方举债融资，在推动城市基础设施建设、资产运营及片区开发等过程中做出了重大贡献。然而，随着地方土地资源的相对匮乏和还本付息压力的增大，平台公司必须市场化转型，走产业化、实业化的道路。想要打破制约发展的瓶颈，其内部管理应率先做出改变。人作为企业的主体，人力资源管理体系的优化自然首当其冲，优化的核心就是要进行激励机制改革，由原来固定工资的模式，逐步向多元化工资模式进行转变，这样才能适应社会竞争带来的压力。因此，在向多元化工资模式转变的过程中，国有平台公司必须要强化激励体系特别是绩效管理平台建设，从而实现目标管理和薪酬管理的目的。

一、平台公司的绩效管理平台建设背景

　　地方政府融资平台公司是我国特殊的财政和政府融资体制下的产物，对促进地方经济发展尤其是基础设施建设发挥了重要作用。但针对其数量和债务规模的激增，2017 年，财政新规密集出台，要求剥离政府融资功能，平台公司市场化转型迫在眉睫。与此同时，平台公司也面临着政策的机遇。2018 年两会的政府工作报告指出：推进国资国企改革，加快形成有效制衡的法人治理结构和灵活高效的市场化经营机制，持续瘦身健体，提升主业核心竞争力，推动国有资本做强做优做大。国家发改委在《关于实施 2018 年推进新型城镇化建设重点任务的通知》中也明确了 2018 年新型城镇化建设的五大重点任务，其中深化城镇化制度改革为城投公司探索转型发展带来了新的发展机遇。

二、平台公司的绩效管理平台建设过程中突出的问题

绩效管理平台建设需要在企业基础管理规范、配套管理完善的情况下实施。如果目标体系、计划体系、预算体系、责任体系不健全，那么在实施绩效管理的过程中，就会遇到价值导向不明确、指标和目标不清晰等问题，绩效管理也就自然达不到预期的效果，反而认为是绩效管理存在问题。

1. 公司环境分析认识不足

平台公司主要是项目融资的产物，而项目融资是一种结构性融资，是以项目的未来收益和项目自身的资产来进行融资的，是一种资源注入型被动式融资模式。随着地方土地资源的相对匮乏和还本付息压力的增大，平台公司必须向市场化转型，走产业化、实业化的道路，生产效益性优质化产品，搭建起主动性融资平台，走上实现赢利和可持续发展的道路。但在市场化转型发展过程中，平台公司竞争意识不强，对环境分析重视不足，压力传递不到位，核心竞争力不够。

2. 目标管理导向不够明确

没有目标就没有管理，目标管理是绩效考核的基础。企业是社会经济组织，其目标就是提高经济效益，实现赢利的目的。平台公司要想改革转型成功，必须从对单纯的融资指标和公共产品的生产指标管理转向以现金流为基础的有效产出的目标管理体系，也就是说，必须立足于企业的市场效益和劳动生产率的真正提高。平台公司的绩效管理平台是工具，绩效管理与目的、目标相联系，通过绩效管理平台尽可能地实现目标管理的任务。

3. 绩效考核不够科学

现有平台公司的绩效考核体系形式上比较先进，但由于目标管理体系不健全，仍然形同虚设。对子公司没有进行分类管理和市场对标管理，未能合理确定考核目标以突出不同考核的重点。在没有目标的前提下去做绩

效管理，就无法顺利实现战略目标从公司层到部门层、再到员工的分解，没有建立员工行为与战略目标实现之间的关系，绩效指标不能真正反映企业战略目标与管理改进诉求，导致企业绩效价值导向偏离组织文化与目标，考核目标与方向不明。

三、突出问题的原因与后果分析

1. 企业经营目标认识不到位

企业是以盈利为目的的经济型组织，企业只有盈利才可以生存和可持续发展，才能真正做大做强做优。所有的工具和手段都要围绕经营目标服务，绩效管理之所以达不到良好效果，原因是对通过考核解决什么、达到什么目的缺乏清醒认识，进而在变革中作出本不该有的妥协，从而导致组织变革达不到预期，甚至无功而返。如果仅仅将绩效管理定位于一种管理手段，为了考核而考核，这样做的结果虽然会给员工带来一定的激励作用，但也会加大员工心理上的负担，久而久之使员工对考核产生逆反心理。同时，对于绩效工作的开展，一些公司的经营层人员没有从思想上引起重视，仅仅只是为了应付，借故工作繁忙、事务繁多无暇顾及，直到年底才"重视考核"，匆匆进行一些主观考核和评定；或当员工出了问题时就强调考核的重要性，并亲自进行督查。

2. 绩效考核受传统文化影响较深

由于受中国传统文化的影响，很多企业管理者对不合适的人容忍度很高，奉行"中庸之道"，具体反映到企业文化里是当"老好人"。在对被考核者进行评议和打分的时候，都不愿做反面评价，习惯当"老好人"，这使得考核流于形式，考核结果千篇一律。同时，由于长期受计划经济影响，公司中形成了"重资历、轻能力"的文化，对于有资历的老员工，即使绩效不佳，碍于面子加之凭印象打分，考核结果往往是优秀。考核时难免造成情感上的主观评价，所做的考核评价必定是含糊混淆，考核结果带有很大的不公平性，这对高绩效员工尤其是年轻员工的积极性造成了很大伤害，更无法正面引导员工。

3. 目标管理滞后导致考核指标设计不合理

由于平台公司的董事长、总经理等经营层都是由地方政府任命，在较短的任期内很难对企业的未来发展确定一个清晰的目标定位，在其任期内不会主动去制定可落地的公司战略规划路径图，缺少以现金流为基础的有效产出的目标管理体系。由于对子公司没有根据企业功能性质定位和行业特点科学设置联动指标，缺少经营效益指标和与市场对标的劳动生产率指标，指标与企业战略绩效目标脱节，没有从企业战略规划、行业性质、发展阶段出发，同时也缺少战略目标与绩效指标设计之间的原则阐述，员工不了解公司的发展战略，只能机械地完成任务，缺乏对公司目标的宏观思考和工作的铆劲。对员工绩效考核的结果一般分为优秀、良好、合格和不合格，但缺少明确的评价标准，难以量化和操作。

四、提出解决措施

绩效管理体系是一个整体，要在战略目标明确、组织机构完善、部门职责健全的基础上进行强化，只有这样才能充分发挥其应有的作用。

1. 建立以现金流为基础的有效产出的目标管理体系

企业经营的目的是为了盈利，目标管理就要转向以现金流为基础的有效产出的目标管理体系，企业现金流管理与其各项经营管理活动是交织在一起的，而企业经营管理活动是不稳定的。此外，还有还本付息高峰期的到来，为了追求最大限度的平衡和最大限度的现金净流入，保持现金流量的通畅，就必须加强企业现金流量管理，适时地对企业的资源进行合理组合配置。同时，可根据有效产出的思路对子公司、部门、员工的日常工作量化，采用定量方式进行考核。有效产出是瓶颈理论评判贡献度大小的最关键的指标之一，对事务性项目需要进行量化。

目标管理以公司战略规划为前提，以公司年度计划为依据，将各种任务、指标层层分解到各部门和个人。企业战略目标重新评审不仅要对企业当前使命、目标、战略、政策进行评价，而且要对企业环境进行分析，以确定其中所存在的关键战略要素。目标管理的实质是绩效价值导向，让整个公司的部门和员工事先有明确量化的指标，事中检查考评，事后奖罚兑现。以前平台公司一直是以被动执行政府指定性建设任务为主，当下应该充分利用政策资源，把握好转型发展的机遇，把握好节奏，有序推进，实现主营业务和融资管理从被动到主动的转变。承担政府公益性项目的同时能够自主经营有市场竞争力的项目，抢抓本地市场还要具有战略眼光，同时，积极抢占外地市场，尽早实现市场化转型，走产业化、实业化的道路。

2. 明确绩效管理平台建设思路

首先，应当明确企业经营的目的，在充分进行企业内外部环境分析的基础上，制定公司的发展战略并进行充分的沟通，确保公司各级管理者和基层员工对公司的发展愿景和战略目标有充分的了解和认识，达成对公司发展战略的共识；其次，对绩效管理的指标进行合理的选择，并尽量予以量化，建立一套基于内部业务、财务、客户等方面的具体指标，并根据不同部门和员工职责的差异对这些指标进行更深一步量化；再次，进行岗位指标的合理分解，实现压力传递，实行"分类考核""短板考核""对标考核"。

（1）对集团部门和基层单位的考核：目标责任状绩效考核体系。

（2）对基层单位经营层的考核：主要评价指标为经营层贡献系数，它是经营层对于组织的贡献价值做出的比较，评价维度一般可包括员工绩效、劳动生产率、经营性指标等因素。

（3）对基层单位普通员工的考核：

第一步：拟定和健全基本工资制度。

第二步：明确类别并设定挂钩指标。

将平台公司具体分为商业1类、商业2类、公益类、金融类、文化类等。不同类型的企业对应不同类别的挂钩指标，指标分为经营性指标和劳动生产率指标。

第三步：自主编制工资总额年度预算方案。

企业按照工资与效益联动机制确定工资总额，原则上增人不增工资总额、减人不减工资总额，但发生兼并重组、新设企业或机构等情况的，可以合理增加或者减少工资总额，最终目标是形成基层单位绩效、工资总额、经营层工资三者联动的良性循环。

3. 积极营造企业竞争环境

（1）坚持工效联动原则，推行工资总额管理，以增强公司活力、提升公司效率为中心，建立健全与劳动力市场基本适应、与公司经济效益和劳动生产率挂钩的工资决定和正常增长机制。坚持按劳分配原则，健全企业职工工资与经济效益同向联动、能增能减的机制。公司未实现国有资产保值增值的，工资总额不得增长，或者适度下降。按照"三挂钩"原则（企业绩效与企业工资总额密切挂钩；企业职工个人绩效与个人工资总额密切挂钩；企业人员扩编与经营收入总量及项目净增量密切挂钩）编制公司工资总额预算。

（2）推行竞岗机制，如公司发生重组整合，实行全员竞岗，真正体现能上能下、优胜劣汰的市场化观念和竞争意识，鼓励员工不断创新，实现自我提升，为组织注入新的活力，强化员工的使命感与责任感。

（3）实行人岗匹配，根据不同员工个体间不同的能力素质将不同的人安排在最合适的岗位上，从而做到"人尽其才"。同时，轮岗培养也是提高人才综合能力和开阔视野的有效方式。

（4）打通技术人员晋升通道。专业技术岗位是在公司中从事专业技术工作，具有相应专业技术水平和能力要求的工作岗位，这类岗位聘用应遵循"评聘分开、岗职相符、动态管理"的原则，公开公平、竞争上岗，公司定期对专业技术人员进行综合素质与业绩评价。

（5）对子公司经营层开展市场化招聘工作，招聘范围包括集团发展战略匹配需要、集团紧缺、行业内人才市场竞争激烈的稀缺人才，以职业经理人为主体。

（6）推行"一三五"人才培养工程，是指对入职"一年""三年""五年"期的员工进行全面跟踪培养、考核和选拔，通过体系化、标准化的培养流程，提升职业技能，推动员工成长。

4. 完善绩效管理平台的保障措施

（1）组织保障

公司应有专门的职能机构负责公司目标管理，根据公司战略及时组织、协同、回顾、检验和调整公司的各项工作，包括统筹分解各层级具体目标、设置考核指标和标准、拓展新的考评内容和方法、适应考评环境的不断变化等，力求通过绩效管理来更好地执行公司的战略。同时，为了高效开展绩效管理工作，公司应由总经理牵头的考核委员会负责绩效管理的设计和执行工作，再由人力资源部负责具体实施。人力资源管理是一把手工程，高层领导是绩效管理落实的真正推动者，可以从战略高度提升组织整体绩效。通过培养执行力强的中层管理队伍，实现战略目标自上而下的分解，确保顺利实施。

（2）信息保障

绩效管理要基于数据和事实可量化，让数据和事实说话，否则难以让员工服气，没有量化就没有科学的绩效管理。因此，数据信息的准确性、及时性至关重要，除了需要制度来提供有效保障外，还可以采取一系列的措施来预防和减少误差，包括检查考核指标设计的合理性、考核数据是否可获得或可低成本获得；检查考核指标的唯一性，指标是不是有歧义；确定考核数据来源，与数据提供者共同确定数据的可获得性、获得数据的方式和准确把握，并根据考核周期提出数据收集时间与收集方式。

（3）文化保障

为保证绩效管理顺利进行，达到快速提升的目的，公司应塑造一种以绩效为导向的企业文化，注重人本管理，加强沟通交流，尊重并理解员工，培育员工的使命感和责任感。这种有效的无形管理工具，能使员工达成共识，形成心理契约，从而使每一个员工知道企业提倡什么、反对什么、怎样做才能符合组织的内在规范要求，怎么做可能会违背企业的宗旨和目标，最终使绩效管理的观念深入人心，形成一种习惯。

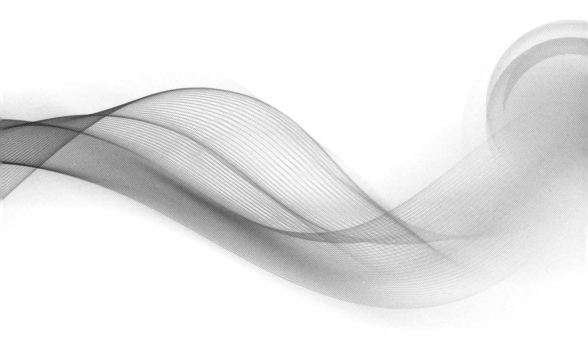

二、社会发展篇

大运河文化带建设的江苏路径研究①

| 潘法强 钱 兴 丁 钢 易向阳 廖维俊 张永刚

蒋纯利 速 成 祝中昊 薛玉刚 刘 念 |

大运河文化带建设是我国首次以文化建设为主要指向的带状发展战略。为全面贯彻落实习近平总书记关于把大运河文化带保护好、传承好、利用好的指示精神，近期江苏召开了大运河文化带建设工作领导小组第一次全体会议，江苏省委娄勤俭书记要求"站在民族文化复兴的角度，创造性地、高质量地推进大运河文化带江苏段建设，使其成为大运河文化带的先导段、示范段、样板段，成为江苏文化建设高质量的鲜明标志和闪亮名片"。大运河文化带江苏段建设，对提升江苏文化质量，推进江苏经济高质量发展，推动大运河走向国际舞台将产生积极影响。因此，要将大运河建设成"一河显苏韵"的江苏文化名片。

大运河江苏段全长 690 公里，其中通航段 628 公里，流经徐州、宿迁、淮安、扬州、镇江、常州、无锡、苏州八个地级市。至今大运河仍然对沿岸城市经济社会发展发挥着巨大作用。目前江苏境内拥有遗产河段 325 公里，7 个遗产区，28 处遗产点。自 2014 年申遗成功后，淮安、扬州、苏州等城市继续进行大运河建设，取得了阶段性成果。目前，大运河（江苏段）作为整体进行文化带建设已经摆上各级领导重要议事日程。

一、大运河文化带江苏段建设存在的不足

1. 建设主体职能亟待明确

目前江苏大运河文化带建设工作领导小组已成立，办公室设在省委宣

---

① 本文是江苏省省长吴政隆圈定课题。

传部。具体工作部门及其职责亟待明确，顶层设计需要加强，文化建设各自为战，条块分割问题有待解决。省与省之间、市与市之间、部门与部门之间，亟需一个具有较强权威性和执行力的专门机构进行统筹协调。

2. 文化带家底不够清楚

大运河文化带江苏段整体上没有全面调查摸底，大运河文化资源未能全部摸清，大运河文物的考古、研究、认定、保护工作有待加强，学术研究也还不够，有的地方未能真正讲好运河故事，大运河文化传承工作重视不够、效果欠佳。

3. 建设目标不够精准

对"大运河文化"和"大运河文化带"建设内涵认识不够清晰，理解差异较大，一些理解停留在地理空间上，缺乏多元和立体的认识，抓不住重点和精华。大运河文化带建设缺乏整体性，目标不够精准。

4. 保障体系不够健全

资源整合不到位、合作协调机制不健全、生态文明建设难度大、资金筹措困难、专业人才缺乏、文化公共服务设施不完善等问题，这些都会影响文化带建设目标的实现。

二、大运河文化带建设的江苏路径

1. "一河显苏韵"的目标定位

以国际化视野，将大运河文化带江苏段打造成运河文化遗存和历史文脉保护传承的遗产廊道样板区，苏北苏南地域文化特色兼具的国际旅游品牌示范区，历史与现实、自然与人类和谐共生的活态体验区，巧夺天工、丰富多彩的非遗文化展示与互动区，从而形成"一河显苏韵"的美丽画卷，成为享誉国际的运河遗产。

"一河"，首先是地理之河，包括不再通航的古运河和仍在通航的大运河；其次是历史之河，2500多年的历史，使大运河承载了大量的历史文化信息；最后是在时空共同作用下形成的文化之河。大运河江苏段从南到北大致可以分为如下几个区域：以苏州为中心的吴文化区域，涵盖无锡、常州和镇江；以扬州为中心的淮扬文化区域，涵盖淮安；以徐州为中心的楚汉文化区域，涵盖宿迁。进而形成一个整体的带状功能区域，即江苏段的大运河文化带。

"苏韵"就是江苏段的大运河文化。大运河文化发端于"水运文化"，以及因运河而生、与人的活动有关的文化，大运河文化带江苏段建设应围绕"水脉"和因水而生的"文脉"进行。主要体现在以下几个方面：一是大运河遗存承载的文化，主要包括粮丰盐富的漕运文化、技术先进的水工文化、小桥流水的人居文化、实业兴国的工商文化；二是大运河流淌伴生的文化，主要包括精耕细作的农耕文化、天人合一的生态文化、重教尚文的诗礼文化、风行四海的饮食文化、百花争艳的传统艺术、精致典雅的园林建筑艺术和巧夺天工的手工技艺；三是大运河历史凝练的文化，主要包括知行合一、自强不息的民族精神，开放包容、兼收并蓄的文化态度，天人合一、和谐共生的思想智慧。①

"显"就是路径与方法。对于大运河文化带江苏段建设，建议借鉴美国"遗产廊道"的建设经验，对大运河沿线文化景观采取大范围区域化遗产保护路径。遗产廊道多为线性文化景观，在这些景观中，人与自然共存，经长期的发展形成了"人与自然的共同作品"。保护主体可以是连续性的大运河、节点城镇、重点乡村，以及其他自然与人文景观，也可以把单个遗产点串联起来形成具有一定历史意义的线性廊道。

2. 江苏大运河文化带建设具体路径

美国伊利运河（伊利诺伊州和密歇根州运河）国家遗产廊道是1984年开始建设的第一条国家遗产廊道，保护范围包括843公里的通航运河、部分废弃运河段落，覆盖了运河沿线的234个市镇，其保护与利用具有"无与伦比的民族意义"。建设路径：前期遗产点零散保护利用—初步完成整体调研—国会通过方案（1998年），形成工作体系（2000年）—完成

---

① 《大运河江苏段文化保护传承利用规划纲要（初稿）》。

保护与管理整体规划，成立伊利运河国家遗产廊道委员会（2006年）—根据资金确定重点实施项目—年度工作汇报保障实施—不定期修编调整规划。美国伊利运河遗产廊道建设按照以上路径进行了30多年的集中建设，取得了令世界瞩目的成就。[①]

京杭大运河江苏段开挖时间早，运河沿线遗产最丰富，运河功能多样化，是典型的活态线性遗产，运河线路长，沿线城市、古镇密集，非物质遗产丰富。大运河文化带江苏段建设可以借鉴美国"遗产廊道"建设的成功经验，形成具有江苏段特色的优化建设路径：明确职能主体—摸清文化家底—科学制定规划—完善保障体系。

3. 江苏大运河文化带建设原则

大运河文化带江苏段建设要正确处理好保护、传承和利用三者之间的关系（保护是前提和基础，传承是路径，利用是目的，保护与传承是为了更好地利用，合理利用是为了更好地保护与传承，三者相辅相成，互为条件），坚持紧迫性与长期性统一、整体性与特色性统一、专业性和系统性统一的总原则，真正做到江苏省委要求的科学有序、总体规划、整体保护、统筹协调、系统推进、区域合作。

紧迫性与长期性统一，是指除了世界遗产点、段外，没有纳入世界遗产的点、段也要进行重点保护，有的地方水体环境恶化严重，要进行抢救性保护；文化带建设要从长远来看，它是一个长期工程，需要科学有序推进，不能操之过急，急功近利。

整体性与特色性统一，是指有的文化带建设项目需要整体谋划，如旅游开发可以整体规划，分段开发。文化方面从北向南依次形成了楚汉文化、淮扬文化和吴文化三个各具特色的区域文化，即使是运河沿线的每一个古镇、乡村、聚落也各具特色，开发利用需要整体性与特色性相统一。

专业性和系统性统一，是指大运河文化带建设涉及多专业、多学科，

① 奚雪松，陈琳：《美国伊利运河国家遗产廊道的保护与可持续利用方法及启示》，《国际城市规划》，2013年第4期。

需要多层次、多角度的协调，如同一系统内部、不同系统之间、政府与政府之间、政府与社会组织之间、大运河文化带与江淮生态大走廊之间，一定要充分考虑到专业性和系统性。

三、实现大运河文化带建设江苏路径的对策建议

大运河是中华文明的重要标识，为了全面贯彻落实习近平总书记关于把大运河保护好传承好利用好的指示精神，江苏必须按照省委要求，结合大运河江苏段保护的实际情况，放眼长远，立足当前，高端定位，整体谋划，统筹规划，加强领导，系统组织，突出重点，兼顾一般，科学实施，协同推进，大运河文化带江苏段建设走在全国前列。

1. 高端定位，统一领导，整体谋划，系统推进

江苏是大运河的起源地，文化遗存数量最多，质量最高，省委提出大运河文化带建设"四个走在前"：文化遗存保护、文化价值弘扬、生态保护修复、沿线环境建设。目标定位很高，要实现这一目标，必须解放思想，转变发展理念，切实加强领导，进行顶层设计，总体谋划，分步实施，协同推进。

一是成立顶层工作领导机构。江苏大运河文化带建设涉及国家、省、市、县乡镇（街道）、村（社区）等多个层级的方方面面，亟待省级统筹，统一领导、统一规划、统一部署、统一实施、分步推进。江苏省委高度重视大运河文化带建设，切实加强组织领导，及时进行机构升格，大运河文化带建设工作领导小组由原来省委常委任组长，升格为以省委书记、省长为正副组长，这一机构的升格，从领导体制上确保在更高层面加快推进大运河文化带建设。可以借鉴国家太湖流域治理经验，按照高效精简专业的原则，设立专职的领导小组办公室，由省分管领导任主任，作为全省统一领导协调单位，明确工作职责，组织实施大运河文化带建设具体工作。对大运河文化带建设进行高起点整体谋划，对大运河文化带建设制定高水平的总体规划，研究制定大运河文化带建设保护传承利用的政策法规

体系，确定五年建设规划、年度重点工作目标、阶段性重点任务，负责监督检查省委部署沿运河各市相关工作完成，确保年度工作目标实现。办公室作为工作机构要在人员和经费上给予保障，有固定办公场所和专项经费，具有较强执行力，以实现对文化带建设的实施、管理和协调，全面管控江苏境内大运河保护传承利用情况。沿运河各级党委政府也要成立相应的领导小组，设立相应的工作机构，在省委、省政府的统一领导下，加强大运河文化带建设。

二是统筹协调推进省内外大运河文化带建设。大运河江苏段自南向北流经苏州、镇江、徐州等八市，是江苏省经济发展的重心，文化发展的高地。但各地经济文化和社会发展水平不一，大运河文化保护传承利用任务轻重不同，省级领导小组办公室还肩负统筹推进省内大运河文化带建设的重要使命。要协调推进省本级各成员单位、相关各部门工作，领导、指导、监督沿大运河各设区市、县（市）、乡镇（街道）、村（社区）的文化带建设工作，确保省内政令畅通，整体推进重大项目和年度重点建设任务，帮助化解保护传承利用中出现的新情况新问题，系统加强沿大运河各地的文化带建设。除此以外，还要负责与外省的协调对接工作，保证与兄弟省市的大运河文化带建设能够无缝对接、步调一致、协同推进。

三是成立国际水准专家智库。江苏大运河文化带建设要走在全国前列，必须在保护理念、传承路径、规划水平、管理体制、资本运作、项目建设等多方面实现突破，亟须成立国内领先、国际一流的专家智库。专家智库的主要职责是对大运河江苏段文化带建设总体规划、控制性详规、重大政策法规、五年规划、年度重大建设项目等进行科学论证，提供决策咨询服务。应在全球范围内遴选智库专家，主要包括文化、水利、交通、环保、旅游、金融、管理等行业的人才，为文化带的建设提供决策咨询支持。同时可以聘请国际一流的专业咨询策划公司，为大运河文化带江苏段建设提供高水准的专业咨询与策划。

2. 摸清家底，科学传承，深度研究，弘扬价值

大运河文化是座流淌了千年的文化宝库，承载了巨量文化信息，其中

一部分以各种形式传承下来，但有的还湮没在历史长河之中，需要动员江苏省内外力量，下大力气挖掘运河文化承载的历史价值和现实价值，让运河文化得到更好的传承和弘扬。

一是开展全方位的文化普查。在江苏省领导小组办公室的统一领导下，迅速部署在全省范围内开展全方位的大运河文化普查工作，由各级职能部门牵头负责各项专业普查，组织专业人员摸清大运河江苏段的文化资源、保护现状、存在问题和开发潜力。具体包括由各级文保部门牵头负责当地的文物及文化遗产的普查，水利部门牵头水利工程及水文水资源普查，交通部门牵头岸线资源等基础设施及运输能力普查，生态环保部门牵头沿河生态、动植物资源及环境污染情况普查，发改、统计部门牵头沿河社会经济及民生状况普查等，将调查结果分类建立大数据库，随时调用。

二是开展重点领域专题研究。大运河文化带江苏段建设工程量浩大，每个阶段、每年文化保护传承利用的重点都各不相同，需要深度研究的任务也不同。根据普查结果分析评估大运河现状，在专家智库指导下找出江苏省大运河文化带建设存在的问题及短板，每年根据文化带建设阶段性目标和任务，研究确定相应的重点领域研究专题，提出解决问题的对策建议。省级重点研究专题由省级管理机构进行招投标，确定课题研究实施单位，各地也需要结合当地大运河文化带建设任务，自行确定年度重点课题，选择合适的单位开展研究。例如，江苏大运河历史变迁与社会经济发展的关系研究、江苏漕运史研究、漕运对大运河沿岸城市发展的影响研究、水工遗存与古代科技研究、大运河对促进和繁荣南北文化交融的影响研究、大运河对实现开放型经济发展的作用研究等，对重大课题要研究深、研究透，在最大范围内达成共识，形成一批批经得起历史检验的成果，为文化带建设决策和项目推进提供科学依据。

三是深入挖掘传承文化价值。根据世界文化遗产文化线路评价理念，强调其精神价值，无论是现存的物质遗产，还是非物质遗产，也不管是有待挖掘的还是有待传承的文化，其背后都有一定的历史演变和文化价值。透过水工遗存和相关设施等物质文化遗存，应看到先人在建设过程中的目的与取舍、技巧与工艺、背后所富含的思想理念、科学技术、文化主张①，从而感受江苏人民自强不息、勇于创新、敢于突破的文化精神和文化品质；透过现存的国家、省、市级各种非物质文化遗产形式，发现江苏大运河文化开放包容的文化态度及融合、和谐共生的文化气质和文化特质。例如，镇江地处长江运河的交汇点，镇江的大运河文化交汇融合了吴文化、江淮文化、金陵文化三大文化，形成了特质鲜明的地方文化。对于运河文化遗产要挖掘背后的历史与故事，充分发掘大运河文化的历史价值和现实价值，对于未来要规划建设的植根于大运河文化的实体项目，则应与时代发展完美结合，赋予新的时代价值和意义，更好地传递给后人。江苏要把握当代大运河文化带建设重大战略契机，系统收集整理挖掘大运河文化遗存及其价值，明确大运河文化传承方向，弘扬其文化价值，定期和常态化地策划各类高水平的群众喜闻乐见的大运河文化传承和宣传活动，运用现代化技术，综合发挥传统媒体和新媒体的传播作用，不断推出高质量的影视作品、杂志、著作等各类文化精品，进行形式多样的展示，把江苏打造成为中国运河文化高地。让大运河文化千年流淌、生生不息，造福于中华民族。千万不能让文化成为标签，流于形式，脱离现实与民众。让江苏百姓浸润运河文化，感受"苏韵"。

四是加强国际合作交流。江苏段大运河不仅是江苏的、中国的，也是世界的。扬州市是世界运河历史文化城市合作组织（WCCO）秘书处的永久设立地，WCCO是一个国际性非政府组织，由世界各国运河城市、经济文化机构及个人自愿组成，是全球运河城市唯一的固定交流合作平台，江苏省可以充分利用和发挥这一平台优势，多方寻求国际合作与支持。同时要加大对外宣传力度，让世界了解大运河的历史价值和文化价值，多渠道多角度扩大大运河文化带江苏段的知名度、美誉度和影响力，让大运河与长城一样成为中国文化的标志。

---

① 程行利：《大运河文化带建设过程中文化精神的传承与创新》。

3. 对标一流，系统规划，分步实施，有序推进

为了把大运河文化带江苏段建设成为全国的先导段、示范段、样板段，必须放眼全球，制定国内领先、世界一流的大运河文化带建设总体规划。在总体规划指导下，科学编制控制性详规、分项规划等系列规划。

一是高起点编制建设总体规划。规划水平直接决定了文化带建设的水准。要以习总书记"保护好、传承好、利用好"的指示精神为指导，在遗产保护规划和系列研究成果基础上，按照国内领先、国际一流的总体要求，编制大运河文化带江苏段建设总体规划和专项规划。江苏率先启动大运河江苏段总体规划编制，领导小组第一次会议已经听取了《大运河江苏段文化保护传承利用规划纲要》《大运河国家文化公园江苏示范段建设规划》起草进展情况汇报。建议借鉴美国伊利运河遗产廊道的成功经验，聘请国内外一流规划师参与总体规划的制定或论证及运河沿线八市的建设规划指导和论证，确保总体规划、控制性详规、各专项规划达到国内领先水平，推进大运河文化带江苏段建设走在全国前列。

二是高标准制定各类专项规划。控制性详规和各专项规划对大运河文化带建设具有至关重要作用。江苏制定这些规划要坚持世界文化遗产保护原则：真实性和完整性，其中完整性包括范围上的完整性和文化概念上的完整性。要根据文化普查结果，在总体规划指导下科学制定全省大运河文化带建设控制性详规和各专项规划，确定长远、中期、近期以及阶段性目标，明确保护范围、保护重点和内容，主要包括文物文化保护和生态保护，划定遗产红线和生态红线，划定核心区和缓冲区，努力实施遗产分类保护、非遗保护、历史文化风貌保护等。在专项规划编制方面，苏州市领先一步，完成了《大运河两岸控制性规划》《堤岸加固规划》《大运河项目建设规划和运河文化产业发展规划》等，苏州经验对各地专项规划编制有借鉴作用。各地可以用高水准的控制性详规和专项规划，对已列入世界遗产名录的大运河遗产点、段进行保护，严格管控开发强度、沿岸建设用地等；对尚未列入名录的运河遗存，按照规划要求和保护优先原则，参照申遗标准进行重点保护。

三是高水准保障各类规划无缝对接。大运河文化带建设流经全国八省市，江苏段流经八个设区市，涉及多个领域和众多部门，在国家大运河文化带建设总体规划未出台前，各地已经先行着手编制了地方规划。为确保各类规划的科学性和可操作性，江苏省级总体规划和控制性详规要加强与国家相关部门的沟通，必须做到与国家相关规划上下贯通、无缝对接。省与设区市之间的各类规划，建议经过上一级政府或部门的批准或认可，确保能够互相衔接，避免矛盾与冲突。控制性详规和各专项规划编制要求高、难度大，必须有前瞻性、引领性，要汲取国内外成功经验，加强各地交流互鉴，广泛征询社会各界专家学者的意见，确保各项规划能够落地。

4. 加强立法，强化创新，优化政策，保障有力

大运河文化带江苏段建设时间周期长，地域跨度大，建设任务重，责任大、标准高，是一个庞大的系统工程。必须要有创新性理念、系统性思维、整体性谋划及综合性的保障举措，确保各项保护传承利用任务的完成。

一是加强立法依法治理。大运河文化带的建设是宏伟的系统工程，与文物保护、水利建设、城乡建设、产业发展等密切相关，涉及各方利益调整，与此相关联的法律法规较多，为有效开展执法，必须健全大运河文化带建设法律保障体系，把大运河文化保护传承利用的各项工作纳入法治的轨道。江苏省具有立法权，可以积极创造条件，把大运河文化带建设纳入"十三五"立法规划，依据国家相关法律法规，及早出台《江苏省大运河文化保护传承利用条例》，依法保障大运河文化带建设顺利推进。八个设区市也有一定的立法权限，可以结合当地工作实际，根据国家和省相关法律法规，分别对大运河文化遗产保护类、生态环境保护类等，开展相关地方立法，加强依法治理。

二是加强融资保障有力。大运河文化带建设保护传承利用需要长期高强度的资金投入。资金的保障是否到位是文化带江苏段建设推进速度快慢、质量水平高低的关键。必须多措并举，拓宽融资渠道，千方百计募集建设资金，引导社会资本进行投资。并将建设项目的性质科学地分类为公

益性、准公益性、经营性，依据不同类别确定资金保障渠道。公益性项目如文物保护、生态建设、防洪工程、航道建设、步道、开放式公园等，准公益性如防护林、博物馆等，经营性项目如码头等岸线资源建设、旅游产品开发、文化创意类项目等。公益性项目由政府投资，需要各级财政统筹解决；经营性项目由投资主体自行从资本市场募集资金，政府可以在推荐融资渠道、模式、规模等方面给予必要的指导；准公益性项目的建设资金，可以采用政府投资与资本市场募集两者相结合的形式解决资金问题。省市两级建设项目实行分级负责，涉及全省或跨市的重大公益性项目由省政府投资，涉及市里的公益性项目由市政府投资，省级层面给予补助和奖励。

三是加强体制机制创新。江苏要把大运河文化带打造成全国领先的文化带、经济带、生态带，还必须在现有的管理体制、运行机制上实现创新突破。大运河文化带建设和管理的任务都十分繁重，需要有一系列科学的长效管理体制和运营机制予以保障。列入《世界遗产名录》的法国米迪运河、荷兰的阿姆斯特丹运河带建设，大都采用相对统一、分工明确的遗产管理体制，构建多方合作与参与的运行机制，构建详细清晰的解说系统，拥有完整而高效的市场营销策略。江苏大运河文化带建设取得阶段性成果后，要由专门的管理机构进行制度化管理，统一文化标识和说明，构建文化解说系统，培养专门的解说和服务人员；动员社会力量参与管理，加强与民间团体和非政府组织力量的联动合作等；最后做好市场营销和开发，实现良好的经济效益。[①]

5. 优化资源，打造品牌，合理利用，发展经济

大运河文化带江苏段建设，保护是前提和基础，传承是路径，利用是目的，保护与传承是为了更好地利用，合理利用是为了更好地保护与传承。在正确处理保护、传承、利用三者关系的基础上，合理利用文化资源，有利于打造江苏高质量发展的大运河经济带。

---

① 刘庆余：《国外线性文化遗产保护与利用经验借鉴》，《东南文化》，2013年第2期。

一是打造高端文化载体和文产集群。"一河显苏韵"需要丰富多彩、极具规模的文化载体来体现。江苏是全国经济强省，文化产业发展较快、规模较大，培育出了诸如江苏凤凰传媒集团等一批龙头型企业和规模企业。江苏要发挥在政府和市场"双强引擎"方面的作用，在省级层面高端定位，顶层设计，统筹大运河文化资源和文化产业发展亟需的政策、资金、人才、项目等，打造全国文化事业高峰和文化产业高地。一方面，统一规划布局，在大运河沿岸镇江、扬州、徐州等重要节点城市，打造享誉全国的大运河文化事业高端载体，构建江苏大运河综合博物馆和专业博物馆展示体系和传承载体，以利于开展丰富多彩的非遗文化宣传展示和传承活动，让群众共享大运河文化带建设成果。另一方面，制订江苏大运河文化创意产业发展规划，依托省内若干龙头型文化产业集团，遵循市场经济规律，运用市场经济手段，整合相关资源及上下游关联企业，构建若干国家级的大运河文化创意产业集群或集团，做大做强大运河文化产业。另外，调动大运河沿岸各城市积极性，鼓励各地依托自身优势和特色，运用大数据统计分析、网络调查等手段，充分了解各层面民众特别是当代年轻人的文化心理需求和文化消费形式，生产各具特色的文化创意产品，做专做精文化产业。

二是打造高端文化品牌。文化品牌是发展文化产业的前提，也是打造品牌经济的重要抓手，有利于文化产业高质量发展，推动江苏文化产业迈向产业链、价值链、创新链的高端。大运河自身就是一张享誉世界的靓丽名片，也是全球驰名的文化和经济品牌，打好运河牌，对推动江苏文化产业走高端化、品牌化道路，实现经济和文化高质量发展具有深远意义。江苏将充分挖掘丰富的运河文化资源的文化价值和经济价值，打造受市场欢迎的文化品牌和文化产品品牌，既能够体现"苏韵"特色，又能够持续为江苏文化产业发展提供资源，对江苏服务业经济发展提供动能。大运河江苏段线路长，沿河各市独立开发，省级层面的整体文化品牌尚未形成，需要在现有基础上集体谋划，整体打造若干个具有江苏地域特征的鲜活文化品牌。可以扬州瘦西湖、镇江老城区古运河段、无锡清明桥、淮安漕运公署、苏州平江古城等为节点，结合区域文化，向海内外招投标聘请一流的专家进行活动策划与设计，打造江苏运河文化品牌，大力发展文化创意产业，为江苏经济高质量发展奠定基础。

三是加快推动文旅融合发展。大运河文化带江苏段文化底蕴深厚，文化资源丰富，它的建设为江苏旅游产业发展创造了得天独厚的条件。建议在江河交汇处的镇江市，利用其独特的区位优势、深厚的文化底蕴、三大文化交融等难以替代的特色，加快完善文化旅游基础设施和配套服务，构建大运河快速外部交通网络，选址建设现代化国家级的大运河文化展示馆，并配套建设大运河文化产业园，以"文化＋产业＋旅游"的模式，不断增加江苏大运河公共文化产品供给，提高文化产业层级，提升旅游公共服务配套水平，建设高质量的文体设施，推动江苏旅游业迈上新台阶。全面提升大运河文化旅游质量，整合全省大运河沿岸各类旅游资源，打造若干条各具特色的大运河文化旅游精品线路，建设一批大运河高等级旅游景区，加快建设文化旅游示范区，塑造各具特色、服务细致的旅游品牌。利用丰富的大运河文化资源，加快旅游产品开发，推进文化与旅游产业融合发展。

大运河文化带建设是一项长期复杂的系统工程，通过不断的研究与实践，按照江苏大运河文化带建设目标和有效路径，久久为功，序时推进，就能够描绘出"一河显苏韵"的美丽画卷，增强江苏文化自信，实现中华民族文化伟大复兴。

强化村党组织建设，推进镇江乡村振兴战略研究

丨 孙肖远　张春龙　费　钧 丨

党的十八大以来，特别是习近平总书记视察镇江以来，镇江各级党组织和农村基层干部群众将"镇江很有前途"的殷切期望转化为强大的精神力量，坚持把加强村党组织建设作为新时代做好"三农"工作的基础性工程抓好抓实，在固本强基、提质增效上取得了明显成效。镇江市委、市政府出台《关于乡村振兴战略的实施意见（2018—2022）》后，江苏省社科院马克思主义研究所受镇江市社科联委托，组成课题组，实地调研了丹阳、句容、丹徒三个市（区）中的六个村，召开了六个座谈会，听取当地组织部门和乡镇负责人的情况介绍和意见建议，并与村书记面对面交谈，了解他们的所思所盼。课题组认为，当前在实施乡村振兴战略各级顶层设计业已完成的情况下，各级党委工作重心要转到抓基层落实上来，以建好建强村党组织为突破口，充分发挥村党组织在乡村振兴中的引领作用，为推进镇江乡村振兴打牢基层组织基础。

一、乡村振兴形势下镇江村党组织建设存在的问题

调研中发现，虽然镇江各地在村党组织建设方面采取了一些创新举措并产生一定成效，但仍有部分村党组织政治功能不突出，领导核心作用发挥不明显，农村基层党组织的覆盖力和组织力偏弱，不能适应当前乡村振兴的新形势、新要求，具体表现在以下方面：

1. 村干部队伍整体状况与乡村振兴新形势不相适应，村书记能力素质亟待提高

近年来，镇江各地通过村党组织集中换届、届中考评等措施，调整了一批年龄偏大、能力偏低、担当意识不强的村干部，优化了村干部队伍结

构，但仍然存在一些突出问题。一是村书记队伍因年龄老化而能力素质欠缺的问题日渐显现。截至 2017 年底，镇江全市共有村党组织书记 480 人，平均年龄 49.8 岁，其中，丹阳市村书记 45 岁周岁及以上的占 87%，丹徒区村书记 45 周岁及以上的占 70%。少数村书记抓党建促乡村振兴的思路不清晰、措施不具体，少数村干部思想保守，政治素质不高，服务意识和法治观念比较淡薄，工作方法比较简单，难以打开局面。二是因年轻干部数量较少而出现村书记后继乏人的状况。丹阳市村党组织班子成员平均年龄 47.8 岁，40 岁以下的班子成员占 21.9%。虽然还有一些比较全面的"能人型"村书记在发挥作用，但年龄大都在 60 岁上下。由于农村 40 岁以下的党员人数少，班子结构不合理，较难找到合适的接班人选。三是村书记后备人才教育管理不到位。虽然建立了村书记后备人才库，但一些乡镇对后备人才重视不够，对后备人才库建而不管、建而不用，没有按要求抓好日常教育培训、考核锻炼，后备人才的成长使用跟不上形势发展的需要。

2. 部分村党组织缺乏凝聚力，发展村集体经济存在"瓶颈"

从调研情况看，村集体经济"空壳化"现象较为普遍。丹阳市是镇江农村经济发展比较好的地区，但仍有 26 个村集体收入没有达到 80 万元的脱贫标准。还有另一种情况值得引起重视，村经济发展与村集体收入分化明显。如丹徒区一个村有 30 多家企业，有的企业一年上缴税收就有 100 多万元，而企业所在村集体年收入仅有 15 万元，2017 年加上各种政策扶持也只有 70 万元。集体经济薄弱村大都缺乏区位优势和资源优势，村级经济发展层次较低，抵御市场风险能力较弱，受宏观经济形势和生态环保、土地、规划等因素制约明显。但也要看到，集体经济薄弱村党组织大都缺乏凝聚力，带头人对发展本村集体经济缺乏思路办法，存在畏难情绪，脱离集体经济支撑的管理方法不多。班子成员团结不够，进取心不足，不注重开发集体资产和资源，没有发挥村党组织发展村集体经济的示范带动作用。

3. 部分村党组织组织力不强，基层党组织活力有待进一步激发

部分村党组织制度落实"形式化"，有的村书记民主意识不强，不能严格执行民主集中制，"三会一课"制度执行不到位，党员教育管理监督不力。有的村书记不能以身作则、言传身教、做好表率，少数村干部开始萌发"吃皇粮"的想法，精神状态不振，在岗不在状态，办事拖拉，工作不尽心尽职。部分村党组织服务机制落实不到位，服务载体不健全，在调动党员积极性、能动性上方法不多，在服务群众、服务发展、服务民生等方面的成效不明显。党员先锋模范作用发挥不够充分，创新富民的精气神不足，带头作用不够突出。

4. 乡村振兴主体的责任意识不强、整体力量不足，全面推进乡村振兴的态势尚未形成

实施乡村振兴战略虽然已经明确由中央统筹、省负总责、市县抓落实的职责分工，提出五级书记抓乡村振兴的要求，但具体而言，村党组织在乡村振兴中应承担什么职责，各级涉农部门如何形成协同推进乡村振兴的机制，目前还不够明确。有一部分村书记不懂如何围绕乡村振兴抓党建、以党建促乡村振兴，仅仅忙于信访维稳、环境整治等日常事务，还没有把乡村振兴这个大事排上议事日程。还有一些村党组织主体责任意识不强，片面地认为乡村振兴是上面的事，对乡村振兴仍然存在"等""靠""要"的想法，因此也没有调动村民的主体性、创造性。

5. 受相关体制机制限制，村党组织发挥作用还存在种种障碍

在与村干部的座谈中，一些村干部提到目前束缚乡村振兴的框框比较多，感到手脚放不开，呼吁为基层"松绑"。具体表现在：一是环保督察过严，脱离农村发展现状，加剧了农民增收的难度；二是农民盖房、集体用地等审批环节过多，有的村规划迟迟得不到上级的批复，村容村貌多年得不到改观，让人感觉依旧是老样子；三是使用集体资金受"村财政管"制度束缚，土地流转环节烦琐，"抱着金饭碗要钱"的乡村还比较多；四是上级部门对村级组织支持力度不够大，各种资源和力量下沉的格局没有形成，村级组织发挥乡村振兴基础作用缺乏必要支撑。

二、镇江村党组织面临挑战的原因分析

1. 乡村振兴背景下村书记的能力素质面临一系列挑战

乡村振兴的目标是农业农村的现代化，涉及农村经济社会发展的方方面面，对村书记的能力素质提出了较高的要求。在农村经济发展方面具体表现为：① 随着农村产业结构调整加快，需要从单一的种养业结构转向与二、三产业融合发展的高附加值产业结构；② 随着各种农民专业合作社大量涌现，需要通过提高组织化程度推动农业经营方式走向集约化、市场化；③ 随着农村工业集中化、园区化，需要因地制宜发展新型农村集体经济。在农村社会发展方面具体表现为：① 随着农村社会阶层结构的变化，需要协调不同群体的利益关系；② 随着农村人口结构的变化，需要管理外来流动人口、照顾留守老人儿童；③ 随着农村组织结构的变化，需要领导各类组织共同开展基层治理。目前部分村书记面对纷繁复杂的农村基层工作感到力不从心，主要原因是：中老年村书记知识比较陈旧，平时忙于村务，学习培训的机会少，出现了老的方法不管用、新的方法不会用的问题。年轻村书记缺少在复杂环境的工作历练，组织动员群众的能力差，面对实际困难时往往显得办法不实用。有的村书记对依法办事感到恐慌，遇到矛盾不敢作为。

2. 党建责任考核机制不完善影响了村党组织政治功能的发挥

村党组织处于乡村振兴的第一线，村党组织推进乡村振兴的组织力强不强，关键取决于其政治功能是否突出。一方面，少数村党组织政治意识不强，在落实上级决策部署上存在不坚决或不到位的情况，履行党建主体责任说得多、干得少，安排部署多、狠抓落实少。另一方面，上级组织对基层党支部活动要求过高，存在程式化、形式化的问题，导致有的村党组织党内政治生活主要为了应付检查，实际效果不大。有的村党组织对抓好党建促进中心工作认识不深刻，找不到党建与中心工作的结合点，措施缺乏创新，存在"两张皮"的现象。上级组织对村党组织落实党建责任的考

核机制不完善，对村党组织不作为、慢作为的问责力度不够，很少有抓党建不力而被问责的村干部。

3. 乡村吸引人才、留住人才的社会政策环境尚未形成

衰落中的乡村需要文化启蒙、教育扶贫、技术辅导、营销经验等，这一切都离不开人才，人才可以带来乡村振兴所需的要素和资源，但目前乡村发展状况对各类人才缺乏吸引力。一是乡村"空心化"不利于人才集聚。具有一定文化素质和技能、懂得经营而又头脑相对灵活的中青年农民纷纷离开土地和农村，进城务工、经商或移居城镇，留守在乡村的只有老、弱、病、残弱势群体，乡村人力资源严重缺乏。二是招引城市人才返乡下乡的乡情乡愁正在消失。随着传统村舍的消失、地形地貌的改变、亲朋好友的移居，以及乡土价值体系和社会关系的变更，乡情乡愁的纽带逐渐断裂。三是身份难被认同成为大学生投身农村的一大障碍。由于受传统观念的影响，社会对大学生农民身份缺乏认同，束缚了大学生下乡创业的手脚。四是农民工回乡创业缺少政策支持。回乡创业人员既要面临创业资金不足、政策落实力度不够等问题，也受到用地来源、与村委会关系等问题的困扰。

4. 农村基层工作权责失衡制约了村干部积极性的发挥

村级组织是农村基层组织的基础，乡村振兴的各项任务最终都要由村级组织来落实，在乡村振兴的背景下村级组织愈发显得责任重大，但其相应的权力却很小。村集体经济的"空壳化"使得村级组织可掌握的资源变得十分有限，服务群众的手段比较匮乏，削弱了农村基层党组织的动员能力和组织权威。而且农村基层的公共服务短缺和公共性缺失，使得农村社会"原子化"趋势日渐明显，村民对农村公共事务的关注日趋减少，使得农村基层党组织失去生成凝聚力的载体与平台。在当前全面从严治党向农村基层延伸的情况下，反腐和问责的力度加大，村干部怕多做事情多出错，又得不到上级的保护，从而导致部分村干部不敢积极作为。对村一级管理还没有找到科学有效的办法，存在"一管就僵"和"一放就乱"的问题。

三、镇江强化党建推进乡村振兴的对策建议

1. 把好村党组织"领头雁"选用关,大力提升村党组织带头人队伍能力素质

(1)健全"能上能下"机制,选好配强村党组织书记。村书记是农村基层一线推进乡村振兴的关键岗位,对不作为、不称职、不胜任的,要加大"下"的力度或进行轮岗交流。拓宽选配渠道,从现任优秀村干部、本土农民企业家、乡镇后备干部中遴选村书记,同时建立"二线干部一线发力"的机制,让能力较强、经验丰富、身体健康的二线干部到基层发挥作用,解决村书记合适人选缺少的问题。

(2)建立"第一书记"选用长效机制,推动软弱后进村党组织的整顿和集体经济薄弱村的转化。注重选派乡优秀科级年轻干部任"第一书记"实职锻炼,作为干部培养考察依据;也可选派优秀村书记或企业家书记兼职帮扶,重点抓特色党建,探索"村村联建、村企共建、村社合一"的融合式党建机制;强化项目考核,每年选定 1~2 个"第一书记项目"重点攻坚,以项目化管理方式,聚焦薄弱环节抓好整改落实。

(3)以提升能力素质为重点,着力培养"全科型村书记"。针对村书记领导农村基层工作综合性强的特点,围绕各地乡村振兴的重点任务,构建教育培训与选拔任用的培养链,以提高政治素质为基础,通过增强组织动员能力、整合资源能力、服务群众能力、民主协商能力、依法治理能力,全面提升村书记的政治素质和综合能力。

2. 强化村党组织政治功能,大力提升村党组织推进乡村振兴的组织力和领导力

(1)创新农村基层党组织设置模式。按照便于管理、便于活动的原则划分网格,加大在农业合作社、行业协会、非公企业、社会组织等新兴组织中建立党组织力度,在自然村落、村民小组、集中居住点等人口密集地丰富党组织的存在形式,在工业园区、商贸楼宇、专业市场等新兴领域积

极探索党建联建，推行"一网格一支部"组织架构，实现党建工作覆盖无死角。

（2）实施村党组织组织生活质量提升行动。将农村基层党建标准化建设和党员队伍建设有机结合起来，以村党组织为示范点，建立组织生活开放日制度，开展"主题式、体验式、互动式"组织生活方式，施行"党员点单、支部接单"的组织生活项目认领制，提升党组织和党员队伍建设质量，引导党组织和党员在乡村振兴中发挥战斗堡垒和先锋模范作用。

（3）强化村党组织推进乡村振兴责任。明确抓党建促乡村振兴村党组织主体责任、村书记第一责任，完善考核问责机制，强化村书记及班子成员认责、履责、担责、尽责的制度约束；建立"支部工作"信息互动平台，实行"三会一课"查验、党员"党性体检"、发展党员纪实、乡村振兴项目化管理、党员联系服务群众等党建工作互联互通互评，提升农村基层党建工作效能。

3. 完善关心关爱机制，提振农村基层干部干事创业的精气神

（1）选树一批优秀农村基层干部典型。加大对农村基层干部正面宣传的力度，选树一批"敢干事、能干事、干成事"的"狮子型"村书记，任劳任怨、兢兢业业的"老黄牛式"村干部，善做群众工作、深受群众好评的党务工作者，对农村基层干部从政治上激励、舆论上正名、心理上关怀，并创造条件让他们在更宽广的平台上发挥作用。

（2）建立农村基层干部干事创业的动力机制。建立村干部分类定级、身份转换、薪酬调整、绩效考核、晋升退出等职业化管理机制，落实村书记离任生活补贴制度、村干部"五险一金"制度；落实"三项机制"相关政策，建立村干部容错免责机制，为敢闯敢试者"兜底线"；正确处理从严监管与放权松绑的关系，营造适宜农村基层干部干事创事的工作氛围和制度环境。

（3）建立乡村振兴"三级联创"工作机制。围绕服务乡村振兴，市县乡三级联合开展创建基层满意的涉农部门活动，全方位多层次支持村级组织发挥基础作用；推动各种资源和力量向村基层下沉，确保村级组织运

转经费、活动阵地建设经费、村干部报酬和社区服务群众专项经费等不折不扣地落实。

4. 加强村党组织对产业振兴的领导，推动集体收入和农民收入较快增长

（1）增强村集体经济"造血"机能，夯实农村基层党建物质基础。为保证村级组织有钱为民办事，必须强化集体经济薄弱村经济发展"统"的功能，在搞活本村经济的同时发展壮大村集体经济。深化农村土地制度改革和农村集体经营性资产股份制改革，充实集体产权权能，在控制风险的前提下，以特色产业推动、产业融合驱动、返乡能人带动和投资入股平台拉动等多种方式稳定增加集体收入。

（2）创新党建共建联建方式，促进以城带乡、城乡互动。依托农业农村的资源优势和乡情乡愁纽带，发挥党组织的组织优势，积极开展与城市工商企业、涉农单位的党建共建联建，疏通人才、科技、资本等要素下乡的渠道。以城市居民需求为导向，开发现代农业多种功能，通过发展创意农业、农产品深加工、冷链物流、农贸市场、乡村旅游等产业，以保底分红、股份合作、利润返还等多种形式，让农民合理分享全产业链增值收益。

（3）发挥各类人才创业富民的示范带动作用。弘扬"亚夫精神"，引导专业人才下乡返乡投身乡村振兴，鼓励科技人员到乡村兼职或离岗创业；支持"土专家""田秀才"领办农民专业合作组织，推进特色农业向产业化、高效化发展；与各类金融机构合作建立融资平台，为乡土人才创业提供地权抵押、贷款担保等一站式服务；对劳务输出类乡土人才的创业，提供法律咨询、技术支持等援助式服务。

5. 强化农村思想文化阵地建设，提升农民精神风貌

（1）开办乡村振兴讲习所，激发乡村振兴新动能。以"扶志"和"启智"为目的，在农村基层开办乡村振兴讲习所，用灵活的形式和鲜活的话语，把党的创新理论、乡村振兴规划、发展思路、实用技能和实施项目讲明讲透，增强党组织要求与农民需求的对接互动，把讲习所有形的

"小课堂"变成乡村振兴无形的"大舞台"。

（2）发掘乡土优秀文化资源，焕发乡村新风尚。推广"马庄经验"，丰富农民精神文化生活。组织开展"传家训、立家规、扬家风"活动，培育良好的家风家教；组织开展"举贤""颂贤""用贤"活动，培育新乡贤文化；深入开展移风易俗主题教育活动，培育文明乡风民风；加强无神论宣传教育，抵制封建迷信活动。

（3）注重发挥新乡贤作用，提升乡村德治水平。成立由老党员、老干部、老教师、老模范、老军人等"五老"组成的新乡贤理事会，充分发挥新乡贤有威望、接地气、能带头、起作用的人格优势，强化道德教化作用。针对农村中的陈规陋习开展专项文明行动，引导农民自我管理、自我教育、自我服务、自我提高。

课题负责人：孙肖远（江苏省社科院中国特色社会主义理论体系研究
　　　　　　　中心副主任、马克思主义研究所所长、研究员）
课题组成员：张春龙（江苏省社科院中国特色社会主义理论体系研究
　　　　　　　中心特约研究员、社会学所副所长、研究员）
　　　　　　　费钧（江苏省社科院中国特色社会主义理论体系研究中
　　　　　　　心特约研究员、马克思主义研究所博士）

镇江大运河文化保护传承利用的对策建议

| 速 成 潘法强 罗福春 刘 念 王 振 |

京杭大运河纵贯南北，连接北京至浙江杭州沿线 8 省 35 座城市，全长 1797 公里，其中江苏段全长 690 公里，流经省内 8 个设区市，是大运河沿线河道最长、流经城市最多、运河遗产最丰富、列入世界文化遗产点段最多的省份。大运河镇江段区位独特，长江与运河十字交汇，淮扬文化与吴越文化交融，南北运河交界，全长 42.6 公里（通航段）＋16.7 公里（城区段），虽然不长，却分布着大量的国家级文保单位，有众多文化类别和非物质文化遗产，浓缩了大运河文化的精髓，是镇江最著名的文化带、经济带、生态带，是镇江靓丽的城市名片。

镇江在运河文化保护传承方面做了大量工作，具有起步早、起点高、举措实、投入大、持续时间长、成效显著的特点。古运河城区段整治效果显著，运河风光带已初具规模。一批历史文化遗存遗迹晋级国家文保单位，得到复建、修缮和保护。大运河通航段的综合效益显著。2016 年，谏壁船闸货物通过量达 8207.2 万吨。谏壁船闸、谏壁节制闸、谏壁抽水站组成了苏南太湖西部水利枢纽，肩负京杭运河与湖西防洪、排涝、灌溉、航运之重任。

江苏省委要求认真贯彻落实习近平总书记关于大运河文化带建设的重要指示精神，把大运河江苏段建设成为高颜值的生态长廊、高品位的文化长廊、高效益的经济长廊，使之成为大运河文化带上的样板区和示范段。为此我们建议，镇江的大运河保护工作，必须结合实际，加快顶层设计，明确重点，依法管理，体现特色。

1. 强化领导，规划引领，循序推进

运河文化保护传承利用是一项庞大的系统工程，涉及沿河辖市区、街道（镇）及相关政府多个职能部门和大运河的保护、传承、建设、利用等众多领域，必须加强领导，顶层设计，科学规划，循序实施，依法推进。

（1）加强领导，规划引领

大运河保护功在当代，利在千秋，必须加强领导，规划引领。一是成立相关机构。在建立大运河文化带建设工作联席会议制度的基础上，依托市社科院和在镇高校，成立"镇江市大运河文化带建设研究中心"。沿运河各辖市区也应建立联席会议制度，切实强化领导，加强顶层设计，深入开展研究。二是规划引领。科学制定和完善大运河总体规划和控制性详规，是保护好传承好利用好的前提。由领导小组牵头，组织专门力量，立足长远，抓好当前，着眼中长期，高水准高质量地完善运河文化保护规划。首先要坚持文化遗产"保护优先"的原则，大手笔划定运河沿线保护范围红线；其次要及时组织开展《大运河文化带镇江段建设规划纲要》的研究和编制工作，明确镇江段大运河文化带建设的目标定位、空间布局、体制机制、重点任务、保障措施等。还要将大运河遗产保护传承利用与城市建设、文化旅游、美丽乡村建设、特色小镇建设等结合起来，绘制运河文化带示范区的规划蓝图。同时要完善监测预警系统，严禁蚕食岸线及侵占文化遗迹遗存控制用地，确保文物安全。三是循序渐进。按照保护工作的轻重缓急，确定项目任务清单，先重点后一般，先易后难，明确大运河文化带建设联席会议制度各成员单位的职责任务，以及所属的三个长廊组年度工作计划、工作目标，谋划启动一批具有带动性、引领性的市级重大项目和平台建设，确定工作任务和完成时限，序时推进。

（2）明确主体，狠抓落实

习近平总书记指出，保护大运河是运河沿线所有地区的共同责任。完美的规划蓝图要变为现实的美景，贵在落实。一是落实责任主体。运河沿线各级政府是责任主体，必须理顺体制，完善机制，将规划、保护、建设的任务层层分解，落实到相关部门、辖市区、镇村，明确责任主体，做到职责分明，责任到人。研究制定大运河文化带建设示范城镇、示范街区、沿运河水利风景区、田园乡村等创建标准，适时开展系列创建活动。二是强化运河文化研究。将大运河文化带建设研究纳入镇江市年度社科应用研究指南，每年向市内外社科界广泛征集研究课题及成果，推出一批具有广泛影响的研究成果。开展与大运河相关的文化挖掘、内容搜集、词条编写、历史典故研究、民俗文化整理等工作。三是加强监督考核。建议将各部门、辖区及相关责任人，在保护传承利用运河文化中的工作实绩，纳入年终考核的内容，与单位、个人年终绩效挂钩。

2. 筛选遗存，打造载体，重点保护

必须在运河文化的传承弘扬上下功夫，立足实际，分清轻重缓急，突出保护重点，突破资金瓶颈，分步推进，加快建设一批遗址公园和主题博物馆，增强大运河文化的活力，全面展示大运河文化的博大精深。

（1）建设铁瓮城遗址公园，展示运河军事文化。铁瓮城的历史早于南京的石头城和武昌的东吴城，现铁瓮城遗址基本完好。应在立足保护的基点上，根据地形地貌的变化，合理规划，再现铁瓮城，充分展示运河军事文化。

（2）串联镇江北固楼等四大名楼，展示名楼文化、藏书文化和廉政文化。北固山上的北固楼在中国文学史上地位很高，相关文学作品中又以辛弃疾的《京口北固亭怀古》影响最大。多景楼曾与岳阳楼、黄鹤楼齐名，号称"万里长江三大名楼"之一，苏东坡和许多名人骚客都在此留下千古佳作。辛弃疾的词和陈亮的《多景楼》词曾引起毛泽东主席的高度关注。文宗阁因运河而建，因藏《四库全书》闻名中外，是全国著名的藏书七阁之一，可利用其中收藏的《四库全书》，展开倡导读书的系列活动，助推全民阅读的开展。运河故道名楼芙蓉楼，楼以诗兴，在历史上有重要影响。楼中可进一步充实有关"廉"的诗文，与邻近的王仁堪纪念馆相互动，发挥其更大的作用。

（3）打造"运河第一街"——新河街，展示运河商埠文化、慈善文化。新河街和西津渡街区是历史上大运河商贸繁华的见证者，是以水兴市的典范。新河街曾是重要商品交易市场，现存诸多会所类遗址，也是镇江重要的慈善机构同善堂的所在地，目前正在将其打造成为"运河第一街"。新河街修缮后，不但满足街区居民的生活需求、提高街巷空间环境质量，也延续街巷的传统风貌和尺度，保持整体格局，充分展示运河商埠文化、慈善文化。

（4）提升丁卯桥景区，完善宝塔山公园，展示运河诗词文化、非遗文化和科技文化。一是镇江是全国诗词之市，历代文人骚客留下巨量的诗词传世之作，这是镇江文化的精髓之一。结合丁卯桥景区的修整和提升，重新雕琢其文化意境，将历代反映运河镇江段的诗词文化和非遗文化在这里集中展示，使自然生态与人文生态有机结合，形成特色。二是完善宝塔山公园，展示科技文化。宝塔山公园以镇江四大名塔僧伽塔为主景，要充实和完善园区内部设施，调整布局，出新学子亭等景观。依托龚自珍"不拘一格降人才"的诗文元素，展示镇江历代科技名人，如祖冲之的圆周率、苏颂的仪象台模型等，突出公园的文化与科技特色，展示科技名人成就和运河科技成就，与沈括的梦溪园交相辉映。

3. 多措并举，加快建设，依法传承

大运河保护传承利用，事关中华文明的继承和发展，以及中华民族文化自信和中国梦的实现，意义重大。镇江是文化运河的富矿，要着力挖掘运河文化的丰富内涵，充分展现文化的力量。

（1）科学立法，依法管理。大运河文化带建设是宏大的系统工程，与文物保护、文化传承、水利建设、城市建设、环境保护、产业发展密切相关，涉及各方利益，不可能毕其功于一役，缺少一部综合性的地方法规，依法管理难度不小，必须加快立法进程，科学立法，严格执法。依据相关法律法规和文件政策，把《镇江市大运河保护条例》纳入地方立法计划，尽快及早出台，付诸实施，依法规范管理大运河保护传承利用的各项工作。

（2）加大古运河城区段沿岸整治力度。一是重点整治和改善文保单位的周边环境。例如，虎踞桥是全国重点文保单位，是古运河上的标志性建筑，经过修缮后，得到了有效保护，但周边的环境与古桥不太协调。建议对周边风貌进行整治，创造条件，适度恢复紧邻虎踞桥的南门大街的原貌。二是加强古运河管理。借鉴河长制的成功经验，明确责任主体，分段负责，加强大运河沿岸的管理，提升水质，优化绿化美化两岸环境，完善功能，贯通步道，使之成为大运河文化带上的"样板区"和"示范带"。

（3）深度挖掘运河文化资源。一是调动各层级、各方面的积极性，形成合力，加快大运河通航段沿岸一些历史遗存的保护和文化资源的整理挖掘，尤其是随着小城镇建设的加快，要高度关注谏壁、新丰、陵口、吕城等因河而兴集镇的文化遗存保护，每年精心组织大运河沿线深度采风活动，创出一批形式多样、丰富多彩的反映大运河生态风貌、人文精神、航运文化的文艺作品。对其文化资源进行深度挖掘，讲好运河故事，传播运河文化。二是加快对影响较大的文物古迹和遗址遗存（如京口驿）的考古发掘、研究和修复。

4. 科学利用，精准开发，发展经济

通过大运河文化与旅游产业和物流业等产业发展，带动地方经济、社会、生态等各个领域的建设，实现共赢。

（1）发掘运河文化资源，推动文化产业发展。首先，从基础抓起，加快打造镇江市大运河文化遗产保护利用数据库，整合文化、旅游、环保、交通等相关各部门现有的各类信息资源，建立综合数据共享交换机制，构建涵盖文化遗产、文化资源、生态保护、产业项目等多维度的大运河文化资源综合数据库，为大运河文化带三个长廊建设提供基础数据和统一的管理服务平台。其次，紧紧抓住重点，加快文化产品的生产，筛选其精髓，运用现代科技、创意、传媒手段，通过书籍、戏剧、影视、动漫等予以弘扬，以激励人们以古鉴今、观艺启智、传承创新，使运河文化这一软实力，转化为推动经济社会发展的硬资源。

（2）利用运河文化资源，发展文化旅游。一是加快运河沿线历史文化街区的修复，科学布局运河沿线生态空间，打造一批集世界文化风貌、民俗风情、手工艺传承、旅游休闲等于一身的运河旅游风貌小镇，推出一批精品运河旅游景区。二是改善现有运河沿线景区环境，进一步挖掘运河文化内涵，提升运河沿线旅游景区质量。精心策划一批大运河精品旅游线路,打造系列精品河段,通过多种渠道,加大对大运河名人、名家、风物、名言和各类人文景观的宣传推介力度,推动大运河旅游向国际化、高端化、品牌化发展。

(3)利用运河通航段优势,发展物流业和实体经济。一是整合沿岸港口,完善港口功能,打造具备物流、仓储、商贸等综合服务功能的现代化内河港口。二是推进江河海联运,延伸港口产业链,使之发挥区域综合交通枢纽、现代物流平台的重要作用,发展港口物流业。三是推动港产城协调发展,引导大运量规模企业沿河入园发展;依托沿线的产业优势,吸引高新技术企业、先进制造业落户,形成产业集聚规模效应,使之成为镇江经济新的增长点。

5.生态优先,美化环境,彰显特色

运河文化保护必须坚持生态优先、绿色发展的理念,着力改善沿线的生态系统。

(1)牢固确立生态优先发展理念。将运河沿线绿化美化,对通航段沿岸着力推进退耕还林,使岸坡披上绿装,成为绿色长廊。立足镇江大运河沿线乡村实际,积极推进新市镇建设和特色田园乡村建设,对现有农村建设发展相关项目进行整合升级,进一步优化山水、田园、村落等空间要素,打造特色产业、特色生态、特色文化,塑造田园风光、田园建筑、田园生活,建设美丽乡村、宜居乡村、活力乡村,展现"生态优、村庄美、产业特、农民富、集体强、乡风好"的镇江段特色田园乡村现实模样。

(2)加强运河区域环境保护。一要加强运河沿线工业污染的治理工作,加快存量土壤污染的防治,强化有毒有害物质管控,实行污染物排放总量控制,严禁超标排污,工业企业废水达标排放率100%。二要重点整合沿线的港口码头,提升港区建设和作业的现代化水平。根据《镇江内河港总体规划》的要求,结合城市建设、新市镇建设、环境整治等,按适度集约化、规模化的原则,将老旧码头逐步整合至规划港区,逐步实现环境与经济协调发展,促进经济效益、社会效益和环境效益的统一。

(3)加强大运河环境整治和环境修复。一是高标准完成污水截流工程，推进大运河沿线污水处理设施和雨污分流管网、尾水截污导流工程建设。特别要加强诸如索普化工园区、京口工业园区及丹徒区辛丰镇、丹阳市运河沿岸乡镇工业园区的污水处理厂尾水深度处理，确保达标排放。二是结合镇江市全力推进的"263"环境专项整治行动，加快运河两岸的城乡环保基础设施建设，加强农业面源污染综合防治，实行严格的环境保护制度。三是加强运河水生态修复，探索河滨带水草治理，开展大运河河底生态修复工程，改善水生态现状。加快修复河流沿线林带、湿地等生态功能区，促进关联河湖生态系统的修复保育。继续推进古运河风光带建设，加大绿化美化力度，加快滨河带绿化，形成优良生态与悠久文化交相辉映的运河景观带。

"一带一路"倡议和"大运河文化带"建设背景下镇江蚕桑文化的保护与发展策略研究

| 张业顺　吴堂凤　张国政 |

我国是世界蚕业的发祥地,蚕桑文化与中华文明交相辉映,是最具特色的中华文化之一。镇江作为历史文化名城,蚕桑文化底蕴颇为深厚,特别是近代以来,其蚕桑发展历程是我国该时期蚕桑发展典型的缩影。1926年中国合众蚕桑改良会镇江蚕种场在镇江建立;1951年我国唯一的国家级蚕业专业科研机构落户镇江;2009年蚕桑行业具有里程碑意义的"现代农业国家蚕桑产业技术体系项目"在镇江启动。镇江作为蚕桑业的科教高地,在推动我国乃至世界现代蚕桑业的快速发展方面谱写了光辉的篇章。另外,文化是当前国家或城市间竞争的软实力,传统文化是城市的灵魂和文化的源泉,处于竞争的核心层,文化的保护与开发在城市建设过程中日益受到人们的重视。随着2013年和2017年我国先后提出与实施"一带一路"倡议和"大运河文化带"建设宏伟工程,蚕桑文化焕发出新时代的生机。在信息化时代的今天,借助"一带一路"倡议和"大运河文化带"建设发展战略的东风,充分挖掘、保护和发展镇江蚕桑文化无论对弘扬我国传统文化还是提升城市的品位与竞争力,均具有重要的历史价值和时代意义。

一、镇江蚕桑文化的特点

(一)历史光辉且悠久

镇江蚕桑文化源远流长。在新石器时期,镇江已有陶纺轮和石纺轮。约在原始社会后期,镇江人已掌握丝的生产和纺织技术。唐代镇江蚕桑业已具规模。宋元时代,镇江制绸和印染行业十分发达。至明代,镇江丝绸印染水平居全国之首。明清时期,镇江80%以上的人口生活来源与纺织或

解放思想,推动镇江高质量发展 | 2018年镇江发展研究报告

214

丝绸相关，"江绸"以质地细软柔滑，畅销海内外。民国时期，以冷御秋等为代表的实业家和知识分子在镇江创办蚕桑专业农场和职业学校，开启了我国现代民族蚕桑事业。

新中国成立后，镇江蚕桑进入快速发展期。中国农业科学院蚕业研究所（以下简称"中蚕所"）在镇江扎根，数十年来获得累累硕果，镇江一度成为世界蚕业科教中心之一。

（二）蚕桑文化资源丰富

1. 建筑保存完整

建筑是文化的重要载体之一。镇江现存有完备的与蚕桑生产相关的特色建筑，其中最具代表性的为中国蚕桑改良会合作蚕种场旧址。中国蚕桑改良会合作蚕种场建于 1926 年，民国时期在我国蚕品种改良与繁育、提高蚕丝品质与产量、推动全国蚕业经济发展等方面起到了不可替代的作用。现存有建筑 21 幢，有大门、岗楼、水塔、蚕室、缫丝室、储茧库、冷藏库、办公楼、检种室等。这些建筑作为整个蚕种生产流程配套十分齐全，在全国极为罕见，它不仅见证了镇江蚕桑业发展的历史，更是我国蚕桑史的重要组成部分，有着重要的历史和科学价值。另外，镇江蚕种场、中蚕所及石马、黄墟、高资等地也存有一批颇具特色的历史文化建筑和蚕桑生产资料。

2. 名人轶事众多

历史名人是现代社会中最稀缺、最可贵的文化资源，具有无可复制与替代性。名人轶事在文化传承和弘扬过程中颇为重要。镇江在蚕桑发展方面有很多与国家领导人相关且令人难忘的往事。如，"朱德在镇江""王震三顾蚕业研究所""佩剑将军张克侠三次亲笔复函筹建蚕业研究所""习近平赠送卡斯特罗桑树种子（桑树种由中蚕所选送）"等。这些名人往事既展现了国家领导人对于蚕桑产业发展的高度重视，又从侧面反映出蚕桑产业在不同时期的重要性。

3. 精神内涵丰厚

文化精神是文化的深层结构，也是文化的灵魂。优秀传统文化的精髓在于精神内涵。在镇江蚕桑文化历史长河中，特别是近现代以来涌现出了众多杰出人物。沈秉承清末在镇江任职期间"捐俸植桑"，身体力行指导蚕桑生产并编写了在蚕桑行业具有重要影响力的《蚕桑辑要》一书。民国时期的蚕桑事业"三老"（冷御秋、陆小波和严惠宇）倡导和践行"实业救国，教育兴邦"，积极出资兴办蚕桑学校和蚕种场，大力发展蚕桑产业；中国蚕业界一代宗师吕鸿声年近八旬仍筹措实施龙年写作计划，直到驾鹤西去仍有未完成的稿件，他一生著书数百万字，为后世留下了珍贵的知识宝藏。此外，在镇江还有很多蚕桑界先驱们为国家、民族和蚕桑行业无私地奉献，在他们身上体现的正是蚕桑文化的精髓。

4. 拥有我国唯一的国家级蚕桑专业科研机构

中蚕所是我国唯一的国家级蚕桑专业科研机构，唯一的国家级蚕业专业学会（中国蚕学会）也挂靠在该所。该所在行业内地位特殊，是重要的蚕桑专业人才培训基地和国内外蚕业科技交流的窗口，在全国乃至国际上均具有重要影响力。

5. 镇江蚕桑文化步入了国际化快速发展轨道

近年来，随着我国改革开放不断深入、教育水平持续提高和"一带一路"倡议的实施，越来越多的外国留学生来华学习。镇江作为蚕桑科教重地，成为众多国际蚕桑专业学生的首选地。同时，随着对外合作与交流的加强，镇江越来越多的专家被选派到国外指导蚕桑生产。在持续增强的文化交流与碰撞下，镇江的蚕桑文化走向世界的步伐日益加快。

6. 拥有前所未有的历史发展机遇

国家"一带一路"倡议和"大运河文化带"建设重大战略的实施为镇江蚕桑带来了难得的机遇。"一带一路"是新时代的丝绸之路，中蚕所作为国家对外蚕桑科技与文化交流的承接单位，使得镇江蚕桑文化尽得先机。另外，蚕桑文化是我国最具特色的传统文化之一，镇江作为运河文化带上的重要城市，"大运河文化带"建设为传统文化包括蚕桑文化发展提供了新活力。

二、镇江蚕桑文化保护与发展现状

调研发现，镇江蚕桑文化保护与开发基本处于"无序"状态。尽管镇江合作蚕种场旧址已被纳入文保单位，但仍有很多亟待改进之处。如今，仅在镇江蚕种场内中央位置并排立了两块文保纪念碑（分别为"镇江合作蚕种场旧址"和"镇江蚕种场旧址"），其中介绍镇江蚕种场的碑文已模糊不清，其他文保建筑未见任何标识。这些建筑大多长年大门紧锁，有的房屋因缺少维护而破损甚至坍塌，有的被农田侵蚀或辟作他用，面目全非。

（一）重视力度不够，缺少合理规划

镇江拥有丰厚的蚕桑文化积淀，却没有一部相关的地方保护条例或法规。由于缺少规划，镇江蚕桑文化的发展存在无法可依的境况，这也导致了镇江部分蚕桑古建筑遭到了破坏。比较典型的是位于江苏科技大学西区内的多栋蚕房在校区建设过程中被拆除。

（二）宣传力度不够，文化标识缺位

多年来，镇江对蚕桑文化的宣传处于"原始"状态，鲜见有关于蚕桑文化的宣传报道。蚕桑文化的标识存在严重缺位甚至错位，如中国合众蚕种场旧址位于江苏科技大学西区内，现仍存留多栋已纳入文保的蚕桑文化建筑，包括其大门依然存在，然而这里却无任何有关蚕桑文化保护的标识。此外，将中国合众蚕场的文保纪念碑立于镇江蚕种场内也颇具争议。相关部门虽已认识到问题的存在，但因重视不够，如今仍未得到纠正。除前述两块纪念碑外，镇江蚕种场也无其他蚕桑文化标识。

（三）缺少与其他传统文化和产业融合

文化融合发展是传统文化传承和弘扬的重要途径。镇江传统文化资源

丰富，在相关部门的重视下，西津渡、运河、"三山"（金山、焦山和北固山）等文化产业融合发展良好，已有较高知名度。但遗憾的是，蚕桑文化处于被遗忘的角落，如今蚕桑文化建筑与周边建筑不协调，蚕桑文化与旅游文化和旅游产业脱节，蚕桑文化未与镇江其他文化街区及大运河等传统文化融合。

（四）内涵与价值有待深入挖掘

当前，具有深厚文化历史底蕴的镇江蚕桑文化基本处于原始的"粗放"状态。镇江的蚕桑地位、历史事件、蚕桑文化建筑内涵、名人轶事和自身资源价值均缺乏系统而深入地研究和挖掘。

（五）产品品牌效应不足

日前，镇江以中蚕所为代表的科教单位虽开发出一系列蚕桑产品，含保健品、化妆品和工艺品等，但这些产品由于缺乏有效的宣传，知名度不高；此外，对蚕桑文化的挖掘不足，缺少文化内涵支撑。

（六）中蚕所"国家队"地位面临弱化

中蚕所在蚕桑行业曾光芒万丈，科研与开发实力让同行难以望其项背。然而，近年来其发展却不尽如人意。这是由多种因素导致的：① 随着工业化的推进和"东桑西移"战略的实施，中蚕所离蚕桑主产区越来越远。② 中蚕所与华东船舶工业学院合并后与中国农业科学院渐行渐远，其在中国农业科学院的招生和学术委员资格已被取消。③ 中蚕所高层次人才流失严重且自身造血功能不足，十多年来鲜有突破性的科研成果。而国内同行如西南大学等单位却发展迅速，在部分领域较中蚕所已呈领先之势。中蚕所虽然仍顶着"国家队"的荣耀，但如不加以重视和变革，在行业的地位将岌岌可危。

（七）国际化应对不足

随着"一带一路"倡议的实施，国家间蚕桑产业的联系日趋紧密。蚕桑教育与文化交流进入国际化快车道，然而镇江对蚕桑国际化仍缺乏规划和应对措施。如，在国际学生的培养经验、制度及国际化人才储备方面均十分薄弱，蚕桑文化如何走出去仍处于争论阶段。

三、镇江蚕桑文化的保护与发展策略

（一）合理规划，强化宣传

蚕桑文化发展规划是蚕桑文化保护和发展的重要依据，也是当前镇江蚕桑文化保护和发展迫切需要解决的问题。传统文化的科学规划是一项较为复杂的课题，其不仅要考虑文化的保护和传承，又要考虑文化经济与社会效益的协调与统一，实现文化的可持续发展，对于传统文化发展地方特色也非常重要。因此，蚕桑文化的规划既要高屋建瓴，突出专业性，也应广纳民间力量，突出文化的原创性，提升蚕桑文化规划的科学性、实践性和地方特色。

强化蚕桑文化，重要的蚕桑文化资料应建立标识和说明。蚕桑文化的宣传方式可以不拘一格，如通过制作宣传短片、建立蚕桑文化网站、举办公益讲座和蚕桑文化知识竞赛等途径，让蚕桑文化融入人们的生活，增强人们对蚕桑文化的认同感和民族自豪感。

（二）以文物保护为契机，加强对古建筑保护和维护力度

古建筑是承载文化的宝贵财富，是先辈留下的不可再生的遗产，对其合理的保护尤为必要。首先，对已纳入文保单位的蚕桑文化建筑应建立有效的保护和维护机制。其次，应挖掘和评估那些尚未被纳入保护的特色蚕桑建筑及其文化，对有重要文化价值的建筑及时加以有效的保护。

（三）加强内涵建设，提高对自身价值的认知

内涵建设是文化建设的核心内容，是提升文化品质的重要途径。镇江蚕桑丰厚的文化内涵需要合理地开发和发展。加强对镇江蚕桑文化内涵建设方面研究课题的立项与扶持力度；充分挖掘镇江蚕桑光辉的发展历程，对镇江蚕桑历史地位进行全面、准确和系统的阐述；搜集、整理和深化与镇江蚕桑相关的重要历史人物与事件，充实和丰富镇江蚕桑文化的内涵；加强对镇江蚕桑文化建筑周边环境的整治，使之与镇江蚕桑文化建筑风格相协调，突出蚕桑文化建筑的历史感及美感。深挖镇江蚕桑资源价值，做好与新时代文化的衔接，使之融入当前"一带一路"倡议和"大运河文化"的新时代文化大潮，突出蚕桑文化的时代内涵。

（四）以文化旅游为载体，走融合发展之路

文化是旅游的灵魂，旅游是文化的重要载体。特色文化资源的开发首选模式是与旅游产业融合。将蚕桑文化资源与旅游产业融合，建立蚕桑文化旅游保护与开发模式乃是一个很好的选择。例如，可以将蚕桑文化融入"西津渡历史文化街区"。"一眼望千年"的西津渡早已声名远播，成为与金山寺齐名的文化景区。镇江曾是我国东南地区丝绸和漕粮等物质北运京师的重要港口，西津渡文化因港口货运而兴，蚕桑文化与西津渡文化渊源深厚。将蚕桑文化融入西津渡文化街区，以旅游带动蚕桑文化的发展，以蚕桑文化提升旅游文化的内涵和质量，这将会是良性互动的。另外，当地政府和有关部门加大支持举办蚕桑旅游文化节、蚕桑美食节等活动，同时开发和宣传镇江的蚕桑文化旅游产品，鼓励建立蚕桑休闲小镇，打造蚕桑文化旅游品牌。

（五）建设蚕桑主题公园，保护和开发蚕桑文化

文化主题公园既能满足人们多样化休闲娱乐需求，又可提升人们对传统文化的理解与认知。文化主题公园建立在特定的主题创意之上，以文化复制、移植、陈列和高新技术等为手段，假以主题情节贯穿整个项目。镇

江建立蚕桑文化主题公园，不仅可以弥补蚕桑文化在展示方面的不足，同时也为人们提供一个领略蚕桑文化的实体空间。因此，要充分利用镇江丰厚的蚕桑文化资源，做好创意公园的规划与建设。结合镇江蚕桑文化的特色，公园可以蚕桑发展历史为主题，场馆可包含如下方面内容：蚕桑名人文化馆，蚕桑文化长廊（以蚕桑相关的诗词、传说和轶事为主），蚕桑产品馆（基于蚕桑丝绸开发的各种产品），蚕桑机具（历代蚕桑生产相关的机具或模型），丝绸之路馆（展示传统丝绸工艺、丝绸政治、丝绸外交、丝绸经济和不同时期丝绸发展的历程），蚕桑科技馆（以蚕桑产业近年来取得的重要科技成果展示为主）等。

（六）加强镇江蚕桑国际化建设，打造蚕桑科技与文化之都

随着经济和科技的发展，世界各国间的交流与合作日益紧密。随着"一带一路"倡议的实施，越来越多的外国留学生来镇江学习蚕桑科学，中蚕所蚕桑专家也应邀到世界各地指导蚕桑生产，这为扩大和提升镇江蚕桑在国际上的影响力提供了前所未有的机遇。在开放、合作、交流、融合理念指导下，镇江可充分利用中蚕所和中国蚕学会等高级别平台的作用，加大资金投入，强化与国内外蚕桑科研机构深层次、宽领域、多模式的合作与交流，积极争取和扩大蚕桑学科在国际性组织中的主导权与发言权，提升镇江蚕桑的国际影响力。

（七）以蚕桑特色文化产品为依托保护和开发蚕桑文化

富有传统文化的特色产品是传播和承载文化的重要媒介，在文化传承和弘扬方面具有不可替代的作用。对于蚕桑文化产品，要深挖其文化内涵，将产品融入文化中，以文化来包装产品，走产品与文化融合发展之路。

（八）以科普文化保护和开发蚕桑文化

科普是提高全民文化水平的重要途径之一，具有显著的社会性。其形式多样，途径灵活，是有效和流行的知识传播方式，科普与文化的结合也是科普形式发展的新趋势。因此，将蚕桑文化融入科普，以科普促进蚕桑文化的普及，同时蚕桑文化也可以丰富科普文化的内涵。

地域文化视域下社会主义核心价值观培塑的镇江实践研究

| 刘清生　李巍男　杨琴 |

作为中华优秀传统文化的有机组成部分，地域文化是社会主义核心价值观培塑的重要载体，它具有浓郁的乡土气息、鲜活的表现形式、多样的存在形态，能为社会主义核心价值观培塑提供丰富的素材和有效的路径。

一、地域文化涵育社会主义核心价值观的逻辑理路：文化认同

文化认同是价值观得以传播与内化的社会心理基础。① 在社会主义核心价值观培塑中也需要一个大众普遍认同的文化机制，对一个地区的社会大众而言，这种普遍认同的文化机制就是地域文化。地域文化是一个地区在长期的发展过程中形成的，凝聚在地方历史、风土人情、名人事迹之中的精神文化特质，蕴涵向上进取的生活态度、义利并重的价值取向、上善若水的生存智慧等价值传统。社会主义核心价值观的"三个倡导"从个体层面要求公民做到"爱国、敬业、诚信、友善"，与中华优秀传统文化一脉相承。从这个意义上来说，地域文化与社会主义核心价值观两者之间具有内在的统一性。

地方色彩和乡土气息浓郁的地域文化是当地民众接纳并认可的一种人文环境，具有坚实的群众基础。它始终与地域民众的日常生活息息相关，是一种接地气的文化形式。在社会主义核心价值观培塑中合理巧妙地融入地域文化传统，能够更好地契合当地民众的文化心理，有利于促进民众实现对社会主义核心价值观的情感认同。中华优秀传统文化是社会主义核心

---

① 张婧：《社会主义核心价值观的文化认同机制》，《人民论坛》，2017 年第 36 期。

价值观的重要源泉，源远流长的文化传统为社会主义核心价值观提供了深厚的文化底蕴。地域文化是一个地区历经悠久的积淀而创造的文明成果，寄寓着地域民众耳熟能详的文化传统，传承和利用地方文化资源，能够为社会主义核心价值观培塑注入更丰富的文化内涵，使民众在真实可信的情境中实现对社会主义核心价值观的理解和接纳。

二、地域文化在社会主义核心价值观培塑中的资源价值

镇江是江南历史文化名城，独具魅力的地域文化资源为社会主义核心价值观培塑提供了丰富内容与鲜活质料，具体如下：

1. 镇江的厚重历史蕴含文化关照的现实价值

镇江拥有3000余年悠久历史，目前积累的大量史料表明，镇江是先吴文化的重要源头，也是京口文化的摇篮。之后，随着京杭大运河的开通，以及在第二次鸦片战争中镇江被辟为对外通商口岸，古今文化、东西文化在这里交织，造就了镇江兼收并蓄的文化传统。近代史上，镇江人民殊死抗英，书写了一部爱国抗敌的光荣史，有着丰富的爱国主义教育资源。镇江的历史文化是中华传统文化的一种地域形态，充分挖掘和阐释镇江地域历史文化，既是民众学习和了解地域历史的过程，更是培养民族精神和形成价值认同的过程，这正是镇江历史文化在社会主义核心价值观培塑中的现实价值所在。

2. 镇江城市的山水风貌为生态和谐提供天然基础

镇江素有"城市山林"之美誉，山水风貌是镇江城市风貌的基调。境内的金山、焦山、北固山赋予镇江独具一格的江山风光，千年古运河与长江构成黄金水道，形成了山水城市的特色。当下，十九大报告对生态文明建设着墨很多，首次提出建设富强民主文明和谐美丽的社会主义现代化强国目标。良好的自然禀赋为镇江实施生态文明建设提供了有利条件，为建设现代生态城市提供了天然基础。应从地域资源中汲取养分，注入生态文明建设的时代实践，在实践层面为推进社会主义核心价值观建设提供了强

大动力。

3. 名人荟萃为新时代激发创新精神凝聚共识

镇江自古就名人辈出，灿若星辰。南北朝时期数学家、天文学家祖冲之曾在镇江任职，六朝梁代昭明太子萧统在镇江编撰完成中国文学史上第一部诗文选集《昭明文选》，沈括隐居于镇江梦溪园完成科学巨著《梦溪笔谈》，"中国桥梁之父"茅以升原籍镇江，"时代楷模"赵亚夫富民为乐……镇江名人文化中蕴涵从事科学事业的严谨态度，为追求事业成功和社会进步鞠躬尽瘁的奉献精神，以及坚持真理、不惧挫折的高尚品格。挖掘镇江地域文化中璀璨的名人文化，就是要用名人的事迹、精神感染民众，激励新时代民众培育自强进取、开拓创新的精神品质，从而为社会主义核心价值观培塑打下良好的思想基础。

4. 镇江的特色民俗是文化自信的坚实基源

镇江的特色民俗文化与民众生活密切相关，体现出镇江人民特有的审美个性、思维方式和文化精神，是珍贵的文化资源。"水漫金山"的千古传奇，闻名遐迩的镇江香醋、镇江"三怪"等都是特色民俗文化的表现形式，其中镇江恒顺香醋酿制传统技艺还属于国家级非物质文化遗产。将镇江特色民俗文化与社会主义核心价值观培塑相结合，可以使镇江民俗文化体现出当代镇江的发展特色和现实风貌，为构建社会主义和谐社会奠定良好的文化基础。同时，保护和传承镇江地域文化，延续镇江传统文化的人文脉络，也是社会主义核心价值观培塑的地域性成果。

三、依托地域文化培塑社会主义核心价值观的实践路径

就实践层面而言，以地域文化培塑社会主义核心价值观，究其本质是将社会主义核心价值观所规约的共同性的伦理导向和价值追求运用特质化的地域文化元素进行诠释。

1. 深耕地域文化基因，构建社会主义核心价值观的强大场域

依托地域文化培塑社会主义核心价值观，要用社会主义核心价值观统

摄纷繁复杂的社会意识，整合喧嚣多元的价值秩序，以地域文化为精神纽带，构筑起社会主义核心价值观的强大场域。地域性文化由于其接近于当地群众的现实需要，具有亲民优势①，易于为民众所感知、认同和接受。深耕地域文化基因，结合镇江实际而言，就是要结合地域特色深度挖掘吴文化、京口文化等传统文化，醋文化等民间非物质文化遗产，以及具有鲜明的地域性的红色文化资源。举办相关文化活动，将地域特色文化融入市政建设等，都是推进社会主义核心价值观建设的有效手段。提炼和弘扬地域传统文化，激发地域文化的内在生命力，使其成为地域群众践行社会主义核心价值观的生动教材。

2. 关注地域民生诉求，深化社会主义核心价值观的价值意蕴

社会主义核心价值观的培塑与社会主义现代化建设的生动实践紧密联系在一起。社会主义核心价值观培塑不能脱离地域民众的实际需要，缺失了对地域民众民生诉求的呼应，社会主义核心价值观也就失去了存在的现实意义。② 在一定地域内推进社会主义核心价值观培塑，就要促使社会主义核心价值观由理论向具体实践转换，由抽象落实为与地域民众息息相关的民生诉求，力求社会主义核心价值观价值意蕴的实现。具体而言，就是要积极回应地域民众的民生诉求，从以人为本处破题，让民众真切感受到经济发展、民生改善、社会和谐、生态文明。创建国家生态文明建设示范区、建设低碳城市、确立和实施生态立市和生态领先战略等，都是镇江市在生态文明建设方面的有益探索，是社会主义核心价值观培塑的天然资源。

3. 开发名人文化资源，增进社会主义核心价值观的思想认同

名人文化承载着导向示范的精神价值，社会主义核心价值观的培塑离不开名人文化的熏陶和引领。要着重开发地域内的名人文化资源，挖掘名

---

① 浦玉忠：《地域文化视阈下社会主义核心价值观"跟进式"培育研究》，《思想理论教育导刊》，2015 年第 5 期。

② 岳奎，邵彦涛：《推进社会主义核心价值体系建设的地域性思考——以湖北为中心的考察》，《社会主义研究》，2012 年第 3 期。

人身上承载的时代精神和价值观念，赋予其大众性和生活感，从小处、细处、实处使民众感受到名人事迹折射的精神力量，使社会主义核心价值观真正走进民心，并成为指导地域民众行为的内在精神动力。一是加强地域内名人文化的学理研究，从地域历史文化中总结凝练不同时代名人事迹所蕴含的精神价值，构建民众认同的文化符号。二是挖掘地域历史名人资源，着力加强博物馆、纪念馆、名人故居、历史遗迹等各类场馆建设，打通民众亲近历史名人文化的日常渠道。三是着重宣传地域内当代榜样人物事迹，以先进典型激发民众个人追求。例如"时代楷模"赵亚夫作为"大爱镇江"精神的一座"富矿"，可以把学习宣传赵亚夫同志先进事迹作为培育和践行社会主义核心价值观的重要抓手，使社会主义核心价值观可知、可感。

4. 弘扬特色民俗文化，提升社会主义核心价值观的实践体验

体验感悟是社会主义核心价值观内化的重要一环，要用实践来增强与地域民众的思想共鸣。以地域特色民俗文化为载体，多方面开展富有地域特色的各类实践活动，提升民众对社会主义核心价值观的实践体验，使社会主义核心价值观的精神力量渗透到地域民众的日常生活中。从具体操作层面来看，可依托镇江地域特色民俗文化资源，开展爱国主义教育、民俗文化展示、文化传承等涵育社会主义核心价值观的文化活动。加强非物质文化遗产的传承与展示，提高民俗文化、地域特色文化在当地民众中的知名度、认同感。以创新理念搞活文化旅游产品开发与体验，开发镇江"三山"、西津渡、醋文化等旅游资源，拓宽社会主义核心价值观的传播路径，使社会主义核心价值观在文化体验中迸发力量。

镇江市新农村文化建设研究

沈 茹 蒋家尚 贾 茹

一、农村文化建设发展研究的基础

（一）相关概念

1. 文化。文化概念有广义与狭义之分，广义的文化指人类所创造出的物质文化与精神文化的总和，狭义的文化只是指人类所创造出的精神文化。本文所论述的文化主要是指狭义的文化。

2. 农村文化。关于农村文化也有广义与狭义之分，广义的农村文化是农民在长期实践中所创造的物质财富与精神财富总和，狭义的农村文化仅指精神财富，侧重于精神方面。本文所论述的农村文化主要是狭义的农村文化，指在一定的区域条件和历史背景下，以农民为主体，农村为载体，在物质实践基础上创造的精神文明总和，是农村区域共同体内农民所特有的一种精神实质。

3. 农村文化建设。由文化、农村文化的定义可知，农村文化建设主要是指在一定时期（社会背景）与一定域区（农村）内，进行精神财富创造的总和，它包括文化产品的创作、文化人才队伍的建设、文化基础设施的投入、群众性文化活动的开展、优秀传统文化的弘扬等方面。

（二）农村文化建设发展研究的理论基础

马克思主义发展观是社会主义新农村文化建设的重要理论基础。马克思主义发展观认为，人类社会的进步是从低级文明到高级文明，从片面到全面的发展过程。社会主义社会就是要建设一个全面发展的社会。建设社会主义新农村是在马克思主义理论基础上提出来的，是符合中国国情的一个重大举措。我国社会主义新农村建设是包括经济、政治、文化、社会等环节或方面的全面的建设和发展，如果忽视文化建设也就把农村社会的这些环节或方面割裂开来了，就陷入了片面发展的境地，这不仅与新农村建设总要求不相符合，也违背了马克思关于社会全面发展的理论。

（三）农村文化建设的基本原则

农村文化建设应遵循以下四个原则：

1. 坚持和发展马列主义的原则。我国是社会主义国家，农村文化建设要保证其沿着社会主义道路方向前行。坚持和发展马列主义，全面贯彻落实党的十九大精神，是新时期农村文化建设必须坚持的基本原则。

2. 以社会主义核心价值观为统领的原则。社会主义核心价值观不仅集中体现当代中国精神，也凝结着全国各族人民共同的理想与追求。只有培育社会主义核心价值观，才能将广大农民群众的共识凝聚到全面建成小康社会之中，才能为中华民族的伟大复兴与中国梦的实现提供精神动力与智力保障。因此，以社会主义核心价值观为统领是农村文化建设的基本原则。

3. 坚持农民的主体地位的原则。广大农民群众是农村文化建设的主体，也是农村文化建设的直接受益者。农村文化建设，要充分调动广大农民群众的积极性、主动性和创造性，使他们更加自觉、更加坚定地投入农村文化建设中去。

4. 坚持物质文明与精神文明协调发展原则。农村经济社会发展为农村文化建设提供物质保障，农村文化健康繁荣又为农村经济社会发展提供人才保障与智力支持，两者相辅相成，因此，要实现农村文化的发展繁荣，必须坚持物质文明与精神文明协调发展。

二、镇江市新农村文化建设现状分析

（一）镇江市新农村文化建设前状况

在新农村文化建设没有开展之前，镇江市农村文化建设虽然取得一些进展，比如注重发展村容村貌，但农村文化建设工作滞后，主要表现为：文化建设观念薄弱、农民文化生活单调、农民文化消费水平低、公共文化基础设施简陋、优秀传统文化遭到破坏等现象。在新农村文化建设之前，政府侧重于经济建设，对文化投入少，农村文化建设观念薄弱。农民平均文化水平在初中以下，整体受教育程度低，由于力量有限，文化下乡活动形式单一、数量少，农民可以享受到的文化生活非常有限。农村公共文化资源匮乏，主要以图书馆为主，但农村图书馆数量少，所存图书种类不多，公共文化设施利用率低。镇江市在农村建设过程中，人们文化保护意识不强，部分优秀传统文化遭到破坏，比如不少文化古迹由于建房原因遭到拆毁。

（二）镇江市新农村文化建设的成就

1. 农民文化素养提高。通过政府开展的各种培训，在职业技术、知识结构和现代农业生产能力方面，青壮年农民有了很大的进步，他们推动了当地农民文化素养的提高。为了提高农民的素养，镇江市对各个村加大资金投入，建立阅览室和农家书屋。随着各村农家书屋藏书资料的逐渐丰富，农民读书率也不断提高。

2. 农民文化生活丰富。在镇江市社会主义新农村文化建设的过程中，文化活动的组织，一是靠政府搭建的大舞台；二是村级搭建的小舞台。

3. 农民文化消费水平提高。调查发现，农民逐渐改变观念，喜欢对自己的家庭文化投资，满足自身文化需求。农民的消费观念有所转变，持续增长的农民文化需求，促进了农村文化市场的茁壮发展。

4. 公共文化基础设施建设逐渐完善。

5. 农村环境逐渐实现整洁化。

三、镇江市新农村文化建设的存在问题及问题分析

（一）镇江市新农村文化建设的存在问题

1. 农村文化建设的投入与实际需求存在差距。受城乡二元结构的制

约，农村和城市的发展存在不可避免的差距。镇江市农村地区的经济、教育、文化、社会等方面的发展明显滞后于城市地区的发展，与此相对应的农村居民物质生活水平与城市居民也存在差距。

2. 农村文化建设的管理体制不协调。在农村文化的管理中，部门之间缺乏协调，存在"多头管理"的现象，缺乏统一管理规范，出现问题后各部门互相推卸责任。地方政府对农村文化市场监管不力，导致一些不健康文化产品和反文化产品在农村地区的泛滥。在基层领导的重视程度、认识的深刻性、管理体制的协调、监管力度等方面存在的问题，制约着镇江市新农村文化建设的进一步发展。

3. 农村文化建设人才队伍缺乏。镇江市农村地区普遍存在文化建设人才缺乏的问题，在偏远落后地区问题更为严重。当前农村现有的从事文化工作人员，由于未曾接受过专业的指导训练，因此他们的文化才艺仅停留在自娱自乐的水平，无法满足农村文化建设更高层次的要求。当前农村地区文化活动的主要参与者大都是老年人。

4. 农村文化生活单调，文化贫乏。当前镇江市农村文化建设中，现有的基层文化站开展的文化活动，由于形式缺乏创新，较为单一，内容缺乏更新，较为古板陈旧，与生活的关系不够紧密，因此对农村群众的吸引力非常小，难以吸引农村群众参与到文化活动中去。

（二）镇江市农村文化建设中存在问题原因分析

1. 对农村文化建设的重要性缺乏正确认识。在农村经济文化建设中，部分基层政府和群众对农村文化建设的重要性缺乏理性的认识，认为农村经济的发展属于实在的事情，而进行文化建设是投入大见效慢、浪费金钱的事情，没有意识到文化对于经济发展的重要影响，使得文化发展处于滞后的状态。此外，在官员的业绩考核中，考核标准都是过于重视经济指标，因而使得部分政府官员容易在思想层面产生重视经济发展、轻视文化建设的想法。

2. 农村文化建设资金投入不足。目前，新农村文化建设中，资金来源主要依靠上级政府拨款。农村文化建设资金缺口大，政府虽然重视新农村文化建设工作，设立专门财政立项，为新农村文化建设提供资金支持，但是单一的部分财政投入不能完全满足文化建设的需求，在现实条件下显得杯水车薪。社会主义新农村文化建设需要细致的规划，方方面面的工作需要运行，文化建设资金缺乏充分的保障，使文化活动的组织、村民公共文化设施的建设举步维艰。

3. 年轻人流动性较大，农村文化建设缺乏稳定队伍。进城务工群体特别是文化水平较高青壮年占了很大的比例。农村人口向城市的流动，不但减少了农业劳动力，同时还减弱了农村文化发展的动力，导致农村传统文化发展面临困境。具有一定文化水平的农村青壮年劳动力的流失，使得农村文化建设的主要参与者只剩文化水平较低的留守儿童和老人。部分留守人员受传统观念和自身文化水平的局限，参与农村文化建设的积极性不高。

4. 农村文化建设的管理机制不健全。首先缺乏健全的文化人才管理机制，现阶段的管理机制对于在基层乡镇从事文化工作的文化人才，未有明确的规范来有效地保障他们的薪资，从而导致部分乡镇一些全职文化工作者由于待遇水平比较低，且薪资难以保障，因而对工作积极性不高，开展文化活动热情也不够。其次，公益性文化缺乏细化的管理规范，经营性文化缺乏相应的准则，缺乏弹性的管理制度。最后，由于政府对文化单位的管控力度过大，相关文化单位开展文化工作自主性受限，在开展文化活动的过程中过于形式化，导致相应的文化活动在举办时困难重重。

5. 文化冲击影响了农村文化的发展。对于文化程度不高的农民来说，由于自身素质的限制，面对不良文化的冲击缺乏一定的辨别能力。当前，在广大的农村地区，封建迷信思想仍然存在。在不良文化的冲击下，传统价值观、道德观受到重创，表现在家庭伦理道德失范，传统的义利观念淡化及部分农村地区存在"天价彩礼"的现象。不良文化在农村社会的横行，阻碍了农村文化建设的发展。

四、加强镇江市新农村文化建设的对策

（一）政府重视，加大投入

1. 基层干部要提高思想认识，重视农村文化建设。为提高基层干部对农村文化建设的重视，应将思想文化工作纳入各级班子的年度考核，与绩效挂钩，正确处理好文化建设和经济建设的辩证关系。在文化建设工作中尽快改变对文化建设的流于表面的认识及过于形式化的作风。

2. 加大对农村文化建设的投入，完善基础设施。当前农村开展文化建设工作的经费来源主要是财政资金，财政投入应改变过去对城乡文化建设投入中过于向城市倾斜情况，结合农村文化建设工作的实际情况，应加大资金投入。鼓励民间资本进入农村文化建设，构建社会、个人及政府共同投入的多元化资金模式。

3. 实行领导干部责任制。在农村文化建设中加强领导干部责任制，使领导干部责任落实到人，各尽其职。同时按文化发展思路来制定文化发展规划，实施管理体制，共同做好农村文化建设工作，从而实现政府部门落实工作、文化部门实施管理和控制、群众和社会团体进行积极主动的配合、社会各个领域共同努力的一个良好的文化格局，不断完善文化服务的动态监测和绩效评价机制，及时协调解决文化建设中出现的各种问题。

（二）多渠道提高农民整体素质水平

1. 加强对农民思想道德教育。要积极发挥正面舆论的导向作用。宣扬正确的价值观和世界观，以发生在农民身边敬老爱亲、扶幼助弱等真实事件为素材，通过广播、电视、互联网等新媒体和报纸、图书等传统媒体途径宣扬正确的思想意识，对农民进行思想道德教育，强化主流道德观念的导向作用。

2. 加强对农民法律法规教育。农村文化工作者对农民进行法律法规

教育时要契合农民文化现状，针对农民自身实际需要，将与农民生产生活密切相关的法律法规条文，以通俗易懂的语言、生动形象的案例对农民进行法律法规教育，逐步提高农民的遵纪守法意识和自觉性。

3. 加强对农民农村文化认知教育。提高农民对农村文化的认知水平，可充分借助外在传播媒介作用，明晰农村文化内涵，充分发挥文化站、农家书屋的积极作用，整合电视、广播、书籍等传播媒介，将农村文化传递给农民，增强农民对农村文化的认知。

（三）建设一支稳定的基层文化队伍

培养基层文化人才是创建文化队伍的有效方法，培养文化人才时要以发展的特点为方向，在培养文化队伍的同时还要不断地引进专业人才，发现人才，用好人才。借助当地的教育资源优势，给农民群众讲解现代化农业科学技术知识。鼓励大学生、文化企事业单位人员及党政退休人员积极参加农村文化建设志愿者活动，为推进新农村文化建设贡献力量。

（四）完善新农村文化建设运行机制

健全农村文化建设的运行机制，要以完善农村文化产品和服务的管理体制为基础，以平衡政府、农民和市场管理之间的关系为落脚点。农村文化产品是农村文化建设的重要表现形式，当前很多农村文化产品属于公共产品，如广播、文化站、社区文化室、农家书屋等都具有非排他性和非竞争性，农民应该均等地享有对这些文化产品的获得权和使用权，这些公共产品的供给应由政府部门根据职责权限向农村统一提供。

（五）加强特色农村文化产业发展

1. 发展农村生态旅游文化。要在深入挖掘农村文化内涵的基础上发展农村生态旅游文化，政府部门要深入域区调研，以农村地区最具特色的地理、乡俗文化为抓手，完善农村生态旅游文化管理方式和配套产业发

解放思想，推动镇江高质量发展 | 2018 年镇江发展研究报告 |

234

展，促进农村生态旅游规模化发展。

2. 创新特色民俗文化。地方特色的民俗文化具有较大的发展价值，也是吸引游客的最重要的资源。坚持最原汁原味的民俗文化，不受现代文化冲击和更改，并在此基础上创新特色民俗文化，使之能够适应市场发展需要，以科学的管理理念、完善的运行机制，促进民俗文化长效发展。

镇江市城中村文化视域下多元模式建设研究

——以槐荫村为例

| 韩　荣　王琳琇　刘天琦 |

一、研究区概况

槐荫村原名"张傅村",位于镇江市"南大门"——谷阳镇的西南部,是古邑丹徒的富庶之地,在镇江市区南郊12公里处,北倚十里长山,南临南乡古镇上党,西至谭赵村,东枕谷阳镇来家山。槐荫村的地势起伏不大,总面积3.84平方公里,建设用地约0.18平方公里左右,总人口约2100人。具体区位如图1所示。

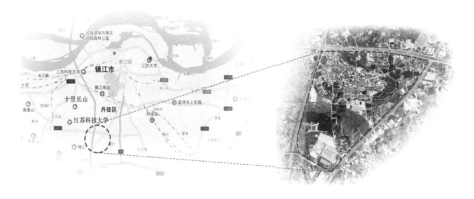

图1　槐荫村所在区位示意图

二、槐荫村人文背景

槐荫村作为吴文化和楚文明结合地域之一,据元《至顺镇江志》和清光绪《丹阳县志》记载，其是我国四大民间传说之一《天仙配》的发生地。"槐荫"得名于其村内东南隅的一棵古槐，相传故事《天仙配》中董永与七仙女相会于此树下。古槐树下建有一座槐荫庙，《丹徒寺观·寺观溯踪》中详细记载了槐荫庙的缘由。村民为了纪念董永与七仙女的传奇爱情，把村落中的石拱桥称为七仙女常走的"七仙桥"，池塘称为七姐妹洗过澡的"七仙池"。村子附近有一个小山丘，据说是七仙女被召回上天的地方，称为"上天台"。

村内遗存有称为"槐荫七景"的七仙桥、七仙池、土地庙、上天台、傅家相门、织锦楼、槐荫庙等建筑景观，并新建了七仙女广场、七仙女与董永雕塑等村落景点。近年来，相关的政府机构进一步深度挖掘《天仙配》这一宝贵的民间文化遗产，对故事发生时留下的 8 处遗迹采取了保护措施，将古迹遗址、分布情况绘制成图，并做好标识。槐荫村居民详细调查了"七仙女与董永"故事遗迹分布位置，恢复槐荫村古桥的原貌。如今，"七仙女与董永"的传说已成为江苏省首批人类非物质文化遗产，槐荫村也建成了游客服务中心，以旅游业推动整个村落的经济文化发展。

通过对槐荫村主要景点的调研可以看出，目前槐荫村的整体村落建设已经很好地开展起来，重要的文化景点都已得到妥善的保护与设计，为进一步进行文化建设、开展旅游业奠定了坚实的基础。

三、槐荫村资源分析

槐荫村属长江三角洲边缘部分，由长江挟带的泥沙沉积而成，大部分海拔在 30 米以下。全村共有 17 个村民小组，共有住户 490 户，大多数农民以种植、养殖为主。村落内居民以中老年人和未上学的儿童为主，人口结构严重老龄化且居住年限较长。

1. 优势

（1）镇江位于中国东部沿海，江苏南部，长江三角洲北翼中心，是南京、上海都市圈的核心层城市。良好的区位条件，既有利于槐荫村接纳镇江周边城市的市场辐射，也有利于其与周边地区合作发展。

（2）槐荫村是谷阳镇镇布局规划中确定的村庄保留点，有丰富的文化底蕴，遗迹众多，形成了槐荫村得天独厚的资源优势。大部分资源品位较高，禀赋较强，有利于充分利用近邻效应，发展村落文化、生态产业。

（3）将董永与七仙女的传说传承下去并发扬光大。槐荫村的一个重要举措，就是搞好每年的七夕节庆活动。在传统七夕节，镇江市丹徒区多次举办过"爱在槐荫，共度七夕"的民俗风情活动。通过"相门剪彩"、丹徒田歌、《天仙配》故事表演、集体婚礼四部分向来宾展示槐荫的民俗风情和董永与七仙女的爱情传说。

（4）近年来槐荫村的建筑环境、景点建设更新，加之周围优美的自然环境，为其发展奠定了重要的基础。除了"槐荫七景"等重要景点的建设外，如围绕主干道的建筑更新及建筑文化墙设计，为整个村庄的文化氛围营造增色不少。

2. 劣势

村内主干道附近房屋虽然得到了更新改造，但房屋内部陈旧，建筑风格不统一；绿化缺乏中间层次，造景手法陈旧封闭，不利于居民进行活动交流；道路系统不完善，村内机动车道与步行道路较为混乱，除了重要干道人车分流外，部分重要道路机动车道穿越居住区域，造成安全隐患；教育、娱乐、环保、健身、医疗等设施难以配套运行，健身休闲设施位置设计远离居住区，使用率极低；虽然槐荫村近期的改造工程给村落的景观建设增色不少，但一些设施造型单一重复，缺乏个性，致使景观建设可识别性差，没有体现自身应有的文化特色和个性。

四、槐荫村多元建设策略

（一）环境更新策略

环境更新应当在继承保护的基础上进行特殊的、有条件的更新。坚持"以人为本"的设计观念，对于环境更新中给农民造成不便的、不利于农民生产生活的因素要及时调整，在可允许的条件下争取让村民参与设计。

通过问卷、与居民座谈及详细的实地考察和踏勘，对镇江市槐荫村的现状进行统计、剖析得到如表1所示的评价：

表1　槐荫村村民地方感因子的评价

一级因子		二级因子										
		环境质量	休闲活动	交流氛围	标识符号	文化传承	空间格局	基础保障	管理政策	建筑构景	景观风貌	更新改造
地方依恋		★	★	★	○	○	★	○	○	/	/	/
地方认同	地方特色性认同	★	○	○	○	★	○	/	/	★	○	/
	地方真实性认同	★	▲	▲	/	○	▲	▲	/	★	○	▲
	地方满意度	○	/	/	○	○	○	○		★	/	/
二级因子综合评价												
		★	★	○	○	★	○	/	○	★	○	▲
注：★——高　○——中　▲——低												

充分结合槐荫村村民的地方感因子评价结果，在环境更新时，首先对村落的结构和肌理进行分析，尊重原有的格局和结构，调整居民点布局，节约和集约使用土地，制定适宜槐荫村资源和技术的农村居民点建设规划，集中配套村镇基础服务设施和市政设施建设，注重对道路、绿化、供水、排水、公厕、路灯、停车场等基础设施的建设工作，提高和完善居民的生活居住环境质量及居住水平。延续槐荫村街巷、水系、农田、林地、果园等原始景观风貌，将居民区、街道、农田、河流等生态景观要素有机组合，形成"点、线、面"的环境体系，同时加强水塘、河道的更新改

造。通过采取农村居民点土地利用的调整和置换等措施，完善农村产业结构的空间布局。整理后腾出的用地可用作耕地、园地，也可作为城镇或工业的发展用地。集中的居住形式为居民方便地享受到齐全的公共设施创造了条件，这些公共设施包括村委会、社区中心、诊所、邮局、零售商业设施、餐馆、老年活动中心、农产品市场等。具体如图 2 所示。

图 2　槐荫村布局更新示意图

其次，有效地挖掘和发挥槐荫村的地域特点和历史文脉，注重利用"董永与七仙女"传说文化的优势，强化其场所精神，使之与使用者产生共鸣，结合空间尺度营造独特的景观环境。成功地开发历史文化遗产的经济价值，加强地域文化的营造，使环境具有明显的识别性，并构成环境的精神功能，营造环境的认同感和归属感。约翰斯顿认为，地方感是个人和群体依靠体验、记忆和依恋对地方产生的深厚的依恋感。在景观更新过程中，可以从空间层次、植物配置、景观小品等方面入手，强调小环境的独特性，以此提高环境的识别性。

最后，在经济允许的范围内，以满足使用功能为前提，运用现代技术与材料。生产和生活中应充分依托太阳能等新型能源，并将农村废弃物转换为生物燃气、生物油、沼气和电力等资源，以满足农村生产、生活对能源的需求，维持和改善农村可持续发展的环境质量。

（二）形象设计策略

独特的物质形象和精神形象将给村落带来经济发展和文化发展机遇，为村落的经济建设和文化建设注入无限活力，做出巨大贡献。槐荫村自然条件优越，文化底蕴丰厚，近年来经济迅速发展，环境不断优化。然而，槐荫村在村落形象推广设计方面没有充分利用自身的物质要素和文化要素来凸显其历史文化村落的特色和优势。在形象设计方面，主要有以下两点内容。

1. 发扬历史价值，扩充外部环境感知，增强体验经济价值

对于扩充外部环境感知，历史文化村落的形象应该具有"可识别性"和"可印象性"的特点，并能够得到当地民众及旅游者的普遍认可，形象设计需要以现代设计手法延续历史脉络为前提，扩充外部环境对槐荫村民众及外来旅游者的感知。

对于增强体验经济价值，历史文化村落丰富的文化遗产是不可或缺的宝贵资源，槐荫村的形象推广设计应充分利用黄梅戏及地方传统戏剧等艺术形式传播"董永与七仙女"的爱情传说，利用槐荫村"董永与七仙女"情感文化举行七夕节庆活动、民俗婚庆活动等，最大限度地拓展、延伸其历史文化价值与经济价值。此外，培育特色文化村落的休闲旅游、民间工艺作坊、乡土文化体验、农家农事参与等体验，以提高村民及旅游者对当地文化遗产的认知度和欣赏度。

2. 提升开发价值，塑造槐荫村文化标签，拓展产业结构

对于塑造文化标签，历史文化村落应积极建立文化遗产保护机制，探索文化遗产和历史文化村落保护科学理念、创新机制和有效途径，努力加强制度建设，健全和完善文化遗产保护体系，推动历史文化村落保护与开发的科学可持续发展。对于槐荫村来说，物质文化遗产资源的核心是传统

建筑遗迹，非物质文化遗产资源的核心是"董永与七仙女"的传说，这两者也正是树立槐荫村形象的精髓所在。将这两大类文化遗产资源与自然风光、民俗风情等普通乡村元素有机融合，深入挖掘其文化内涵。树立槐荫村"以'董永与七仙女'爱情传说为核心，以传统建筑文化为依托，以乡村田园风光为背景"的历史文化村落品牌形象。

对于拓展产业结构，居住环境是历史文化村落旅游资源的载体，村民参与其中，可以扩大就业机会，增加服务业比重，调整产业结构。槐荫村旅游资源独具特色，具有广泛的群众基础，科学引导和激励槐荫村村民利用传统民居，发展与历史文化保护相协调的手工艺店铺、茶馆、私房菜馆、药铺、民宿等农家乐特色经营。迎合旅游者心理需求，丰富旅游产品结构，使之成为强化自身优势、开拓客源市场的有效方式。依托周边旅游服务区，引导村民发展旅游业及与旅游服务区配套的度假、休闲、娱乐等服务业，引导村落由第一产业向第二、三产业转化。

五、城中村文化建设策略

通过对槐荫村的分析，笔者认为，镇江市城中村文化建设，可以从以下方面进行考虑：

（一）注重环境，协调发展

在城中村历史文化特色方面的改造过程中，要保证自然环境的完整性、强调人文环境的传承性、重视人工环境的地域性，必须坚持注重环境与历史文化特色重点保护区域协调发展原则。

对于具有美丽自然风貌特色的城中村，应从整体的观念出发尊重和维护，基于原有自然景观的村庄建设，尽量不改变它原有的模式，创造宜居环境；对于具有地域人文环境的城中村，"文脉"往往是其发展过程中形成的最精华的部分，也是改造中最脆弱的部分，而这些历史文化精髓一旦被摧毁，将不复存在，对于具有独特人工环境的城中村，其形态是长期历史发展下存留下来的文化实体，其不仅是一个历史符号，它的意义远远大于它能够反映的形状和形象本身，具有更重要的精神意义。

综上，在改造过程中，对于城中村与城市交接的界面处理，需要注意城中村风貌肌理与城市风貌肌理的有机协调，在有条件的情况下，可以在二者之间建立景观绿化、水系等不同形式的缓冲过渡地带，有效地化解两个异质体之间的冲突，这样既可以有效保护城中村历史文化特色生态环境，同时也能提高城市人文景观与自然景观的丰富性。

（二）立足文脉，塑造形象

"形象"在西方旅游学研究中被定义为："一种抽象的概念，它包含着过去存留的印象、声誉以及同事间的评价。形象蕴含着使用者的期望。"对于具有历史文化特色的城中村而言，形象是传达村落信息的主要载体之一。镇江市作为历史文化名城，许多城中村都具有深厚的历史文化内涵。依托于这些历史文化形成的"文脉"，可以塑造各具特色的"文化城中村"形象。

构建镇江市城中村的外部形象，并创造村落的独特魅力，是具有历史文化内涵的城中村发展的借助力和推动力。村落的文化内涵、精神风貌、村民的行为特征等都要借助村落形象加以体现。城中村形象的组成，离不开每幢古建筑和古民居，但历史文化城中村的形象更注重于某种综合性的特质，它是"古建民居＋自然环境＋历史氛围"的多元统一，构成某种具有乡土特色的地域景观。

在交通条件和景点结合较好的情况下，历史文化城中村开发方向应该以旅游观光为主。同时发展村落旅游也是保护历史文化村落原始生态环境和传统文化的最佳方式，依托农村自然景观和人文景观的开发可以使村落旅游具有显著的知名度和吸引力，而村落旅游资源的开发又能够系统的保护、传承和宣传村落的历史文化，推广村落形象。

（三）循序渐进，合理规划

镇江市城中村在历史文化特色方面的改造处于初期阶段，将有很长的路要走，是一个循序渐进的实践过程，不能违背历史发展规律一蹴而就，所以城中村在历史文化特色方面的改造时，应坚持循序渐进、稳固发展原则。

在改造过程中，应首先梳理城中村历史文化特色现状情况，并结合城中村发展需求，分清轻重缓急，合理制定改造规划，协调统一远期与近期改造目标，保证城中村在历史文化特色方面的改造过程中循序渐进，稳固发展。

为了整体控制城中村历史文化特色风貌，在城中村改造规划中，针对城中村历史文化特色现状及价值判断，需合理划定不同功能分区，同时针对城中村历史文化特色的重点区域划分不同控制等级，主要包括核心保护区、重点建设控制区及区域协调区，以确保在城中村改造中对其历史文化特色合理有效地保护传承下去。另外，在城中村改造规划中，对于建筑密度、建筑高度等进行合理控制，确保土地开发适度，协调城中村整体历史文化特色风貌。

（四）政府调控，多方参与

现阶段镇江市城中村的改造中，需要实现政府、公众、市场三方的共同参与。结合实际国情，坚持政府调控、多方共同参与的城中村改造基本原则，将是镇江市城中村在文化视域下多元建设发展趋势。随着社会的发展进步，城中村原住民的主体权利意识也开始加强，开始积极参与其中，同时市场资本和民间社会组织在改造理念、技术、资源等方面都为政府提供了强有力补充。

在实际操作中，政府要正确引导城中村改造的方向。通过制定政策、规划等适时调控城中村改造方向，以保证城中村改造符合社会公共利益，并维护社会公平，同时还要坚持市场化运作，努力提高改造项目的经济社会效益。切实保证各方面的利益，是城中村改造工作得以顺利进行的核心环节，改造的最终结果是为了实现村民、开发商和政府三方的共赢，即村民得到较以往更为满意的生活居住环境，其生活基本权益得到最大的保障；开发商得到合理的利润回报，在政府政策的调控下降低市场风险；政府和社会赢得整齐优美、高度文明、可持续发展的社会风貌，通过改造改善城市环境，提升城市品位，促进经济发展。

此外，城中村更新改造，必须坚持公众参与的原则。对于城中村原居民而言，他们本身也是城中村非物质历史文化的重要载体，所以如何安置他们的生活、居住、工作也是城中村改造工作的重要内容。公众参与需要各方面支持才能得到贯彻和实施。城中村改造涉及众多居住者的利益，从保护其利益和加强方案可行性的角度讲，都必须使其参与其中。

新时期镇江美丽乡村生态文明建设自然修复策略研究

| 李　晓 |

生态修复以创造优良人居环境为中心目标，旨在使受损的生态系统结构和功能恢复到受干扰前的自然状况。目前，生态修复已在三亚等试点地区取得了良好效果，也有不少学者针对矿山、河流、河滩棕地、土壤等具体的生态要素修复展开了研究，在生态修复的理论和实践上形成了一定积累。然而，目前关于乡村生态文明建设中生态自然修复的研究还较少。乡村环境是城乡空间的绿色生态基底，生态、生产、生活空间高度混合。由于乡村生态系统"半自然"的特殊性，乡村生态修复无法照搬城市生态修复或自然开敞空间的生态修复方法。探索适合乡村实际的生态自然修复路径十分必要。

一、美丽乡村生态自然修复研究背景

党的十九大报告把"坚持人与自然和谐共生"作为新时期坚持和发展中国特色社会主义的基本方略之一。人与自然是生命共同体，人类必须尊重自然、保护自然，而不是企图破坏自然、征服自然。人类对大自然的不尊重，就是对人类自身的不尊重，人类对大自然的伤害最终也会伤及人类自身。

我国乡村的发展对自然生态环境依赖性较强，然而，在快速城镇化背景下，乡村生态环境逐渐遭受冲击，可持续发展面临威胁，亟须通过生态自然修复解决乡村环境问题，实现社会—经济—环境协同发展。考虑到乡村生态系统的特殊性，在进行乡村生态文明建设自然修复时，不能照搬城市生态修复方法，而应立足其现状特征，把握"四个结合"原则——目标导向与问题导向相结合、宏观管控与微观引导相结合、整体系统与局部重点相结合、乡土自然与科学修复相结合，从多尺度展开乡村环境建设生态修复。具体以新时期美丽乡村生态文明建设环境规划为例：

（1）在宏观尺度上，要优化乡村生态安全格局，提高自然生态系统的稳定性，奠定乡村生态自然修复的基础。

（2）中观尺度上，划定生态功能分区，明确分类引导策略，提高乡村生态自然修复的针对性。

（3）微观尺度上，梳理各类亟须自然修复的生态环境要素所涉及的村庄片区，制定具体的修复策略，提高乡村生态自然修复的精准性、有效性。

新时期快速城镇化背景下，许多村镇面临着资源约束趋紧、环境污染加剧、生态系统功能退化等共同挑战。针对这些问题，2015年起住房和城乡建设部开始启动"城市双修"（城市修复和生态修复）工作试点，并于2017年发布《住房城乡建设部关于加强生态修复城市修补工作的指导意见（建规〔2017〕59号）》。"城市双修"为探索生态文明建设新模式、新型城镇化发展新路径提供了理念引领与行动抓手。

镇江市域乡村建设规划在新型城乡关系视角下统筹乡村空间、资源、设施、风貌、特色和建设，从宏观层面关注乡村发展管理，并从微观层面指导乡村建设实施，为实践乡村生态修复提供了多尺度平台。本研究以镇江市域乡村建设规划为例，探讨宏观、中观、微观不同尺度上乡村生态环境自然修复的实现途径，以期建立乡村地区生态自然修复的普适性框架体系。

二、美丽乡村生态修复原则与思路

（一）原则理念

1. 目标导向与问题导向相结合

恢复生态学理论认为，生态修复既要将开发活动给生态系统带来的干扰降到最低，同时又要通过一系列手段恢复生态系统的自我调节功能，使其逐步具备克服和消除外来干扰、建立新平衡的能力，促进生态系统在动态调整中趋向平衡。因此，镇江美丽乡村生态文明建设自然修复是一个着眼现在、面向未来的工作，并通过循序渐进的实施方案保证问题的有效解决和目标的顺利实现。一方面，从问题入手，有针对性地解决快速城镇化背景下产生的各种现实生态环境问题；另一方面，考虑到乡村产业一般附加值较低、对自然生态环境有着极强的依赖性，乡村生态修复不能孤立于产业发展，而应通过先进修复理念的植入赋予生态要素以新的旅游、景观、服务等功能，激活乡村产业，实现以保护促发展的良性循环，达到多元共赢、持续发展的目标。

2. 宏观管控与微观引导相结合

在"双修"工作背景下，美丽乡村生态文明建设自然修复不再是简单地解决生态问题，而是融合于其他城乡建设工作、共同推动城乡协调发展的环节之一。既要在宏观层面对乡村生态系统的长期建设与保护进行管控，又要在微观层面对乡村生态修复的具体抓手做出引导。因此，镇江乡村生态自然修复应注重宏观管控与微观引导相结合的原则，既要有覆盖全域的广度，又要有下沉至村的深度。宏观管控主要体现在明确重要生态功能区、生态红线的管控要求，守住生态底线；微观引导主要体现在通过以导控性为主的规范标准和技术指标将修复措施和行动计划落实到具体生态要素，以保障规划实施的成效。通过宏观管控与微观引导相统一，强调规划的实际指导作用。

3. 整体系统与局部重点相结合

乡村生态系统既具有系统性和开放性，同时也具有一定的异质性和复杂性。乡村生态修复应在维持生态系统完整性的基础上尽可能反映生态格局与过程的区域差异。因此，镇江乡村生态修复需要把握整体系统与局部重点的相互统一。一方面，从保护区域生态服务功能的整体要求出发，通过对生态系统的整体调控保证其内部正常的能量流、物质流、信息流等流动关系，增强其自我调节能力和稳定性。另一方面，确定合理的生态区划单元，优先保护重要生态资源，突出重点，"对症下药"，以点带面，盘活全局。

4. 乡土自然与科学修复相结合

乡村生态系统是以自然生态系统为基础、以自然村落为中心、以人的需求为目标的生产活动相交织的综合系统，生态、生活、生产空间高度混合，其与城市生态系统的最大区别之一在于其半自然的生态环境。因此，镇江乡村生态修复不能脱离了原生态的乡土元素而另起炉灶。在美丽乡村生态文明建设自然修复中，各项措施必须结合乡村的自然禀赋而进行，体现其乡土性，通过农田、水渠、林地等乡土生态元素，留住乡土和乡味，保持乡村生态系统的原生态格局。同时，也要把握生态修复的科学性，基于斑块、廊道、基质分析，确定生态安全格局优化方案，并针对乡村亟须解决的问题和近期易于落实的抓手，提出具体生态建设指引。

（二）技术路线

针对乡村地区生态修复的关注重点，以镇江市域乡村建设规划为平台，构建包括宏观、中观、微观三重尺度的生态修复路径。在宏观尺度上，以全域生态基底的保护作为生态修复的基础，优化生态安全格局，对生态系统进行宏观管控；在中观尺度上，划定生态功能分区，对不同生态功能区制定不同的生态修复引导策略；在微观尺度上，将各类生态要素的修复措施细化到行政村层面，明确乡村生态修复的具体抓手。

三、市域乡村生态修复的多尺度实践

（一）宏观尺度：优化生态安全格局

根据生态红线区域保护规划，落实生态红线区域并实行严格管控，使得区域内生态资源的生态功能得到最大程度的发挥，从宏观层面为乡村生态修复奠定基础。生态红线区包括自然保护区、风景名胜区、森林公园、饮用水水源保护区、洪水调蓄区、清水通道维护区、生态公益林等7类。通过点、线、面相结合的空间结构模式，形成"蓝绿成网、山水相融"的生态安全格局。

（二）中观尺度：生态功能分区管控引导

基于生态系统服务功能，采用 K-means 聚类算法对生态敏感性单因子评价的结果进行聚类分析，综合划定低山丘陵生态区、平原生态区、水廊生态区三类生态功能区。每类生态功能区再划分二级生态功能区，各生态功能区涉及的乡镇及生态修复实施引导策略。各村具体生态修复措施需满足所在生态功能区的总体要求，以此提高生态修复的针对性。

（三）微观尺度：生态要素修复

1. 山体生态修复

加强对乡村山体自然风貌的保护，严禁在生态敏感区域开山采石、破山修路。在保障安全和生态功能的基础上，针对村庄与山体不同的空间关系、山体现状资源禀赋及受损情况，遵循"山村一体"的理念，探索因地制宜的山体保护、修复、利用模式，恢复山体自然形态，形成"绿廊坏村、绿带绕村、绿源融村、绿楔入村"的生态格局。山体生态修复包括以下三种类型：

（1）矿山修复：加强受损山体的修复和保育，恢复植被，防止滑坡、泥石流等地质灾害。通过绿道风景路贯通山体与村庄，将废弃矿区与村庄打造成一体化的旅游景观。

（2）生态复绿：加强裸露山体的植被绿化，村庄、道路、山体三者点、线、面互动，种植乡土适生植物，重建植被群落，提高森林覆盖率。

（3）景观绿化：依自然山形轮廓，对村庄景观构筑物进行修复美化，在村庄外围打造郊野公园等新的功能片区，激活村庄发展动力。

2. 水体生态修复

引入海绵城市建设理念，系统开展河流、湖泊、湿地等水体生态修复。加强对水系自然形态的保护，避免盲目截弯取直，禁止明河改暗渠、填湖造地、违法取砂等破坏行为。综合整治黑臭水体，全面实施控源截污，强化排水口、管道和检查井的系统治理。以乡级河道轮浚整治、村庄河塘轮浚整治、古运河风光带建设等工程为抓手，科学开展水体清淤，恢复和保持河湖水系的自然连通和流动性。因地制宜改造渠化河道，恢复自然岸线、滩涂和滨水植被群落，增强水体自净能力。按照《关于水美乡村申报与建设》的相关要求，针对村庄不同的水资源禀赋、水生态特点、水文化底蕴和水景观特色，遵循人水和谐发展理念，在因地制宜、全面规划的基础上开展水环境治理和水生态保护，实现"河畅、水清、岸绿、景美"的目标。

3. 农业生态修复

依托自然生态基底，修复传统的产业发展模式，打造生态经济，培育特色农业、休闲旅游、健康产业等生态型产业，推动形成"以发展促保护"的良性乡村产业循环路径。通过农田林网建设改善农田小气候，改良土壤，提高肥力，减轻干热风和倒春寒、霜冻、沙尘暴等灾害性气候危害，减少水土流失。

4. 人居生态修复

建设生态人居，按照重点村、特色村、一般村三种类型分类推进村庄环境整治。特色村突出传统肌理和自然景观保护，凸显乡村美景和田园风光，培育"美丽村庄"；重点村完善设施配置，加强环境整治，建设成为"康居村庄"；一般村达到"整洁村庄"标准，引导村庄精明收缩。人居生态修复重点以如下三项行动为抓手而开展：① 河塘疏浚，对村庄现有河塘以疏通为主，整治黑臭水体，清理河道淤积，妥善处置塘泥。② 四旁绿化，包括路旁绿化、水旁绿化、宅旁绿化、村旁绿化，提倡使用农作物、花卉等乡土品种，体现村庄特色，充分利用空闲地和不宜建设的地段，灵活布置菜地、果树、攀爬作物或植物，做到见缝插绿，形成"村在绿中"的景观效果。③ 垃圾转运，完善"组保洁、村收集、镇转运、市处理"的生活垃圾收运处理体系，积极推动村庄生活垃圾分类收集、源头减量、资源利用；治理村庄生活污水，采用相对集中处理和分散处理等治理方式，实现污水合理排放；健全长效管护机制，使村庄环境管理逐步走上规范化、制度化、长效化轨道。

消极空间活化

——城市双修背景下镇江市中心城区微型公共空间规划实施研究

| 徐 英 韩 荣 贾洪梅 李 晓 |

一、"双试点"城市语境下的镇江行动

当前城市发展重心逐步由规模、速度向品质、内涵转变,"大拆大建"的粗放建设方式逐步转向局部存量优化与修补,零星地块、闲置地块的品质提升和功能塑造受到关注;而在增量用地空间资源进一步紧张的情况下,众多消极空间也亟待系统研究和利用,以有效提高土地使用效率。这便需要我们重新建构、织补与激活散布于城市肌理中的活力细胞元——城市微型公共空间(以下简称"城市微空间")。

1. 海绵城市建设的生态成效

2015 年镇江搭乘国字号"头班车",成为全国 16 个海绵建设试点城市之一。在三年的试点期间,镇江市各建设主体自觉践行低影响开发(LID)理念,进行有益的探索和实践,涌现出一批海绵建设亮点工程,同时也制定完成海绵制度和技术标准规范体系。

镇江海绵城市建设的一大特色是 22 平方公里的试点区中有 80% 是在老城区,老小区的海绵改造以"海绵 +"模式进行,即在海绵改造的同时通过叠加城建工程、物业提升及水电气改造工程,对老旧城区进行有序修补和有机更新。如今,三年试点期渐近尾声,海绵城市不仅成为新一轮城市建设发展的鲜活切片,更有机融入居民生活,让城市雨过水留"自由呼吸"。

2. 城市双修，精美镇江行动

2012 年镇江采取"7 + 1"方式推进旧城区城中村改造，加大城市建设和旧城改造力度，形成了大拆迁、大建设、大发展的局面；2016 年 8 月 31 日，镇江市城市工作会议召开，出台了《精美镇江行动计划（2016—2018 年)》，市委书记夏锦文强调要"从重物轻人向以人为本转变，把满足人的需求作为出发点，坚持从城市居民的利益偏好出发来开展城市工作，实现'城市让生活更美好'。"

新一轮《镇江市区 2016—2020 年棚户区（危旧房）改造规划》实施，市政府要求棚户区（危旧房）改造应落实"双修"理念，"微循环"式做好城市修补和有机更新，老城区重点推进小规模、渐进式的有机更新和城市修补；2017 年 7 月，镇江市成为第三批 38 个"城市双修"试点城市之一，2017 年 9 月镇江市规划局发布"精美镇江"建设规划，该行动计划构筑了"四大行动、十项工程"的精美镇江行动框架。为助力建设精美镇江，2018 年的项目计划安排不再强调"大而全"，而是更看重并优先安排"小而美"的民生项目。

当前镇江正处于转型发展的关键时期，聚焦公共空间建设、提升城市品质是强化城市软实力、建设"精美镇江"的必然选择。精细化设计或更新不仅能节约城市土地的使用，而且能将城市微空间最大化利用，对整个城市的活力与状态有着至关重要的作用。

3. 微公园建设初显成效

长期以来，镇江多集中于大中型城市公共开放空间的体系构建，较为忽略对小规模、小尺度公共开放空间的系统性规划和营造。《城乡建设"十三五"规划》(2017) 中，明确提出"改善居民生活品质，加强休闲广场建设"，一些旧城改造中的"边角料"地块，难以进行规模性规划，遵循"10 亩以下土地建设微公园"的原则，打造"城市公园绿地十分钟服务圈"。东吴路绿地、中山广场、黄鹤山绿地、双拥广场、大西路路口街心绿地、玉山大码头公园、江二社区绿地等一批微公园即是遵循原则之下的代表案例，这些旧城改造中的"边角料"地块经整理修建后弥补了城市居民室外活动空间的不足。应该说，镇江在微空间规划建设方面已经展开了行动。

二、镇江市微空间建设现状调研分析

1. 微空间分类情况

依据微型公共空间周边的城市功能环境及其主要服务人群，将其划分为五类，即社区类、商业类、交通类、游览类和公共服务类。五类微型公共空间在空间形态、功能、使用方式等方面各具特征（见表1）。

表1 各类微型公共空间特征

类型	布局结构	边界围合	与道路关系	空间形状	开口形式	周边功能	空间功能	面积
社区类	临近道路交叉口	围合度高；私密性较强	相邻道路等级较低	空间形态较规则	对社区内部开放	周边功能居住、商业相结合	休憩；绿化；健身	规模偏大
交通类	沿主次干道布局，多数临近道路交叉口	空间开放度高	临近城市主要交通道路	空间形式多样，与城市道路关系密切	开放性强，界面完全开放	周边功能多样	交通疏散；结合绿化休憩	规模依据交通站点等级类型变化
商业类	靠近城市主干道或主次干道交叉口	不强调周边围合，周边商业界面开放	临近城市主要道路	空间形式多样，受周边建筑布局影响	开放性强，界面完全开放	周边为商业，临近空间边界的商业界面活力高	休憩；景观绿化；标志性构筑物	规模相对较大
公共游览类	道路交叉口，或景区出入口	与游览设施入口结合，开放性强	临近城市主要道路	空间形式多样，与周边环境布局关系密切	开放性强，界面开放，适应高密度人流	周边为小型商业用地	与周边游览设施相关的城市构筑物；休憩；绿化	规模差距较大
公共服务类	道路交叉口或公共服务设施出入口	开放性强	避开城市车行路	形状规整	开口避开城市主要干道	周边为公共服务设施及小型商业区	休憩；标志性构筑物	规模差距较大

2. 微空间调研总结

课题选取镇江市区的正东路、中山路、古运河、大市口、西津渡、梦溪社区、三元巷社区、杨家门社区作为典型区域开展调研，梳理镇江市中心城区微空间共 168 处，分成社区类、商业类、交通类、公共游览类及公共服务类五大类（见图 1）。采用地图标记法、实地考察法详细记录现状微型公共空间的位置及其周边功能、环境设施、绿化质量、使用强度、使用类型等。根据上述调查数据，从防护性、舒适性、愉悦性等方面对重点调研的各类微型公共空间进行了评价与分析，结果见表 2。实际调查中，使用绩效较高的微型公共空间多位于居民日常生活可达性较高的区域；此外，微型公共空间的设施及布局常常被市民自发改造，以满足其日常生活需求。总之，微型公共空间是城市公共空间的关键组成部分，承载和实现了居民多样性、丰富性和细微性的日常户外活动，是体现了社会公平性的公共空间类型。

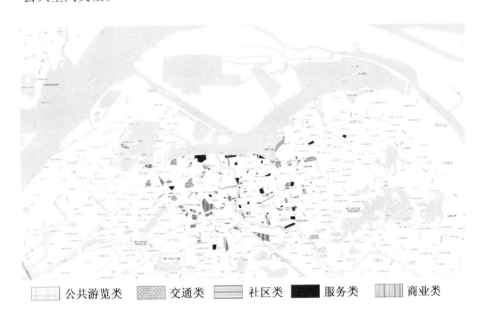

公共游览类　　交通类　　社区类　　服务类　　商业类

图 1　区域内五类微空间分布图

表2　各类微空间重点调研地块综合评价

类型	防护性	舒适性	愉悦性
社区类	无气体污染,有噪声污染;照明品质不高。	没有提供足够且舒适的座位;步行空间有障碍;夜晚照明不明亮;建筑立面无趣。	阳光照射面充足但遮阴面积少;视野狭小且无趣。
商业类	公共空间具有活力,确保白天和晚上空间都有不同的活动发生。	为步行留有足够的空间;有通透的视野;邀请人们开展各种户外活动和运动;照明品质较高。	具有丰富有趣的视野;城市家具设计的材料不够舒适。
交通类	步行空间不连贯,不能确保盲人步行的感知安全。	没有足够的街道家具为交谈提供空间和平台;没有为城市家具提供可依靠的界面。	阳光照射面积和遮阴面积都很充足;但视野不够丰富和有趣。
公共游览类	能消除交通环境带来的恐惧感,可预防灰尘、噪声、眩光等外环境带来的不悦的感官体验。	步行空间舒适,且界面有吸引力;为休息交谈提供了舒适的环境;为人们提供了宽阔的户外活动空间。	空间根据人的尺寸设计;细部设计良好;有丰富且有趣的视野。
公共服务类	不能消除交通环境带来的恐惧感。	照明品质较高;步行空间无障碍,公共空间活力不够;有噪音和灰尘污染。	视野不够丰富有趣;没能给人带来积极的感官体验。

整体来看,公共游览类微型空间整体品质较高,这是因为随着市区"三山"风景区、南山风景区、西津渡古街等一批重点旅游项目相继建成或提升,在连接重要公共游览设施的慢行路径沿线通过嵌入能体现该游览设施的地域性及文化特征的微型公共空间,达到引导和焦点作用的同时完善、联通了城市公共活力网络。

区域内社区类微型公共空间两极化显著,海绵建设所覆盖的小区,数量和品质都较理想;也存在着一批迫切需要通过微公共空间更新改造来满足日常社会活动,从而促使社区功能再生的旧小区,如梳儿巷小区、宋官营小区、王家巷小区和朝阳门小区等。

对于商业类、交通类空间，重点调研了正东路、永安路、中营街、新马路、梦溪广场周边及中山东路段，调研中发现街道设计的重点更多地强调交通功能，造成城市步行环境品质下降和城市文化的缺失；内城街道空间的有机性与多样性不复存在，私人领域与公共空间的情感关联和功能联系疏远；公共设施的设计水平和建造水平较低，人们在内城街道空间的活动品质低劣，从而加剧了公共精神失落。

公共服务类包括公共服务设施入口开放空间及其周边公共活动场地，较理想的有镇江市第四人民医院前绿地、镇江市少年宫绿地、四牌楼工商银行附近绿地、簖湾路口的中山广场等，均是结合教育科研、行政办公、医疗服务、图书展览等公共服务设施更新提升的微型公共空间。

3. 微空间活力评价

调研过程中着重考虑活动人群分类、时间分类、人群年龄分类等因素，结合深度访谈得到的信息可以发现：镇江市民对于微型公共空间数量的需求较高，在其中的主要活动类型为休憩散步、体育健身等，活动时间以傍晚为主（见表3）。

表3　镇江微型公共空间访谈情况表

使用人群	主要职业	活动地点	活动时段		活动类型	设施要求
少年儿童	学生	周边公园 小区绿地	工作日	傍晚	跑步 游戏 器械健身	球场 跑步道 儿童活动场地
			周末	全天		
青年人	技术人员 服务人员 工人 学生	街道广场 小区绿地 周边公园	工作日	傍晚	散步跑步 休闲聊天 带小孩	球场 跑步道 活动场地 座椅、廊亭等 休闲设施
			周末	全天		
中年人	技术人员 服务人员 个体工商户 政府行政人员	小区绿地 周边公园	工作日	傍晚	散步跑步 器械健身 看书聊天	散步道 健身器材 活动场地 座椅、廊亭等 休闲设施
			周末	全天		

使用人群	主要职业	活动地点	活动时段	活动类型	设施要求
老年人	退休	小区绿地 楼下周边 空间 周边公园	不定时，主要 在早上、下午 及傍晚	散步 棋牌娱乐 广场舞 休闲聊天 器械健身 带小孩 晒太阳	散步道 健身器材 活动场地 座椅、廊亭等 休闲设施

在访谈中，还邀请市民推荐自己熟悉的有开发潜力的微型公共空间资源，为现状资源调查提供了极大便利。总的来说，镇江市民眼中的微型公共空间活力较高，深受群众喜爱，但其质量亟待进一步改善，数量也有待进一步增加。

三、微空间规划建设存在问题分析

长期以来，在规划管理层面上，我国现行的规划与建筑设计体系并没有明确城市微型公共空间应有的责任范围，导致目前很多城市的微型公共空间在规划设计、投资建设及其使用、管理等环节均呈现出一种"三不管"的状态。调查研究发现，这一管理状态使当前镇江城市微型公共空间的建设存在较大问题，在规划编制、设计品质、管理体制及实施机制等方面仍不够健全。

1. 宏观规划层面——定位不清晰，与公众需求背离

首先，从规划体系来看，我国城市现有建设机制在微型公共空间方面存在盲区①，前三项由政府层面主导，主要针对宏观与中观两个层面的公共开放空间进行规划，难以触及微观层面的设计，修建性详细规划则由诸如开发商等主导，以私有利益最大化为主要目的，以公共利益为目的的微

---

① 从城市总体规划、分区规划、控制性详细规划到修建性详细规划，是我国目前沿用的城市空间生产机制链条。

型公共空间很难得到重视，如此一来，微型公共空间虽然重要却无所归属。控制性详细规划及部分专项规划会涉及微空间的相关内容，典型的如绿地系统规划中的附属绿地、社区规划中的公共活动场地及体育专项规划中的小型健身场所等，但由于只有规划技术体系的层次设计，这类空间往往属于社区及以下层级，较少在空间上落地，造成了微空间在规划体系中实质上的缺位。

其次，公共空间是城市设计管控要素的重要组成部分，但是城市设计本身的法定性难以短时间内有效兑现，并且由于城市设计的综合性，微空间大多以实施项目中的附属设施呈现，实施主体的多元性及空间功能和特色要求的多样化，客观上导致实际实施建设的不确定性，难以形成清晰、明确的管控要求。

再次，规划设计"自上而下"的特点，使其往往难以很好地反映区域状况和公众具体要求，微空间规划建设与社会需求相背离，微型公共空间也由于种种原因未能充分发挥其应有的城市功能，造成城市公共空间系统"最后一公里"的严重缺失，难以完全满足市民日常生活需求。

2. 现状设计层面——分布不均衡，品质特色不凸显

与大中型公共空间不同，微空间往往需要有一定的载体，其布局和品质与土地权属、建筑及环境优劣、区域发展水平、社会阶层分化等各种社会、经济因素息息相关，具有一定的复杂性和多样性。

以镇江调研区域范围内微空间来看，主要有以下问题：

一是空间分布不均，覆盖范围有限；另外，作为微空间主要服务对象的街道和社区，资源分布也很不均衡。

二是缺乏有机联系，尤其与既有的大中型公共空间尚未形成完整的网络格局，同时部分公共空间由于围墙等的隔离也客观上阻碍了空间的联系。

三是品质特色欠缺，城市微型公共空间功能设施单一且缺乏归属感。实地调查中发现，现有微型公共空间内大多仅设置座椅和健身器材，功能单一，难以满足市民多样化的日常生活需求。而大多数结合商业、普通居

住区建设的微型公共空间，其设施、布局、功能、景观等方面千篇一律，未能充分挖掘城市人文自然特色，难以让市民产生归属感和认同感。

3. 管理实施层面——政策机制缺，管控引导力不足

微空间的塑造除了技术层面的严格把控外，更需要通过管理来引导和干预。但总体来看，目前的制度侧重于"一书两证"的管理，缺乏对促进微空间实施、管理维护、活动组织和公众参与等的保障机制。

微型公共空间用地权属不清。街边小公园、小广场、小绿地等场所，多数依附于居住区、商务商业及体育设施等功能用地，用地权属关系复杂多变，政府部门、私有地产商、社区居民均会拥有用地使用权，投资建设与使用管理主体模糊不清且处于动态的变化中，为城市微型公共空间的建设管理造成了障碍。

控制和引导偏"简单化"，调研中发现镇江市部分微空间环境效果不佳，部分是因为在管理中只依据简单而硬性的指标，如建筑退线、绿地率等进行管控，缺乏有力引导措施和手段，结果由于经济利益等因素，很多空间只追求最低限度的空间环境指标，品质和特色难以保证。同时，由于很多微空间建设和改造都是附属在其他项目建设中实施的，并没有经过充分方案论证，在发展过程中面临较大的不确定性，决策制定的可行性和科学性也有待加强。

实施主体及建设资金问题是制约当前微空间建设的重要的因素之一。镇江市微空间的实施以自上而下、政府主导的模式为主，还没有形成有效的自下而上的实施动力和支持。在资金投入方面，一是难以兼顾全市众多微型公共空间建设的需求，推进的速度和效率较低；二是能够使用的资金，往往考虑大的空间的打造，难以兼顾到与市民生活最贴近的、使用率最高的、规模相对较小的微空间。从上海、广州、深圳等城市微更新的经验来看，在引入社会资金，充分调动政府、社区、规划部门、企业等的参与，实现多形式、多类型、多样化的微空间建设取得了很好的成效，对镇江微空间规划建设提供了积极参考。

四、镇江市微空间规划实施路径

通过微型公共空间规划建设提升城市品质、引导城市开发，无疑是以较少投入获取最大化回报的有力举措。但如何通过规划设计，统筹城市微型公共空间布局，激活城市公共空间环境的"休眠细胞"，使其有机融入整个城市空间系统，发挥应有的日常生活服务功能，是镇江市今后城市存量建设的重要工作。

1. 规划的指导思想

（1）从提量到提质。存量用地模式很难从独立用地增加公共开放空间的数量和规模，空间挖潜提升要依靠"空间增量策略""空间改善策略"两种手段同时进行；目前以供给为主导的公共空间建设及评价标准存在偏颇，仅仅提"量"并不足以支撑城市空间品质的持续提升，公共空间的精细化耕作才是提升城市品质的未来趋势。

（2）关注点转变。"消极空间"改造关注的是使用权的分配而不再是所有权的问题，因此对"消极空间"的调查主要是基于使用者的体验，对其改造更多也是考虑周边市民的使用需求，以及如何整合因各种原因未被合理使用的消极空间，并加强网络空间联络性，提高公共开放空间的均好性和可达性。

（3）"积微成著"。应对精细化设计趋势的"消极空间"改造，其价值体现于渐进式的过程之中，潜移默化地为城市带来积极的改变。设计师应以市民身份去体验城市中的细节缺失，从微观处重新审视以往宏观视角难以解决的城市问题和漏洞。

2. 规划目标与策略

城市微空间规划的目标是补充完善城市公共开放空间系统，构建"小型、多点、全覆盖"的微型公共空间微循环网络，实现以"微空间、微生活、微循环"为理念的宜居城市。以上种种设想的落实，还需要相关的政策、规划和实施机制提供支撑，具体来说，城市微型公共空间规划可以综合采用如下规划策略：

（1）体系完善：塑造全面渗透的微空间网络

充分利用微型公共空间的基层角色属性，对微型公共空间进行"嵌入"，构建大型—中型—微型综合的多层级公共开放空间网络系统。

具体采用三种措施：① 充分对接上位规划，在连接大中型公共空间的重要路径上嵌入微型公共空间节点，以微型公共空间节点串联大中型公共空间；② 微空间应与城市其他系统之间建立起良好的耦合关系，与绿地广场系统、交通系统、服务设施系统等大中型公共空间系统进行有效的衔接，共同承担起整个城市空间拓展的结构骨架；③ 微空间的布局要相对均衡，突出人本性和公平性，在城市不同地区均保证具有一定的微空间密度，同时也要根据市民休闲、活动和交流等方面的需求，按照合理的服务半径形成微空间网络。

（2）选址布局：确保公平与活力的有效实现

"公平"意味着充足合理、机会均等。因此微空间的选址首先应从存量空间的发掘和利用着手，重点发掘潜在空间资源，因地制宜，强化空间资源的有效整合和利用；其次，微空间是承载市民日常生活的重要载体，其选址需要更好地渗透到社区和邻里生活。

"活力"意味着联系方便、激发参与。这体现在规划与设计上，一方面要求提高微空间的可达性，可采取加强微空间与周边微型交通空间的接驳、疏通社区间的步行瓶颈、在"裂缝带"嵌入微型公共空间、缝合被城市快速路和高架桥等隔断的公共空间网络等措施；同时也要保持微空间周边功能的复合度及空间内部设计的多样化。

结合调研来看，城市各种类型微型公共空间具有彼此不同的特征，建议有针对性地采用不同的规划设计方法。社区类微空间以"平等·共享"为导向，商业类以"连续·活力"为导向，交通类以"节点·融合"为导向，公共游览类以"开放·标志"为导向，公共服务类以"公共·共享"为导向。

（3）品质特色：增强空间吸引力、多样性和丰富性

对品质的塑造和提升是微空间规划的重要目标之一。具体采用三种措施：① 传承和演绎地域文化，形成差异化的特色目标，以行政区为单位，结合镇江各区不同的历史文化、资源特色等，提出差异化的特色发展目标和策略；② 构建通则式特色指标体系（如文化特色、风貌特色、景观设计、植物配置和环境小品等），形成规划设计指引，作为后续规划设计的参考；③ 保证合理的功能安排和完善的设施配套，便于居民使用和集散，从而实现微空间持续的吸引力和活力。

（4）精细管控：构建高效、稳定的管理实施机制

微空间的选址布局、规划设计和建设实施，最终都需要通过有效的实施机制来保障落实，因此高效稳定的管理实施机制和政策措施尤为重要。从规划管理的角度看，需要重点关注这几个方面的政策措施：一是微空间管理与"一书两证"审批管理的对接机制；二是相对明确的实施主体和推进建设方式；三是资金筹措及合理的奖励机制和措施。

3. 空间挖潜提升

镇江市微空间问题主要集中在三个方面：一是数量和结构不够合理，二是特色和品质不高，三是实施机制有待完善。尽管存在种种问题，但城市中现存微型公共空间的资源相对充足，诸如商业后退、楼间空地、社区绿地等，通过合理的规划与适当的开发，都可以改造成能够满足市民日常生活需求的高品质微型公共空间。这为微型公共空间规划提供了必要的基础资源，微型公共空间规划就是要挖掘并统筹这些微型公共空间资源，指导、控制其建设及改造，以解决上述种种问题。

（1）空间增量策略

在现状调研、规划整合工作的基础上，以空间挖潜为主，通过"增绿、插绿、透绿"的方式，对微空间网络进行完善。重点挖掘以下4类空间：① 规模较小或形状不规则，无法整体开发的零星地块；② 街道沿线未被充分利用的消极空间、街角空间；③ 建筑之间不规则的外部空间、建筑间距空间；④ 部分与城市空间相邻但被围墙阻隔的单位内部空间等。

此外也要提倡微空间与人流量较多区域的空间进行整合和适度混合，以提升微空间的覆盖水平和覆盖人群，提高使用效率。

（2）空间改善策略

① 建筑设计介入。建筑作为构成城市空间的实体要素，其设计在有意无意中影响了城市公共空间，空间的功能和品质也受到周边建筑的巨大影响，与城市日常生活紧密相关的微型公共空间生产迫切需要建筑设计的主动介入。更替空间形式、重构空间结构及激发空间功能耦合这三种策略手法是建筑设计参与城市微型公共空间构建的三种有效方式，是一种复合、同步的作用过程。

② 完善场地设施。结合使用人群类型及时空活动特征，完善服务设施与活动场地，提供符合使用者需求的功能。设施的完善并非完全数量的满足，可考虑更多灵活多变的方式呈现和运作，例如自动升降路桩等活动式设施，使场地可根据需要随时改变空间划分，承载不同活动；也可采用可随意移动的户外家具，当其变化位置时整个空间形态也随之改变，将相对刚性、僵硬的空间转向适应性极强的可承载各种"使用过程"的空间。

③ 公共艺术计划。艺术介入城市公共空间成为城市更新的话题，"艺术"是提升人的素养、挖掘潜能、启发人创造力的一种方式，艺术介入空间和参与城市规模的活动，则可以使城市空间和生活质量升级。加强公共空间环境、公共服务设施及公共艺术品的统筹策划和设计，利用公共艺术提升空间品质，强化城市的艺术感染力。

④ 彰显文化内涵。充分挖掘城市的历史文化内涵和社会人文特征，在传承与创新中形成具有独特文化魅力的空间形象，塑造高品质的公共环境。

⑤ 公众参与计划。微空间设计应体现"共同缔造"的原则，设立各种途径实现居民参与。例如，可以预留公共艺术墙、展板或者社区植物园等，让社区居民参与微空间营造。

"触媒"作为一种渐进式、有策略、由点及面的规划设计手法被提出，更合理、经济并富有弹性。为适应新的城市内涵发展的需要，作为新的城市活动品牌，深圳"趣城计划"、北京国际设计周与上海城市空间艺术季是对新的展览实践、新的合作关系和新的城市空间治理工作的一种积极探索。北京、深圳、上海这三座城市均因"大事件"活动的创办而发生变化，通过设计"大事件"这个触媒体，引发城市发生强烈的连锁反应，并具有一定的延续性。

设计城市就是设计生活，在课题研究实证环节，通过小范围实施"镇江微空间设计实验计划"，尝试探索一条实践城市人性化公共空间的新路径，鼓励未来设计师们为熟悉的地方，添一分用心，加一分创意，以城市公共空间为突破口，营造一个个有意思、有生命的城市独特地点，形成人性化、生态化、特色化的微空间环境，通过"点"的力量，创造有活力有趣味的镇江。

参考文献

［1］陈婷婷，王东玮，施富超，孙宝腾：《我国微型公共空间研究及应用现状》，《中国园艺文摘》，2017 年第 2 期。

［2］Let's Talk：《城市微空间复兴实践》，《设计家》，2016 年第 3 期。

［3］《研究探索：青岛市城市微空间利用及设计研究》，《青岛规划研究》，2017.11.22. http：//www. dianping. com/toutiao/3161080。

［4］《镇江拟定"精美镇江"建设规划》，中国江苏网，2017.09.21，http：//jsnews. jschina. com. cn/zj/a/201709/t20170921_1060351. shtml。

［5］《"精美镇江"建设规划（征求意见稿）》，《城市规划》，2017 年 12 月 19 日。http：//www. 360doc. com/content/17/1219/09/12239974_714421097. shtml。

［6］镇江市人民代表大会常务委员会关于《镇江市城市总体规划（2002—2020 年）》修改的决议。《镇江日报》，2015 年 10 月 31 日。

［7］董贺轩，刘乾，王芳：《嵌入·修补·众规：城市微型公共空间规划研究——以武汉市汉阳区为例》，《城市规划》，2018 年第 4 期。

［8］［丹麦］杨·盖尔：《交往与空间》，中国建筑工业出版社，

2002 年。

[9]［美］威廉·怀特：《小城市空间的社会生活》，叶齐茂，倪晓辉，译，上海译文出版社，2016 年。

[10] 王萍萍：《不再失落的城市：基于"消极空间"改造的城市设计反思》，《规划 60 年：成就与挑战——2016 中国城市规划年会论文集（06 城市设计与详细规划）》，中国城市规划学会、沈阳市人民政府，2016 年。

[11] 张玉鑫，奚东帆：《聚焦公共空间艺术，提升城市软实力——关于上海城市公共空间规划与建设的思考》，《上海城市规划》，2013 年第 6 期。

[12] 吕广进：《城市双修背景下城市边角空间利用及设计研究》，《持续发展　理性规划——2017 中国城市规划年会论文集（07 城市设计）》，中国城市规划学会、东莞市人民政府，2017 年。

[13] 董贺轩，刘乾：《生产城市微型公共空间——建筑设计的另一半使命》，《新建筑》，2016 年第 2 期。

[14] 宋晓杰，涂剑，周艳妮：《城市微型公共空间系统规划管控策略》，《规划师》，2017 年第 11 期。

[15] 杨贵庆，房佳琳，关中美：《大城市建成区小尺度公共空间场所营造与社会资本再生产》，《上海城市规划》，2017 年第 2 期。

[16] 方家，吴承照：《美国城市开放空间规划方法的研究进展探析》，《中国园林》，2012 年第 11 期。

乡村振兴战略指引下推进生态宜居乡村建设的思考

| 朱 毅 |

为深入贯彻党的十九大精神和中央农村工作会议精神及"三农"工作的决策部署，认真落实习近平总书记视察镇江重要讲话精神，大力实施乡村振兴战略，着力提升新农村建设水平，不断夯实"强富美高"新镇江和"城乡融合发展"新实践的基础，本课题组深入镇江全市乡村各地，有针对性地开展了"乡村振兴战略指引下推进生态宜居乡村建设"的专题调研，提出了一些思考和建议。

一、乡村振兴战略的提出

习近平总书记在 2017 年 10 月 18 日召开的党的十九大报告中首度提出乡村振兴战略。2017 年 12 月 28—29 日中央农村工作会议明确了实施乡村振兴战略的目标任务，首次提出走中国特色社会主义乡村振兴道路，让农业成为有奔头的产业，让农民成为有吸引力的职业，让农村成为安居乐业的美丽家园。

2018 年 4 月 23 日，江苏省委、省政府出台《关于贯彻落实乡村振兴战略的实施意见》提出，将在 2018—2022 年 5 年中，组织实施乡村振兴十项重点工程，对建设美丽宜居乡村作出部署。江苏省委、省政府对十项重点工程实施的牵头部门及推进措施、目标、任务等均作了明确要求，制订了实施方案。随后省委、省政府办公厅出台《江苏省农村人居环境整治三年行动实施方案》，对环境整治做出部署，把农村人居环境整治作为打好实施乡村振兴战略的第一仗，以美丽宜居村庄建设为导向，围绕农村垃圾、污水治理和村容村貌提升等重点任务，强化措施，持续改善和提升农村人居环境。

2018 年 4 月 12 日，镇江市委市政府出台《关于乡村振兴战略的实施意见（2018—2022）》，提出镇江市贯彻落实乡村振兴战略的具体实施意见。

二、镇江村镇建设发展现状

经过多年不懈努力，镇江市扎实推进村镇建设，乡村建设发展不断迈上新台阶，环境面貌显著改善，公共服务得到加强，综合改革深入推进，现代农业建设步伐加快，农民增收渠道全方位拓宽，农村社会治理取得良好成效。生态宜居乡村建设正以点带面、连线成片，一个个精品村居、一处处乡土美景，让人们"望得见山、看得见水、记得住乡愁"的美好愿望成为现实。

特别是自 2010 年 6 月起，镇江市开展了新市镇、新园区、新社区建设试点（简称"三新"建设），几年来先后有 15 个试点镇、25 个试点新园区、101 个试点新社区进行了改革探索，"三新"建设稳步有序推进，呈现良好发展态势，取得了明显成效，农业生产、农民生活、农村生态条件得到有效改善，为新时代推进城乡发展一体化迈向城乡融合发展积累了有益经验。

（一）规划建设方面

丹阳市村级基础设施实行统一规划，一次性集中建设避免"拉链式"施工，完善和提升基础设施、基本公共服务设施配套水平。

（二）农村公共服务方面

扬中市针对农村公共服务建设多管护少、条口多统筹少的现状，在该市大力推行农村公共服务"八位一体"运行维护机制，组建专业化的管护队伍，完善网格化的管护机制，落实硬性化的资金保障，实行常态化的督查考核，解决农村公共服务运行中存在的"有人干事、怎么干事、如何干好"问题，在推进村庄环境整治、提升农村公共服务质量等方面取得显著成效，得到了上级相关部门的肯定和推广。

（三）公共基础设施方面

句容市大力完善市镇基础设施，新改建农村公路 1870 公里，投入 13 亿元实施城乡区域供水工程，建成 8 个镇级污水处理场，累计投入近 10 亿元实施农村电网改造，城乡公交实现"村村通"。

（四）人居环境整治方面

丹阳市先后投入约 18.3 亿元用于乡村建设。目前，丹阳市完成 154 个行政村、2828 个自然村的环境整治工程，成功创建江苏省三星级康居乡村 23 个、二星级康居村 171 个、环境整洁村 2634 个，并建立了长效管理机制；创建中国美丽乡村 1 个，江苏省级美丽乡村 8 个，镇江市级美丽乡村 12 个，1 个美丽宜居镇，打造出了丹北镇金桥新村等一批设施完善、环境优美、特色鲜明、社会和谐的美丽乡村和集特色、生态、休闲为一体的特色风情小镇。句容市高标准完成 1673 个村庄环境综合整治，累计创成"三星级康居村" 25 个。镇江市广大农村地区天蓝、地净、水清、岸绿，面貌焕然一新。

（五）乡村文化保护方面

丹阳市访仙镇萧家村省级传统村落保护项目已验收，延陵镇九里村、柳茹村投入约 2000 万元完成国家传统村落保护发展项目，对传统村落的历史风貌和文化遗产进行了有效的保护和利用。

三、镇江市乡村建设中存在的几个问题

虽然近年来镇江市的乡村建设取得了一定的成绩，但同时也应清醒地看到生态宜居乡村建设存在的几个不可忽视的问题。

（一）乡村规划问题

规划衔接不够，缺乏统筹安排，总体规划及各类专项规划衔接不够完善，存在互相冲突与矛盾的地方，不能有效发挥引领指导作用。基础设施、产业发展、公共服务、生态保护和配套服务等规划缺失，有些镇村没有把村庄规划编制工作摆上应有的位置，对规划工作的重要性、紧迫性认识不足。

（二）公共服务短缺问题

农村基础设施建设滞后，农村道路、自来水、电网、燃气、通信、农田水利设施等基础设施投入不足，农村教育、卫生、文化等事业发展缓慢。农村公共服务短缺，难以满足农业生产、农村发展和农民生活的需求。农村公共服务短缺主要在于公共服务城乡供给分割、政府供给责任不到位、农村公共服务供给机制不合理。

（三）人居环境问题

农村普遍存在生活垃圾乱扔乱放、生活污水横流、水体黑臭和村容村貌混乱等问题。

（四）财力短缺问题

村集体经济薄弱，农民富裕程度不够高，建设主体投资乏力。县、镇两级财力有限，对乡村建设的投入不足。

从总体上看，镇江市乡村仍然是高水平全面小康的突出短板，特别是在新型城镇化快速发展进程中，乡村面临着资源外流、活力不足、公共服务短缺、人口老化和空心化、乡土特色受到冲击破坏等问题和挑战，迫切需要重塑城乡关系，需要我们充分认识生态宜居乡村建设的重要意义，把这项工作作为"强富美高"新镇江和"乡村振兴"战略新实践在"三农"工作上的有效抓手，作为深入推进农业供给侧结构性改革、在江苏省率先同步实现农业现代化的新路径，作为传承乡村文化、留住乡愁记忆的新载体，集中力量、集聚资源、集成要素扎实推进。

四、推进建议

（一）总体思路

坚持习近平新时代中国特色社会主义思想为指导，坚持创新、协调、绿色、开放、共享的发展理念，坚持农业农村优先发展，立足镇江乡村实际，着力解决镇江市农村发展不充分、不平衡问题，建立健全城乡融合发展体制机制和政策体系，推进城乡公共基础设施和公共服务均等化，对现有农村建设发展相关项目进行整合升级，并与国家、省市实施的有关重点工作相衔接，进一步优化山水、田园、村落等空间要素，统筹推进乡村经济建设、政治建设、文化建设、社会建设和生态文明建设，打造特色规划、优良生态、美丽村庄、健全设施，塑造生态宜居风光、生态宜居建筑、生态宜居生活，建设生态乡村、美丽乡村、宜居乡村、健康乡村、活力乡村，展现"规划特、生态优、村庄美、设施全"的镇江生态宜居乡村现实模样。

（二）总体目标

到2020年，镇江市规划建设和重点培育一批市级以上生态宜居乡村。其中，重点村庄（指规划发展村庄且能够为一定范围内的乡村地区提供公共服务；康居型）、特色村庄（指乡村产业、历史文化、自然景观和建筑风貌等方面具有特色；美丽型）和一般村庄（指未列入近期发展计划或因纳入城镇规划建设用地范围及生态环境保护、居住安全、区域基础设施建设等因素需要实施规划控制的村庄，是重点村、特色村以外的其他自然村庄；整洁型）分别要达到一定比例，并以此带动全市各地的生态宜居乡村建设。同时兼顾生态宜居乡村分布按照《镇江市国民经济和社会发展第十三个五年规划纲要》（镇政发〔2016〕13号）中对农业、生态和城镇三类空间的要求平衡充分发展，同步推进建设。

五、发展对策

（一）加强党的领导

建议重点加强党对"乡村振兴战略"工作的领导，建立健全党委统一领导、政府负责、党委工作部门统筹协调的农村工作领导体制。建立市生态宜居乡村建设工作专项领导体制机制，加强对试点示范和面上推动的统筹协调，做好顶层设计，及时研究解决重要问题。各辖市（区）建立由主要负责同志牵头的组织领导机构，细化职责分工，加大统筹推进力度。

（二）强化政策保障

建议实行差别化扶持政策，政策补偿向农业空间、生态空间分布的生态宜居乡村倾斜。调整完善生态补偿机制和政策体系，调整生态补偿范围，进一步明确生态补偿对象和标准，水稻田、水源地村、生态湿地村、生态公益林、风景名胜区、列入生态保护的工业限制发展镇等按不同标准由财政给予生态补偿，增强村集体保护生态能力。对村级集体经济组织缴纳的地方税收实施财政转移支付政策，对各类强村富民农业农村集体经营主体缴纳的地方税收实行财政转移支付。对规划建设的公共服务设施项目优先保证土地指标、规划空间；对经济薄弱村财力建设重点扶持，促进全市村级财力全面均衡发展。全面梳理对农业农村的各类扶持政策，健全农村基础设施、公共服务设施、农田水利设施的财政支持政策体系，完善财政对"三农"投入的稳定增长机制。

（三）创新规划理念

建议树立"城乡一体，多规合一"理念，重点树立"三优三保"专项规划理念，以优化建设用地空间布局保障发展，以优化农用地结构布局保护耕地，以优化镇村居住用地布局保护权益，依据城市总体规划、产业规划、中心集镇控制性详细规划、村庄布局规划、土地整理项目规划、村庄综合整治规划，着力推进"三优三保"专项规划编制。建议高水平编制生态宜居村庄规划，实现空间、生态、基础设施、公共服务和产业规划有机融合，形成统一衔接的生态宜居乡村发展规划体系。做好重要节点空间、公共空间、建筑和景观的详细设计，发挥乡村建设技能型人才作用，用好乡土建设材料，彰显田园乡村特色风貌。优化村庄布局，分类引导村庄建设，打造一批城郊新村、平原田园乡村和特色生态山村。规划编制儒里、葛村、柳茹等 3 个省级历史文化名村和黄墟、高桥、萧家、友好、青山、茅山村等 6 个省级传统村落保护工作。尽快完成生态保护红线、永久基本农田、城镇开发边界三条控制线的划定工作，完成市域规划编制全覆盖，完成全市 1002 个规划发展村庄建设的规划编制。

（四）提升人居环境

建议推广扬中"八位一体"管理经验（河道保洁、垃圾处置、绿化管护、农村道路养护、生活污水处理、村容村貌"三乱"整治、村级综合服务中心维护、文体活动设施管理），推动辖市（区）建立管护资金"县级财政预算安排、乡镇财政资助、社会赞助补充、村集体村民适当缴费"的多方筹集制度，建议重点开展农村环境综合整治，有效整合各类"以奖代补"政策，以生态宜居乡村建设为"龙头"，统筹推进城乡河道综合治理、农村生活污水处理、村庄连片整治等工作，改善水循环系统，努力实现城乡骨干水系"水清、流畅、岸绿、生态"；统筹推进镇、村道路提档升级，建立健全公交服务体系，方便农村居民日常出行；统筹推进公共绿地、道路绿化、河岸绿化和村民宅前屋后绿化建设，构筑多层次、多功能的林木生态系统；健全完善农村公共文体活动载体，推进信息进村入户，实施"厕所革命"全覆盖，推动农村人居环境全面提升。

（五）改善公共服务

建议重点围绕"村庄建设风貌美、环境卫生整洁好、基础设施配套全、经济发展活力强、文化承载能力大"五个方面，推广丹阳市村级基础设施一次性集中建设的有效做法，避免"拉链式"施工，以完善和提升基础设施、基本公共服务设施配套水平为重点，着重统筹城乡资源配置，更加注重政策整合、计划统筹和推进同步，进一步加大农村基础设施、公共服务和配套设施的建设力度，促进城乡社会事业均衡发展。按照城乡融合发展和均等化要求，推动基本公共服务在城乡之间逐步实现布局合理、质量相近、方便可达性大致相同。

（六）保护特色文化

建议重点保护九里、柳茹、华山、儒里、西冯等特色古村落空间格局风貌，保持富有传统意境的田园乡村景观格局，延续乡村和自然有机融合的空间关系，保护农业开敞空间、乡村传统肌理、空间形态和传统建筑。传承乡土文脉，保护非物质文化遗产和传统技艺，加强农耕文化、民间技艺、乡风民俗、红色文化、茅山道教文化的挖掘、保护、传承和利用，培养乡村技能人才。

（七）完善交通设施

建议重点围绕新型城镇化和城乡融合发展要求，突出"交通先行"地位，强化城乡融合发展基础设施建设，加快完善安全高效、智能绿色、互联互通的现代基础设施网络。实施农村公路提档升级工程，向新型农村经济结点、乡村旅游节点推进延伸，全面提升通行能力和效率。到2020年，生态宜居村村村通双车道四级公路，镇村公交配套道路全面改造为四级公路及以上标准。完善城乡公交体系，建成一批乡村客运站和农村招呼站。规范各地交通主干道通往试点村、示范村、旅游区的道路等级和标志指示设置，建设适度规模的停车设施，提升路域环境。完善村内道路交通体系，便捷农户生产生活出行。

（八）提升农水设施

建议重点加快农村生活污水处理设施建设，依据村庄规模、类型、到城镇距离等分类实施污水治理。围绕种养业面源污染治理，建设给排水系统、水质净化塘等设施。抓好农村饮水安全、污水垃圾治理工作，力争用三年时间实现农村集中式饮水人口比例达到100%，试点村庄Ⅲ类水比重达到100%；农村生活垃圾分类和农村生活污水治理全覆盖，对没有建成污水处理设施的乡镇要全面建成污水处理设施；推进乡村供水设施和管网升级改造，提高农村自来水供水质量，保障农村供水安全。强化农村河道疏浚及管护，实施农村河道疏浚整治。

（九）加强农网建设

建议重点加快农村电网、互联网基础设施建设，4G 网络、通讯实现全覆盖。试点地区实现无线网络全覆盖，试点乡村核心旅游景点电力设施隐蔽化、小型化、美观化。

（十）加大财政支持

建议调整优化市现有相关专项资金的使用结构，统筹安排各类用于农村人居环境整治的专项资金，在符合项目资金用途和管理办法的前提下倾斜支持生态宜居乡村建设。对村庄环境改善提升、美丽乡村建设等专项资金进行整合，集中用于生态宜居乡村建设。农村改厕、村级一事一议奖补、村级集体经济发展试点、农业生态保护与资源利用、农村公路等专项，切块用于生态宜居乡村建设。农村土地整理、农田水利建设和管护、农作物秸秆综合利用、国家农业综合开发配套、农桥建设等专项，优先用于生态宜居乡村建设。

（十一）加大督查考核

建议严格落实责任，加强督促检查，科学考核评价，对于农业、生态、城镇三类空间中的生态宜居乡村实行差别化考核，列入农业、生态空间的村镇两级不再考核工业指标和经济指标，确保各项工作按照时间节点和计划要求规范有序推进、不断取得实效。

以医疗诚信服务体系建设为抓手重构新型和谐医患关系

| 邓宏伟 |

医疗卫生工作事关群众切身利益，牵涉面广、关注度高、敏感性强，是一项重要的民生工程，也是社会治理、社会稳定、社会进步的标志性工程。镇江是全国医疗卫生事业改革的先行者和探索者，两次承担全国职工医保和公立医院改革的试点任务，取得了明显的成绩，有效缓解了全市人民"看病难""看病贵"问题，为全国的医疗卫生深化改革提供了"镇江方案"和"镇江经验"。

2014年12月13日，习总书记亲临镇江视察，在察看世业镇卫生院工作时明确指出："没有全民健康，就没有全民小康。医疗卫生直接关系人民身体健康。要推动医疗卫生工作重心下移、医疗卫生资源下沉，推动城乡基本公共服务均等化，为群众提供安全、有效、方便、廉价的公共卫生和基本医疗服务。"总书记的讲话既是对镇江医改工作的肯定，更是一种激励和鞭策，同时也为进一步深化医疗卫生改革指明了方向。全市要不负重托、阔步前行，紧紧抓住当前有利战机，力争镇江医改新突破，打造民生工程新亮点，进一步增强全市人民的认同感、获得感和幸福感。

当前，困扰医院发展的医患矛盾呈逐年递增之势，必须采取有效举措，重点构建全市医疗诚信服务体系，并以此为抓手，突重点、补短板，综合施治、整体推进，早日实现总书记提出的医疗服务"安全有效方便廉价"的奋斗目标。

一、"诚信缺失"是制约镇江市医改深化的瓶颈问题

当前，"信任缺失"已成为当今社会的热门话题。表现在医疗卫生行业，主要是医患关系紧张、医疗诚信缺失、执业环境恶化等情况日趋严

重，"白衣天使"的形象严重受损。我们从"医生行医""患者就医""舆论评医"三个角度，对镇江市的医疗诚信、医患关系问题进行了一次广泛的问卷调查，获得了相对符合实际的第一手资料。经过大数据和统计学分析，广大市民对镇江市的医疗卫生工作总体上持肯定态度，对医改试点带来的积极变化具有较强的感知认同。主要存在的问题是：医疗诚信缺乏、医患矛盾显性化趋势明显；医疗机构重外（延）轻内（涵）、重硬（件）轻软（件）的情况相对严重；医院文化缺乏个性化、特色化、形象化。据不完全统计，2015—2017 年全市医院发生医疗纠纷：分别为 703 起、777起、1019 起，呈逐年递增趋势。对此广大群众迫切希望政府及相关部门采取有力措施加以改进，而最为迫切的诉求是希望迅速构建全市医疗诚信服务体系，使医疗卫生工作真正走上制度化、规范化、法制化、自律化的轨道。

二、"诚信缺失"的责任主体和影响因子

造成医患诚信缺失的原因是多方面的，必须厘清责任、找出短板、顶层设计、综合治理。

1. 从主管层面看，主要表现在资金投入不足，医疗权益保障不力，医保水平偏低，行业监管不够到位，资源分布不尽合理，社区医疗机构功能发挥不够充分，第三方监督机制和付费机制尚未建立，市场萎缩趋势明显，医德医风建设措施不硬、执行不力，对医疗机构的考核评价不科学、不合理，存在导向性偏差等等。

2. 从机构层面看，主要表现在公益性办院方向出现偏差，政策的杠杆效应不够明显，为人民服务的宗旨意识不强，医德医风建设有弱化趋势，医学专科无特色无高地，医患沟通不充分，医疗信息不对称，医疗收费不透明，人文关怀、人性化服务不够到位，从而导致患者对"三合理"（合理检查、合理施治、合理收费）普遍持怀疑态度。医院的公益化性质与企业化经营的体制机制矛盾相对尖锐，医务人员的主人翁地位得不到充

分体现等。

3. 从患者层面看，主要表现在就医过程完全处于被动状态，对医疗期望值过高，维权意识增强，对医护人员的劳动不够尊重，不能充分享有知情同意权，对医院的管理制度和操作规范缺乏理解和配合。少数患者因病态心理而导致情绪冲动、影响医院的正常秩序，发生医患纠纷不愿走法律途径，而是更希望得到医院的经济赔偿等等。

4. 从社会层面看，主要表现在医疗机构的执业环境不尽如人意，医托、医闹屡禁不绝，舆论媒体对医务人员的正面宣传少、负面报道多，在一定程度上产生了公众误导。由于医疗付费机制不完善，拖费、欠费、逃费现象较为普遍而加重了医院的负担。第三方医疗仲裁机构作用发挥有限，医院要花费大量精力处理医患纠纷，大闹大赔、小闹小赔、花钱消灾、息事宁人已经成为医疗行业的"潜规则"。

三、构建医疗诚信服务体系是解决"诚信缺失"的关键钥匙

诚信是一种道德观念和行为规范。诚实守信不仅是我们民族的道德之魂，更是我们党的优良传统。随着我国经济社会的快速发展和改革开放的不断深化，人民群众的物质财富和生活质量得到了极大的提高，对美好生活的向往也更加强烈。对此，国内不少学者从行业主管、医疗机构、就诊患者、执业环境等多个层次，管理学、经济学、社会学、伦理学、心理学、法学等多个角度进行全方位、综合性的研究，力求找出一种解决医疗诚信问题的有效方法。但由于医疗工作的特殊性、医患关系的复杂性及不同地区的差异性，致使这项工作的开展仍处于探索阶段。笔者认为，解决这一问题应从共性中寻找个性，实事求是、因地制宜，从本地群众反映最强烈的问题入手，对症下药、精准发力、综合施治、重点突破。

建立镇江市医疗诚信服务体系，应以国家《社会信用体系建设规划纲要（2014—2020）》为指导，以规范医疗卫生管理部门、执业单位、从业人员和管理相对人为重点，建立符合市情、适应民情的诚信服务制度、诚

信服务准则和诚信考评体系，通过强化宣传、制度监管、行业自律和社会联动，建立守信激励和失信惩戒机制，重视诚信行为的记录、建档和综合应用，为维护广大市民的健康权益提供更加坚实的制度保障。

1. 坚持问题导向，着力体系建设

坚持从群众最关心的问题抓起、从群众最不满意的地方改起，以问题为导向，突出重点、抓住关键、精准发力。当前要把构建医疗诚信服务体系作为深化医疗改革的牛鼻子工程来抓，顶层设计、多点联动、形成合力，重点解决医疗服务过程中的诚心服务、诚实沟通和诚信收费等问题，尽快形成一整套规范有序、操作有据、执行有力、效果突显的制度规范和操作规程并付诸实施，使之成为我们作为医改试点城市民生建设的示范性工程。

2. 推进法制建设，提供制度保障

完善的制度、规章和法规是构建医疗诚信服务体系的重要支撑和强力保障。现阶段可以根据市情民情，采取地方立法或颁布条例的形式来制定镇江市医疗诚信服务的具体内容和实施细则。明确医疗服务过程中相关各方的权利义务、道德规范和行为准则，如医疗机构诚信服务实施细则、市民文明就医守则、依法处理医患纠纷的若干规定等。对各种违信违规违纪行为要加大执纪执法力度，依法依规予以严肃处理。

3. 加大宣传力度，形成良好氛围

医疗诚信是社会诚信的子系统，社会诚信直接影响着医疗诚信。为此，要充分运用各种载体，切实加强对医疗卫生政策法规和诚信文化的宣传，大力倡导诚实守信的社会公德、职业道德、家庭美德和个人品德，大力宣传在医疗服务中诚实守信的先进典型和先进事迹，加强正面引导，弘扬社会正气，提高全体医务人员和广大市民的综合素质，形成以诚信为荣、以失信为耻的舆论氛围和社会环境。

4. 加大监督力度，加强行业自律

利用网络信息平台进一步加大对医疗机构从业行为的全方位、全过程监控，注重舆情的收集、整理和反馈，发挥媒体的监督作用。医疗单位要实行信用承诺、政务公开和医务公开，在合理诊断、合理治疗、合理用药、合理收费、信息交流、医患沟通等方面列出具体措施，自觉接受群众监督，要把刚性他律和行业自律有机结合起来，使诚信服务真正成为医院发展的本质要求和内在动力。

5. 创建诚信医院，发挥引领作用

医院作为行医主体，理应成为医疗诚信服务体系建设的主阵地，广大医务人员是主力军。要积极开展"诚信医院"创建活动，提升服务理念、强化责任担当，坚持不懈地抓好医德医风建设，充实内涵、打造特色、增强本领。按照"安全有效方便价廉"的要求，为广大市民提供优质服务、诚信服务、便民服务。发挥榜样作用，引领全行业优良医风的形成。

6. 建立诚信档案，严格奖惩制度

利用全市卫生信息平台，实行医务人员信用报告制度，并建立个人信用档案，记录和约束医务人员的从业行为，将不良行为纳入黑名单信息管理；对患者实行以公民身份制度为基础的公民统一社会信用代码制度，采取就医实名制并完善就医过程的信用记录。医患双方的信用记录都应与司法机关、金融机构、交通执法、政府监管部门的相关信息进行对接联动，营造"诚信有奖、失信必罚"的信用环境。

空巢老人互助养老体系的困境及优化路径

—— 基于镇江市养老服务模式创新的调查与分析

| 潘 玥 |

据民政部门发布的户籍统计数据，截至 2017 年底镇江市 60 岁以上人口有近 70 万，其中 80 周岁以上有 9.3 万人，占老年人总数 14.4%；"4-2-1"倒三角家庭的生育率持续下降，使家庭的供养资源减少，空巢老人数量较多。第六次人口普查数据显示，镇江市共有空巢老人 110744 户，占家庭总户数的 11.36%；其中单身老人为 46642 户，只有一对老夫妇的为 64102 户。此外，镇江市还有 2738 户是一个老人或一对老夫妇仅与未成年人共同生活的情况。

与此同时，镇江市现有养老机构数量还不能满足社会需求，管理水平与社会美誉度也参差不齐，有的设施简陋、空床率高；有的定位于高端生态养老，费用高昂，令众多低保老人和没有固定经济收入的老人难以承受。完全依赖传统养老模式既不符合老百姓的期待，也不具备可操作性。因此，有必要认真研究并加快完善镇江市养老模式，切实保障空巢老人晚年生活质量。

一、镇江市空巢老人生活现状调查与分析

课题组对镇江市部分地区的空巢老人（镇江京口区、润州区、丹徒区）生活现状进行了抽样问卷和访谈，同时访谈了部分护理院、社区和家庭。共发放问卷 1000 份，回收有效问卷 981 份，访谈记录 120 份，涉及不同行业、不同经济收入、不同教育背景的各类老年人。总体而言，镇江市空巢老人生活状况有如下特点：

（一）空巢老人基数大，增速快，寿龄高

人口普查数据显示，进入 21 世纪以来，镇江市正加速进入老龄化社会。2000 年镇江市 65 岁以上老年人口比重为 8.74%，已经超过 7% 的老龄化社会国际标准；2010 年该比重达 10.36%，10 年间提高了 1.62 个百分点；2015 年达 12.64%，5 年间又提高了 2.18 个百分点。[①] 因此，加快发展养老服务业是一项很紧迫的工作。

（二）空巢老人经济拮据，经济支出结构失衡，自理能力减弱

镇江市空巢老人的经济状况不容乐观，绝大多数月收入低于 3000 元，需要依靠子女经济供养的高达 47.4%，近三成的子女仅为其父母提供 10000 元/年左右的生活费用。纵观镇江市空巢老人的经济支出情况，日常生活必需品和医务支出是刚性需求，是老年人消费支出的大头，占 82.3%。而在空巢老人有限的收入中（主要来源于子女所给养老金及个人积蓄），用于文化娱乐方面的费用更是微乎其微，仅占家庭经济支出的 0.4%。在被调查的空巢老人中，有 9.8% 不能自理，需要靠人照料，当老人生病或需要帮助时，其子女往往因为忙于工作，特别是在外地务工或定居的，根本无法提供周到的照顾。

（三）空巢老人社交活动较少，情感慰藉贫乏，幸福感不高

情感慰藉是老年人健康快乐的重要保障，身心愉悦也是衡量老年人生活质量的基本标准之一。镇江市仅丹徒区便有 170 多位老人入住大圣寺安养院抱团取暖，其中多数为失独老人，他们根本无法以积极的心态面对生活。在自诉主观幸福感的访谈中，有 73.9% 的空巢老人表示曾有孤独、焦虑、压抑、身体不佳或迷茫的感觉。通过对现有养老模式下老年生活幸福感的 Logistics 回归分析发现，空巢老人的物质条件的获得感、精神层面的孤独感、身体健康状况、居住环境条件是影响他们生活幸福感四项最重要

[①] 胡劲松：《镇江市养老服务业发展迅猛》，《新华日报》，2017 年 3 月 31 日。

的因素。

二、镇江市空巢老人互助养老可持续发展的困境探析

镇江已有多个地区开展了互助养老项目，例如金山街道迎江路中心社区于 2013 年提出空巢老人互助养老计划，四牌楼街道办于 2014 年尝试"楼栋式"互助养老，润州区宝塔路街道电力路社区于 2016 年实施"好邻里"互助养老计划等，优势十分明显。但调研人员问及被调查的空巢老人是否愿意和同住一个社区的其他空巢老人通过相互扶持、守望相助来开展互助养老时，结果出乎意料，仅有 60.1% 的空巢老人表示赞同，有近 10% 的空巢老人表示不愿意或很不愿意，还有三成的空巢老人心存顾虑，对互助养老持观望态度。究其原因主要有两点：一是受传统观念影响，二是目前社会环境下人与人之间的信任度较低。

（一）镇江市发展互助养老面临传统伦理观念的束缚

对镇江德高护理院、丹徒长山生态疗养院的访谈结果表明，近 60% 的老人表示进养老院并非自己内心的意愿，实则出于"无奈"，超过 80% 的老人赞成居家养老的方式，并期待社区能提供更多的帮助。因此，对于空巢老人而言，传统的家庭养老模式难以为继，而社会化养老服务体系又尚未完全建立起来。

（二）镇江市发展互助养老面临低信任度的影响

镇江市除了本地居民之外，还有不少人来自淮安、徐州、盐城、宿迁等地，他们大多数经济条件一般，没有受过良好教育，奉行"金钱至上"的价值观及功利主义理念，占小便宜、欺生、宰熟等行为屡见不鲜，因而"防人之心不可无"成为他们处理人际关系时所信奉的箴言。如果不能正视和解决互助养老过程中的多重困境，互助养老的积极价值也只能成为"纸上谈兵"的理论，而不能真正地转化为切实的社会效益，更谈不上可

持续性发展。

三、优化镇江市空巢老人"互助—自助"养老模式的思考

本研究从经济因素、个人因素、生活选择因素、养老认知因素诸方面进行分析，并结合相关访谈记录，提出优化镇江市空巢老人"互助—自助"养老模式的相关对策和措施如下：

（一）借鉴周边发达国家空巢老人养老的经典案例，加快推动镇江市互助养老模式的顶层框架设计

国外发达国家互助养老起步较早，发展较为成熟。例如，美国成立了"美国老年人服务协会"和"美国养老事业协会中心"；英国老人的居住方式以独居为主，政府鼓励老人在社区集体活动；日本规定延长养老金缴费年限和推迟养老金的支付时间，并重视对 60 岁以上人才的雇佣；澳大利亚老年人的居家养老和社区养老需求必须经第三方评估机构 ACAT 严格评估后才能确定，服务类型可分为家庭支持（Home Support）和家庭护理（Home Care）两大类。[①] 以上这些发达国家养老改革的成功案例能给我们带来诸多有益的启示。镇江市可以借鉴国外成功案例，进一步补充和创新发展符合本地实际情况的模式，并进一步完善政府相关法律法规，协调政府、民间、企业之间的合作，探索出新型"互助—自助"养老模式。

（二）增强空巢老人"互助—自助"养老意识，提升参与度

镇江市要积极推进互助养老模式，必须克服传统伦理观念、人与人之间信任度低、互助意识和参与度低的一系列困境，可尝试从政府、社会及老年人自身三方面采取相应措施与对策。要落实老人在互助养老活动中的话语权，保障老人的合法权益，对参与互助养老的志愿者给予鼓励，例如

[①] 洪少华：《国内外养老模式的发展概况》，《全科护理》，2017 年第 25 期。

授予社会荣誉称号，并对参与互助的行为和取得的成效通过新闻媒介进行宣传推广，增强大众参与的积极性和美誉度。

（1）从政府层面，关注老年人的主体性，切实保障和维护他们的合法权益；动员空巢老人参与"助人自助"的新型养老制度的制定，适当考虑他们合理的养老诉求；在街道或社区为老年人搭建互动的平台，吸引老年人迈出家门参与活动。

（2）从社会层面，积极培育和发展互助养老组织，重建老年人的社会关系网络，同时注意规范化、系统化，在全社会弘扬诚信、利他、互助、互惠等精神，从而提升社会信任度。

（3）从个人层面，要动员老年人摒弃"我已经老了，我是养老服务的接受者而非养老服务的供给者"的守旧思想，树立积极参与老龄化社会建设的责任意识和自主意识，认识到自己丰富的人生经历、技能特长、资源优势等仍有用武之地，可以在"互助—自助"中发挥相应作用。

（三）对空巢老人进行二次人力资源合理开发，降低社会养老成本

首先，老年人是宝贵的精神财富和物质财富，同样能为社会和他人做出有益的贡献。镇江市有相当数量的"精英老人"，他们身体健康状况良好，文化程度和政治觉悟较高，也有较强的社会奉献精神，可以对这些老人进行人力资源的二次开发，让他们发挥余热，也能在一定程度上缓解镇江市技术人才短缺的矛盾，有利于经济的发展和社会的稳定。

其次，现阶段完全依赖家庭成员或者养老机构是不现实的，建议推行"时间银行"式轻老互助模式来实现养老资源的"交换"。轻老互助实质上是"让志愿者在年轻的时候把自己多余的照顾资源借给别人，等到年老之时再从别人那里取回"。[①] 为此，我们于 2017 年到镇江新区首家居家养老中心，这也是镇江市最大的社区养老中心——大港街道港南社区悦心养

---

① 许加明、蒋晓玲：《服务与智能服务：城市空巢老人居家养老的历史传承及现代创新》，《社会工作》，2015 年第 2 期。

二、社会发展篇

285

老服务中心进行实地调研，了解到他们的具体做法是依托养老平台，成立悦心志愿者服务队，志愿者们主要依托该中心，从事心灵关怀、居家照料、健康保健、文体娱乐等10大类针对老年人的志愿服务活动。每位志愿者都会领到一本"时间银行存折"，将他们从事的志愿服务折合成积分，存入存折；中心每年进行积分兑换（积分兑换实行721模式，即70%兑换相应的服务，20%兑换具体物品，10%可直接兑换现金）。这种模式显现了较强的吸引力，目前镇江尚未大规模实施互助养老"时间银行"模式，最直接的原因是缺少统一的信息平台，以致在社区建立的互助养老"时间银行"存储的服务时间，并不能真正像银行那样实现全国各地储户的信息共享，通存通兑，因此，只有真正建立起统一的信息平台才能保证"时间银行"管理的有效性和可行性。

此外，我们建议可依托镇江丹徒高教园区的师生资源，发挥产学研一体化的优势，就具体操作层面而言，可以培育一批带头人，负责建立和管理有镇江特色的现代化的养老服务网络信息管理平台，借助"互联网＋"建立志愿者会员注册、服务需求与供给项目审批、服务信息发布与记录、时间价值衡量与兑换及服务评价与监督等综合功能一体化的平台，同时制作镇江养老品牌应用程序，开发互助养老移动端APP，方便用户特别是老年用户进行交互，根据定位信息查找或者添加附近的用户，也可以筛选附近符合相应需求的养老互助服务项目或活动，吸引社会各界人士利用业余时间参与养老服务"时间银行"建设，了解并亲身体验这种"今天服务他人，明天享受他人服务"的互助—自助养老方式，进而形成可持续的循环与发展模式，让互助的时间得到充分的利用和储备，不仅能帮助到他人，也可为自己未来的老年生活争取到更多的有效保障。

（四）倡导尊老爱老，探索跨辈"代际互助"

养老这个问题不应该等到自己进入老年之后再去考虑，而应未雨绸缪。在当前"未富先老"的社会背景下，代际支持显得尤为重要，因此无论中青老幼，只要有助老愿望，都应当为他们走进社区、家庭及各种养老服务机构开辟路径，让互助双方形成一种相对稳定的人际关系，既可以缓解空巢老人的生活焦虑，也能够让年轻人懂得"为养老事业献出绵薄之力，也是为了终将老去的自己创造保障"。

（五）发挥镇江市"文化＋生态"优势，形成空巢老人互助资源积聚效应

建议在镇江市几个旅游景点附近规划、开发出不同内容和层次的空巢老人互助养老集聚点，例如充分发挥镇江的地域优势（如大运河湿地公园、南山负离子氧吧、韦岗铁矿水疗等）打造"养老养生"示范基地和特色小镇，整合养老相关的房地产、医疗康复器械、养老休闲等产业资源，汇聚周边地区（扬州、南京、无锡等）庞大的养老需求，提高供给侧相关服务的质量和效益，全面推动镇江养老产业高效积聚和协同发展。

如图1所示，可以立足"养老"这一主功能定位，培育老年医疗、养生、康复、护理、培训及涉老产品的研发、展销等，合理引导、规划、开发不同内容和层次的空巢老人互助养老集聚点，吸引周边地区的空巢老人前来定居，参与到互助养老中来，增加城际互动，提高老人生活质量，并促进周边地区的旅游、餐饮业的发展，共建和谐社会。

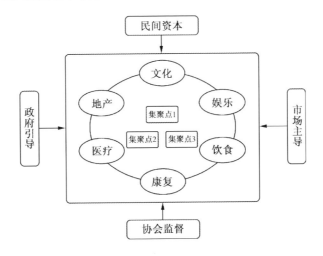

图1 镇江市空巢老人互助养老集聚点开发示意图

四、结语

综上所述，积极推广和创新"互助—自助"模式，解决好镇江市空巢老人的互助养老问题，有利于发展与完善镇江市养老事业，有利于落实"老有所养、老有所乐"的方针，有利于开发老年人自身资源，既能保障老年人群体的身心健康，也可促进镇江市经济的发展。通过友爱互助的方式，让众多空巢老人在一定程度上实现由依赖家庭和社会的"被赡养者"到"自助养老者"的转换，即在互助的过程中实现自助，可以减轻家庭和社会的养老负担，有效提升空巢老人的生活幸福感。

后 记

2018 年，镇江市广大社科工作者与时代同步、与发展同进、与城市同行、与人民同心，服务高质量发展的意识不断增强，改革创新干事创业的合力不断增强，社科工作社会影响力不断增强。强化政治引领树信心，强化智库作用融中心，强化社科普及聚民心。聚合力、借外力、引智力，全面加强智库建设，切实发挥智库作用，国家级重大研究任务结出硕果，省级重点研究成果得到及时转化。科研工作实现了新突破，创出了新业绩。

为有效推动研究成果的进一步转化与应用，更好地服务镇江发展，市社科联、社科院组织编写了《解放思想，推动镇江高质量发展——2018年镇江发展研究报告》一书，供各级部门和领导参阅。本书收录了 2018 年度镇江市承担的省市部分重点应用课题、一般应用课题及其他优秀研究成果，分为经济发展篇、社会发展篇两个专题，共计 35 篇文章。

本书由镇江市社科联相关同志负责主要审稿，江苏大学出版社给予了出版协助，在此一并表示感谢。

由于编审水平有限，书中难免存在不足之处，敬请读者批评指正。